VIETNÃ
A GUERRILHA VISTA POR DENTRO

WILFRED G. BURCHETT

VIETNÃ
A GUERRILHA VISTA POR DENTRO

1ª edição

EXPRESSÃO POPULAR

São Paulo - 2018

Título original: *Vietnam: Inside Story of the Guerrilla War*

Revisão: *Cecília Luedemann e Lia Urbini*
Tradução: *Maria Cláudia Andreoti*
Revisão da tradução: *Dafne Melo e Miguel Yoshida*
Projeto gráfico e diagramação: *ZAP Design*
Capa: *Marcos Cartum*
Crédito das fotografias: *Wilfred G. Burchett, exceto a foto da Clava Voadora à p. 277.*
Foto da capa: *Wilfred G. Burchett*
Impressão e acabamento: *Paym*

Dados Internacionais de Catalogação-na-Publicação (CIP)

B947v

Burchett, Wilfred G., 1911-1983
Vietnã: a guerrilha vista por dentro. / Wilfred G. Burchett; tradução: Maria Cláudia Andreoti.--1.ed.— São Paulo : Expressão Popular, 2018.
349 p. : fots.

Título original: Vietnam: inside story of the Guerrilla War.
Indexado em GeoDados - http://www.geodados.uem.br.
ISBN 978-85-7443-323-0

1. Vietnã - História. I. Andreoti, Maria Cláudia (Trad.). II. Título.

CDD 959.7

Bibliotecária: Eliane M. S. Jovanovich CRB 9/1250

1ª edição: fevereiro de 2018
3ª reimpressão: agosto de 2025

EDITORA EXPRESSÃO POPULAR
Alameda Nothmann, 806, Campos Elíseos
CEP 01216-001 – São Paulo – SP
atendimento@expressaopopular.com.br
www.expressaopopular.com.br
ed.expressaopopular
editoraexpressaopopular

SUMÁRIO

PARTE II – A ASCENSÃO DA FRENTE DE LIBERTAÇÃO

PARTE III – CRISE EM SAIGON

NOTA EDITORIAL

O autor passou oito meses nas áreas controladas pela Frente de Libertação Nacional no Vietnã do Sul, sobretudo com o Exército de Libertação Nacional (comum e erroneamente chamado de "vietcongue" na imprensa). O corpo do livro é sobre sua primeira estada de seis meses, durante o último quarto de 1963 e os primeiros três meses de 1964. O Epílogo, escrito no Vietnã do Sul e datado de janeiro de 1965, resume as impressões durante a sua segunda visita de dois meses.

Para a segunda edição de 1965, o autor escreveu uma Introdução em que ele comenta os efeitos da escalada da guerra pelos EUA a partir de fevereiro de 1965 e as perspectivas que se abriam no outono daquele ano.

Esta obra não é inédita no Brasil, em 1967 ela apareceu entre nós impressa em livro pela Gráfica Record Editora, depois reeditada pelo *Jornalivro*, nos anos 1980. No entanto, a presente edição difere das outras por sua tradução ter sido feita a partir do original em inglês da segunda edição *Vietnam: inside story of the guerrilla war*, International Publishers: New York, 1965 – seguindo a organização das partes e capítulos desta última, que difere substantivamente das outras mencionadas.

As notas de rodapé marcadas com (N.E.) foram preparadas para esta edição. As restantes são notas do autor.

Os editores

APRESENTAÇÃO À EDIÇÃO BRASILEIRA

Assim como a maior parte de suas obras, *Vietnã – A guerrilha vista por dentro* foi escrita pelo jornalista australiano Wilfred G. Burchett (1911-1983) a partir de seu testemunho e experiência pessoal dos fatos. Como o próprio título deixa claro, a guerra do Vietnã é descrita *por dentro*, no campo de batalha, por entre as florestas e túneis, desviando de minas e bombardeios. Dessa maneira, Burchett encontra-se na companhia de John Reed, autor dos *Dez dias que abalaram o mundo*, e do polonês Ryszard Kapuscinski, de *O xá dos xás*, como integrante de uma linhagem, praticamente extinta, do jornalismo produzido presencialmente no calor dos acontecimentos. Foi desta maneira que, ainda jovem, se tornou o primeiro ocidental a entrar em Hiroshima, sozinho, após a explosão da bomba nuclear; e, ao longo da carreira, realizou a cobertura da Guerra da Coreia e de conflitos no Leste Europeu e no Oriente.

Entre 1955 e 1975, Burchett esteve por várias vezes na região da Indochina e, portanto, quando este livro foi escrito, já era um cinquentenário senhor, rastejando por entre os túneis estreitos ou pedalando por quilômetros de bicicleta por dentro da floresta.

A narrativa de *Vietnã – a guerrilha vista por dentro* se estrutura sobre dois eixos: descreve a intensificação – ou *escalada* – da guerra por parte dos EUA entre novembro de 1963 e março de 1964, quando a estratégia da "guerra especial" – baseada na assessoria e financiamento militar por parte dos EUA, mas com a utilização de soldados locais – dá mostras de esgotamento; e recupera, por meio de relatos de membros da Frente de Libertação Nacional, as formas de organização do povo vietnamita para enfrentar o grande poderio militar do inimigo. Seu livro é, portanto, em primeiro lugar, um documento histórico tanto da agressão estadunidense quanto da impressionante resistência vietnamita.

A RESISTÊNCIA HISTÓRICA DO POVO VIETNAMITA

A resistência é, praticamente, um componente de identidade do Vietnã. As inúmeras invasões estrangeiras ao longo de quatro mil anos – chineses, mongóis e, finalmente, franceses –, assim como sucessivas guerras civis e disputas dinásticas forjaram, em vez da submissão, uma consciência nacional e uma experiência de luta popular, pois enraizada e difundida por entre todo o povo.

Prova disto é que a ocupação francesa, iniciada em 1858, precisou de trinta anos para consolidar seu domínio, enfrentando ainda outros quinze anos de rebeliões, greves e manifestações anticoloniais. A Indochina francesa – formada pelo Vietnã, o Camboja e depois o Laos – era destinada para a exportação de matérias-primas, principalmente o arroz, a borracha e minérios. Nas fábricas, nas minas e seringais, se formou uma classe proletária significativa, enquanto que, ao mesmo tempo, a presença francesa agravava a questão agrária e a pobreza no campo ao garantir a manutenção de relações feudais e ao distribuir as terras entre as elites colaboracionistas.

O Partido Comunista da Indochina (PCI), fundado em 1930, foi formado justamente com bases entre operários, camponeses e a classe média baixa. Enraizado nos movimentos populares, o PCI conseguirá combinar um marxismo didático com a criatividade das massas, construindo uma estratégia de luta anti-imperialista e antifeudal, que implicava reconquistar a independência nacional e promover uma ampla distribuição de terras aos camponeses.

A eclosão da Segunda Guerra Mundial, em 1939, decorrente do conflito entre o eixo – constituído pelas forças nazifascistas capitaneadas pela Alemanha – e os aliados – que reunia num primeiro momento França e Reino Unido, e, posteriormente, Estados Unidos e União Soviética – levará ao enfraquecimento do domínio francês no Vietnã, tanto pelo avanço de uma nova ameaça imperialista com a invasão japonesa nos outros países asiáticos quanto pela França ter sido derrotada e ocupada pelos nazistas alemães. Assim, além de anticolonial, ali a luta torna-se também antifascista.

Em 1941, o PCI junta-se ao Viet Quoc (Partido Nacionalista) para fundar a Liga pela Independência do Vietnã (Vietnã Doc Lap Dong Minh), popularmente conhecido pela abreviatura Viet Minh, uma frente anti-imperialista e com grande penetração popular e regional, que se tornará o instrumento político fundamental para a libertação do país, defendendo a independência nacional combinada com uma revolução social. Uma das principais características do Viet Minh é a organização, sobretudo da população rural, para a resistência contra a ofensiva militar que consistia na preparação de autodefesa e a construção de uma administração paralela. Essa tática será a base de toda a luta do povo vietnamita até o triunfo da revolução em 1975.

O ano de 1945 traz várias mudanças na conjuntura, com o fim da Segunda Guerra Mundial. No que toca ao Vietnã, a ofensiva japonesa impõe uma derrota aos franceses; há uma deserção em massa dos soldados, que abandonam seus postos e suas armas e ficam à disposição para as forças do Viet Minh. Entretanto, o ataque dos EUA com bombas atômicas a Hiroshima e Nagasaki sela a derrota do Japão na Segunda Guerra Mundial e possibilita à França restaurar seu domínio sobre o Vietnã. Porém, a invasão japonesa havia destruído as estruturas coloniais francesas e, agora, os colonizadores tinham diante de si uma poderosa organização de resistência popular, que cria um governo provisório e funda, neste ano, a República Democrática do Vietnã. O conflito entre essas duas forças trava-se até 1954, a chamada Primeira Guerra da Indochina, que termina com uma nova derrota dos franceses e com a assinatura dos Acordos de Genebra.

A principal luta travada contra os franceses se dá no campo militar, e o Viet Minh se utiliza da tática das insurreições locais que consiste em organizar a autodefesa das aldeias e a guerrilha para combater o inimigo; juntamente com isso iniciava o trabalho de criação de comitês populares revolucionários entre os camponeses. A vitória da Revolução Chinesa em 1949 será bastante importante para o avanço da luta vietnamita, rompendo o isolamento de setores da resistência, sobretudo os comunistas.

O Viet Minh impõe derrotas militares aos franceses a partir da sua tática de guerrilha, e inicia a criação de zonas livres em que consolidam reformas como a jornada de trabalho de 8 horas, o confisco das terras de colonialistas e colaboradores e distribuição para os camponeses, a promoção de uma gigantesca campanha de alfabetização, que contemplou dois milhões de pessoas em um ano, e a instituição de novas formas de participação popular. Além disso, sua luta ganha uma nova qualidade ao unificar a resistência armada no Exército de Libertação.

Em 1954, ocorre a batalha decisiva de Dien Bien Phu, o golpe de misericórdia nas pretensões da França. Mais de duzentos mil trabalhadores foram mobilizados na estratégia de isolar as tropas francesas na base aérea desta localidade. Após 55 dias de combate, 112 mil soldados franceses foram derrotados e renderam-se ao povo vietnamita. O golpe final fora planejado para acontecer exatamente na véspera da realização da Conferência de Genebra, quando as Nações Unidas discutiriam a situação da Indochina. Assim, quando a Conferência foi iniciada, o Vietnã já era uma república livre e a independência, um fato consumado.

A Conferência de Genebra terminou por reconhecer a independência tanto do Vietnã quanto do Laos e do Camboja. Porém, o país foi divido em dois: o Vietnã do Sul e do Norte, cortado pelo paralelo 17. Ao norte, a jovem república independente e socialista. No sul, um governo liderado pelo rei Bao Dai, herdeiro da dinastia Nguyen. Era previsto ainda que em dois anos seriam realizadas eleições gerais e a unificação dos dois territórios.

Porém, a Segunda Guerra Mundial legou ainda ao mundo um novo contexto bipolar, dividido entre o alinhamento a duas grandes potências políticas, militares e econômicas, os Estados Unidos, à frente dos países capitalistas, e a União Soviética, liderando o bloco socialista. A Guerra Fria, tensão permanente entre os dois blocos e potências, determinou as disputas geopolíticas do pós-guerra.

Neste contexto, a independência do Vietnã significava um importante avanço do socialismo entre os países asiáticos, somando-se à China e Coreia do Norte, e ameaçando os interesses do capitalismo neste continente. Por isso, os Estados Unidos, que já eram responsáveis, em 1954, por quase 80% do financiamento das forças francesas durante a Primeira Guerra da Indochina, não apenas se recusaram a assinar os acordos da Conferência de Genebra, como apoiaram militar e economicamente a ascensão ao governo do Vietnã do Sul do ditador Ngo Dinh Diem, o latifundiário que derrubara o rei Bao Dai em 1955. O suporte estadunidense servia para combater tanto a república democrática do Vietnã do Norte quanto a resistência nacionalista, formada pelos soldados apelidados pela mídia estadunidense de "Viet Cong" (diminuitivo para "vietnamita comunista"). Entre 1957 e 1962, o número de oficiais e assessores estadunidenses treinando e armando o governo diemista saltará de 760 para 12 mil.

Ainda que a revolução vietnamita seja efetivamente resultado da ação e da participação das massas, é preciso citar a contribuição de dois dirigentes fundamentais neste processo. Um deles é Nguyen Sinh Cung que, depois de trabalhar como cozinheiro de navio, se instala na França, aos 21 anos, onde trabalha como jardineiro e garçom;

participa da fundação do Partido Comunista Francês e mais tarde se transfere para Moscou, onde se destaca como jornalista e integrante da Internacional Comunista. Funda o PCI e adota o nome de Nguyen Ai Quoc (Nguyen significa "o patriota"). Em 1941, dirige a fundação do Viet Minh. No mesmo ano, é preso pelo governo nacionalista chinês de Chiang Kai-shek por dezoito meses. Libertado, adota o nome de Ho Chi Minh (Ho significa "aquele que ilumina") e se torna a principal liderança vietnamita, assumindo a presidência do Vietnã após a independência do país.

O outro é o professor de História Vo Nguyen Giap, responsável pela organização militar, desde as brigadas de agitação e propaganda armadas até a consolidação do Exército de Libertação, tendo organizado a estratégia da batalha de Dien Bien Phu, entre outras dezenas de batalhas onde emergiu uma genialidade militar reconhecida inclusive pelos adversários ocidentais. Após a proclamação da República, assumiu o Ministério da Defesa. Nesta tarefa, terá papel fundamental tanto na defesa do norte, dirigindo a estratégia de guerra total do povo inteiro, até a decisiva Campanha de Ho Chi Minh, que unificou o país em 1976.

A RESISTÊNCIA SUL-VIETNAMITA À OFENSIVA ESTADUNIDENSE

Uma das principais contribuições deste livro é justamente a descrição das formas de organização da resistência por parte da Frente Nacional de Libertação, fundada em 1960, a partir de relatos dos seus membros entrevistados pelo autor durante sua estada nas zonas livres controladas pela Frente. Elas nos permitem identificar os motivos que levam à vitória do povo vietnamita contra a maior potência militar ocidental.

Em uma frase, a guerra do Vietnã era a luta de um exército, o estadunidense, contra um povo. Não é possível distinguir civis e militares entre os vietnamitas, no sentido de que o exército combina-se com o próprio povo. Esta fusão foi possível porque, sabiamente, a luta por independência foi articulada com a necessidade e construção de uma revolução social, em que ambas tornaram-se uma só. A libertação de cada território era acompanhada pela transformação das relações sociais e de produção, não adiando a construção de uma nova sociedade para o final do conflito, mas incorporando esta construção como parte do processo de resistência, expresso na reforma agrária, na organização da produção, na alfabetização massiva e nas formas de participação popular.

Burchett nos oferece diversos relatos em que se torna evidente a participação de toda a população das aldeias – jovens, crianças, idosos – na resistência. Uma das principais tarefas dos membros da FNL era conseguir apoio do povo vietnamita para a luta contra o inimigo; nas palavras de um dos membros da frente, "estabelecer bases nos corações do povo". A estratégia consistia em coordenar a luta militar com a luta política, ou seja, a resistência armada estava combinada com ações massivas, manifestações populares, construção política da própria FNL e articulação entre distintos setores, não apenas de classes, mas religiosos, como as seitas armadas, ou étnicos, como as tribos. A primeira forma de luta só era bem-sucedida caso o trabalho político, o trabalho de base, também tivesse sido efetivo.

Importante destacar que o acúmulo de formas de luta desenvolvidas pelo Viet Minh nas décadas de 1940 e 1950 foi fundamental para a organização da resistência da FNL junto aos camponeses. As populações rurais vietnamitas há anos viviam experiências de luta contra um inimigo estrangeiro que dispunha de um aparato militar mais poderoso, primeiro com os franceses, depois os japoneses e por fim os estadunidenses.

Com relação a esses últimos, a sua estratégia de "guerra especial" utilizava a população vietnamita como soldados, recrutados à força, para impor as vontades do governo "fantoche", manipulado pelos EUA, e para combater os vietnamitas da FNL. Nesse sentido, o trabalho de propaganda por parte da resistência apelando para o sentimento nacional é algo a ser destacado.

Entre os vários relatos ao longo do livro, chama a atenção o intenso protagonismo das mulheres em todas as frentes de atuação, e especificamente em ações de propaganda: seja recorrendo ao sentimento familiar – falam aos soldados como se fossem suas esposas, mães, filhas, parentes e deixam claro que ao atacarem as aldeias, estarão atacando seus familiares; seja encabeçando manifestações contra as ações do governo. Sempre tendo como objetivo conseguir adesão dos soldados para a causa da libertação nacional.

A junção indistinguível entre população e Frente de Libertação torna-se evidente ainda pelo domínio do território. A estratégia dos Estados Unidos de "aldeamento" dos camponeses, retirando-os de suas terras ancestrais para verdadeiros campos de concentração cercados, é derrotada "por dentro", com fugas e rebeliões dos próprios aldeados. Já as aldeias fortificadas, transformadas em bases militares, acabam por se tornar apenas formalidade, cercadas e isoladas pela população rebelde.

Destaca-se ainda a criatividade, iniciativa e capacidade de adaptação do povo vietnamita diante do abismo econômico que separa os dois países. Desde os sistemas de comunicação, passando pelo atendimento de saúde na floresta, até os intricados túneis subterrâneos, tudo constitui um conjunto de técnicas e alternativas, muitas vezes construídas pelos despojos de guerra, como um fuzil apreendido ou a reutilização dos resíduos de bombas para a fabricação do arsenal rebelde.

A trajetória da FNL e do povo vietnamita até a vitória será, porém, marcada por intensa repressão, inúmeros genocídios, resultando em milhares de mortos e vítimas do uso tanto de armamento convencional quanto químico, cujos danos para a saúde permaneceram nas gerações seguintes. Ao fim do conflito, apenas no sul da país, haviam 800 mil crianças órfãs e 360 mil mutilados.

Por sua vez, ao longo da guerra, mais de 500 mil soldados estadunidenses foram enviados para atacar o Vietnã do Sul e do Norte, o Laos e o Camboja. Cerca de dez por cento deles jamais voltaram para casa. Após duas décadas, em abril de 1975, os Estados Unidos deixaram o país, derrotados e humilhados, assim como a França e o Japão. Com a reunificação do país e a formação da República Socialista do Vietnã, cumpria-se a promessa de Le Loi na luta contra os chineses no século XV e recuperada por Ho Chi Minh: "Ri do gafanhoto que dá coices contra o elefante, mas amanhã o elefante deixará sua pele aí".

Os editores

PREFÁCIO DO AUTOR

Além do meu interesse geral pelos povos dos antigos Estados da Indochina e minha especial simpatia pelo povo sul-vietnamita em sua luta heroica, tive outra importante razão para visitar as áreas livres e as frentes de batalha do Vietnã do Sul durante o final de 1963 e os primeiros três meses de 1964. Os Estados Unidos estão experimentando um novo tipo de guerra no Vietnã do Sul, chamado de "guerra especial", teoria que tem como pai o general Maxwell Taylor. Quando ele estava projetando essa teoria, entre 1960 e 1961, era conselheiro militar especial do falecido presidente Kennedy. Mais tarde, como presidente do Estado-Maior Conjunto dos EUA,* ele foi convocado para desenvolver os conceitos estratégicos da "guerra especial" para o Vietnã do Sul. Depois foi enviado a Saigon, como superembaixador, com plenos poderes políticos e militares, para pessoalmente aplicar as estratégias e táticas do seu novo conceito.

A tese de Maxwell Taylor consistia em que, nessa era nuclear, os Estados Unidos deviam se preparar para lutar três tipos de guerra – a global e nuclear; guerras locais ou limitadas; e guerras "especiais". O

---

* Corpo de militares vinculados ao Departamento de Defesa dos Estados Unidos que assessora o secretário de defesa (N.E.)

que há de "especial" nessa última é que as tropas de combate estadunidenses não estão envolvidas. A custosa lição da Guerra na Coreia tornou imperativo que no futuro a "bucha de canhão" fosse fornecida pela população "local", alimentada e suprida por uma fração do custo das tropas estadunidenses, e cujo sangue derramado não trouxesse lágrimas aos lares estadunidenses. A tese de Maxwell Taylor, na verdade, era simplesmente uma extensão militar da crença do falecido John Foster Dulles: "Deixe asiáticos lutarem com asiáticos".

O Vietnã do Sul foi escolhido como o primeiro solo de teste para a "guerra especial"; fui lá para descobrir, no local, o que havia de verdadeiramente especial nesse novo conceito militar e quais eram os meios especiais que o povo sul-vietnamita tinha para combater suas estratégias, táticas e técnicas. Pareceu-me que isso era importante, em vista da intenção declarada dos EUA de empreender esse tipo de guerra em qualquer lugar onde movimentos revolucionários ameaçassem o que se imaginava ser interesses estadunidenses. Parecia, em outras palavras, que numa época de impasse nuclear e de eclosão de lutas de libertação nacional, a humanidade teria que se acostumar à ideia de "guerras especiais" por todo o globo, principalmente se o experimento no Vietnã do Sul for bem sucedido.

Logo após a minha chegada ao Vietnã do Sul, um grupo de guerrilheiros da Frente Nacional de Libertação (na madrugada de 24 de novembro de 1963) invadiu um campo de treinamento das "Forças Especiais" estadunidenses em Hiep Hoa, cerca de trinta quilômetros a noroeste de Saigon. Além de destruir completamente as instalações militares, tomar armamento suficiente para equipar boa parte dos batalhões da FNL e capturar quatro sargentos estadunidenses – que mais tarde eu entrevistei –, encontraram uma pilha de documentos interessantes. Alguns relacionados ao treinamento e planos operacionais de traidores cambojanos – o Khmer Serei, organizado em solo sul-vietnamita com dólares, armamentos e treinamento estadunidenses para derrubar o regime de neutralidade do príncipe Sihanouk. Esses documentos foram imediatamente encaminhados ao governo cambojano. Um documento em especial despertou meu interesse, um *Manual para agentes da guerra especial*. Tratava-se de um artigo introdutório, feito pelo general George Decker*, então chefe do Estado-Maior do Exército dos EUA, que estabelecia os conceitos "ideológicos" da guerra especial.

De acordo com Decker, o colapso do antigo colonialismo tinha ocasionado o nascimento de dezenas de novos Estados independentes, economicamente fracos e politicamente imaturos, "presas fáceis para a subversão comunista", segundo ele. As Forças Armadas estadunidenses devem estar organizadas e alinhadas para intervir em qualquer lugar no mundo para evitar o "controle comunista". Para essa finalidade, afirmou o general Decker, o Pentágono tinha dividido o globo em quatro áreas estratégicas nas quais os Estados Unidos teriam que empreender a guerra especial. Para cada uma das quatro áreas, um quadro de pessoal foi criado e "forças especiais", tropas de choque para esse tipo de guerra, estavam sendo treinadas e organizadas nos bastidores para agir a qualquer momento.

Decker não nomeou especificamente as quatro áreas, exceto o sudeste da Ásia, onde a primeira experiência estava sendo travada (o manual foi publicado em 1962). Mas ele se referiu a escolas de treinamento em Forte Bragg, na Carolina do Norte, na zona de Okinawa e no Canal do Panamá, onde oficiais de língua francesa e espanhola estavam sendo treinados com seus parceiros de língua inglesa. Decker fez diversas referências ao crescimento de movimentos "subversivos" na América Latina e não deixou dúvidas de que essa era uma segunda área de guerra especial. Operações atuais

* No original o nome que consta é Paul Decker, aparentemente um equívoco por parte do autor.

no antigo Congo Belga, respaldadas pelos EUA com seu poder aéreo associado a mercenários brancos e soldados "nativos", e o treinamento de oficiais de língua francesa, obviamente significam que a África, com suas numerosas antigas colônias francesas, é uma terceira área. A quarta muito provavelmente é a Europa.

"Guerra especial", na verdade, nada mais é do que a expressão militar do neocolonialismo estadunidense, exatamente como a Força Expedicionária foi a expressão militar do colonialismo clássico. O neocolonialismo tenta apresentar uma face diferente do velho colonialismo, governando até certo ponto por controle remoto, por meio de um Syngman Rhee, um Ngo Dinh Diem ou um Tshombe.* Mas quando isso falha, a máquina militar se movimenta, obviamente "convidada" por um fantoche** complacente. A velha Força Expedicionária era baseada, em parte, nas próprias tropas do poder colonial, juntamente com os conscritos de suas colônias e tropas de choque tais como a Legião Estrangeira francesa. Mas na "guerra especial", os estadunidenses fornecem armas e dólares, aviões e pilotos, o comando estratégico e tático de general do Estado-Maior até oficiais "conselheiros", nos níveis de divisões e companhias; na verdade, tudo, menos a "bucha de canhão". Nas páginas a seguir, tentei ilustrar como isso funciona na prática e quais formas de defesa foram desenvolvidas pelos patriotas sul-vietnamitas.

Outra importante questão era como, quando e onde a guerra no Vietnã do Sul começou, pois esse é um conflito que parece não ter

---

* Respectivamente os presidentes da Coreia do Sul (1948-1960), do Vietnã do Sul (1955-1963) e da Katanga (1960-1963), província separatista do Congo. Todos os três estavam alinhados à política neocolonial e imperialista dos EUA. (N.E.)

** Termo utilizado para se referir a vietnamitas que estavam a serviço dos EUA como soldados, representantes do governo etc. (N.E.)

um início exato, em termos de data e local, uma guerra que só pouco a pouco se impôs na consciência pública. De repente, ela estava lá com meio milhão de sul-vietnamitas e vinte mil estadunidenses engajados em uma enorme guerra contra o que parecia ser sombras da floresta. Mas eram as sombras da floresta que estavam ganhando, impondo uma interminável série de derrotas contra um exército moderno magnificamente equipado. Passei um tempo considerável tentando rastrear detalhes precisos sobre como tudo começou, onde e quando os primeiros e decisivos tiros foram dados.

No momento em que estas linhas são escritas, Washington está ameaçando vingar suas derrotas no Vietnã do Sul "escalando" a guerra, isto é, atacando o Vietnã do Norte, infiltrando a guerra pelas fronteiras do Vietnã do Sul para o Camboja, ligando sua guerra, não declarada, em Laos, com sua guerra declarada no Vietnã do Sul, criando, na verdade, uma guerra generalizada em todos os antigos Estados da Indochina. A resposta dos povos da Indochina é cerrar as fileiras e formar uma frente unida com todas as forças patrióticas e povos da Indochina na defesa da paz e buscando um fim à intervenção dos EUA nessa parte do mundo.

O bando de lunáticos em Washington certamente é capaz da grande loucura de bombardear Hanói, Haiphong e outras cidades no Vietnã do Norte. Mas, com isso, eles jamais conseguirão mudar o resultado da guerra no Sul. Eles nunca conseguirão deixar de joelhos o povo do norte ou do sul bombardeando cidades ou qualquer outra coisa no norte. Washington faria muito bem em ponderar o fato de que o Viet Minh lutou e derrotou os franceses sem ter Hanói, Haiphong ou qualquer outra cidade importante em suas mãos, e isso, apesar da presença física de um exército e administração franceses dentro do Vietnã. Um ataque contra o Vietnã do Norte automaticamente traz a China Popular e a ajuda militar soviética para a guerra. Os Estados Unidos, mesmo se quiserem repetir a tolice da Coreia, nunca poderão ocupar fisicamente nem o Vietnã do Norte nem o do Sul. Atacando o Vietnã do Norte, os Estados Unidos teriam tomado a iniciativa de criar uma frente militar única no Vietnã que poderia resultar, muito rapidamente, na reunificação militar do país. Ampliar a guerra aos antigos Estados da Indochina – e o uso contínuo de bases estadunidenses na Tailândia – seria iniciar um processo que apagaria cada traço da presença dos EUA no sudeste da Ásia, até Singapura.

Só há uma saída: a retirada completa do Vietnã.

Wilfred G. Burchett
Phnom Penh, Camboja
30 de novembro de 1964.

APRESENTAÇÃO DO AUTOR À EDIÇÃO DE 1965

"Escalada" é o termo usado em Washington para encobrir o fato de que a "guerra especial" foi derrotada no Vietnã do Sul, e que se trata agora da "guerra limitada",* incluindo agressão direta contra o Estado soberano da República Democrática do Vietnã no Norte, sem sequer haver uma declaração de guerra. As esperanças de ganhar a guerra no sul usando a barata "bucha de canhão" asiática, o ponto central na "guerra especial" do general Maxwell Taylor, desapareceram, e o retorno do general a Washington é um grandioso indicador desse fracasso. A partir de agora, sangue e lágrimas estadunidenses devem se somar às armas, dinheiro e prestígio estadunidenses inutilmente gastos para tentar manter no poder quem quer que seja o mais recente na série de instáveis ditadores de Saigon. A "guerra limitada" com tropas americanas é o primeiro estágio da "escalada", e um silêncio tímido é mantido a respeito da "guerra limitada" estar se encaminhando para uma guerra "global e nuclear", o terceiro e último dos conceitos do Pentágono.

---

* Conceito empregado para designar uma guerra na qual nem todos os recursos militares, econômicos e humanos são empregados pelos beligerantes, em contraposição à guerra total (*total war*). Normalmente são chamadas de guerras limitadas tanto operações de "manutenção da paz" quanto guerras de desgaste. (N.E.)

A intervenção foi escalada a tal nível que os especialistas de Washington em propaganda já estão vendendo a ideia de que agora o prestígio estadunidense está tão fortemente comprometido que mesmo se um governo de Saigon chegasse ao poder cancelando o duradouro "convite" para a intervenção permanente dos EUA, a intervenção teria que seguir "com ou sem convite". Isso parece instalar uma nova situação, na qual muitos observadores veem uma guerra de agressão estadunidense contra todo o povo vietnamita, a norte e sul do paralelo 17.*

No início de 1965, Washington teve a chance de sair da guerra com tanta honra quanto fosse possível naquele momento, mais do que será possível a partir de agora. Os especialistas militares, incluindo o general Westmoreland,** em Saigon, tinham chegado a algumas conclusões corretas a partir da batalha de Binh Gia, que ocorreu na virada do ano (brevemente abordada no epílogo). Agora estava claro que o Exército de Libertação tinha crescido e que era capaz de se engajar em batalhas clássicas à luz do dia, com elementos de guerras de movimento e de posição, despedaçando as melhores tropas de elite que o comando Saigon-EUA pudesse colocar em campo. Ele também contava com apoio total da população em uma área que o comando de Saigon-EUA tinha considerado como a mais "segura" em todo o Vietnã do Sul. Naquela batalha, dois batalhões e meio, do total de onze batalhões das reservas estratégicas, foram reduzidos a apenas um homem e todas as suas armas foram tomadas. O uso massivo do poder aéreo dos EUA não influenciaria a situação. O "aviso estava dado" para o resto do exército de Saigon. Ao mesmo tempo, o caos político em Saigon atingia o auge, pois

* Divisão estabelecida pela Conferência de Genebra de 1954 com relação à divisão do território do Vietnã entre Norte e Sul. (N.E.)

** Trata-se do general William Westmoreland, que comandou as tropas estadunidenses no Vietnã entre 1964 e 1968.

os mais obstinados dos políticos fantoches e líderes do exército perceberam que o jogo estava para acabar. A ideia de negociações estava no ar em todo lugar. A proposta para uma nova Conferência de Genebra, ou ao menos uma para garantir a neutralidade do Camboja, tinha amplo suporte, inclusive de Pequim, Hanói e da Frente Nacional de Libertação do Vietnã do Sul. Esse era o momento de os Estados Unidos terem se retirado elegantemente.

Em vez disso, optaram por bombardear o Vietnã do Norte e empregar tropas terrestres em batalha; qualquer perspectiva de negociação foi deliberadamente destruída. Maxwell Taylor ou Westmoreland não podiam admitir que estavam sendo açoitados por camponeses sul-vietnamitas com armamento estadunidense capturado. Que ao menos fossem norte-vietnamitas com armas chinesas ou soviéticas! E, com que velocidade os pretextos para os ataques aéreos mudaram, justificando a suspeita razoável de que o poder aéreo dos EUA foi preparado em terra e mar para fazer os ataques e foi deixado no local para fornecer os pretextos. Primeiramente, foi uma retaliação a um dos muitos ataques da Frente de Libertação contra bases dos EUA, nesse caso, em Pleiku. Alguns dias depois, o pretexto tinha sido "escalado" para a necessidade de deter o "fluxo de armas e homens" do norte para o sul. Mais tarde, transformou-se em "bombardear líderes norte-vietnamitas na mesa de reunião" e puni-los até que ordenassem aos seus compatriotas no sul para deporem suas armas.

De fato, para retomar um tema constante deste escritor desde que ele visitou as zonas livres do Vietnã do Sul pela primeira vez, a única coisa que os Estados Unidos poderiam fazer ao Vietnã do Norte para afetar a situação militar no Sul, seria fazer com que os patriotas de lá realizassem esforços ainda maiores para esmagar a intervenção e os intervencionistas. O processo iniciado em Binh Gia não podia ser detido ou modificado mesmo se o Vietnã do Norte desaparecesse do mapa. Existem fatos concretos que ilustram isso.

Durante 1964, o Exército de Libertação, então com três anos de idade, frequentemente conseguia destruir unidades inteiras de tropas de Saigon em nível de companhia (de 100 a 120 homens), mas raramente era capaz de destruir um batalhão inteiro (de 500 a 700 soldados) devido à superioridade de poder de fogo e de mobilidade das forças de Saigon. No entanto, mesmo em 1964, eles conseguiram derrubar oito batalhões inteiros. Durante os primeiros seis meses de 1965, eles exterminaram vinte batalhões do exército regular de Saigon, como unidades, começando com o 4º batalhão de fuzileiros navais em Binh Gia no dia de ano novo (um batalhão de elite foi destruído na mesma batalha, dois dias antes). Desses vinte, nove pertenciam aos onze batalhões de reserva estratégica, tal como existiam no final de 1964. A reserva estratégica é composta de batalhões de soldados de elite (*rangers*), fuzileiros navais e paraquedistas, os únicos mantidos com força total, fortemente armados e especialmente treinados pelos "conselheiros" dos EUA.

Em meados de 1965, a reserva estratégica – as únicas tropas não restritas ao dever de guarnição fixa, guardando cidades, bases e outros alvos estratégicos – tinha praticamente deixado de existir. Durante o mesmo período, o Exército de Libertação efetuou uma série de ataques devastadores aos centros de treinamento das Forças Especiais onde os especialistas estadunidenses em "contrainsurgência" treinavam as unidades de "elite".

Nessa época, os estadunidenses estavam se recusando a comprometer qualquer força móvel restante, preferindo até mesmo que postos estratégicos fossem invadidos, em vez de tentar salvá-los enviando reforços. Eles aprenderam uma amarga lição em 31 de maio de 1965, em Ba Gia, na província Quang Ngai, onde dois dos batalhões de reserva estratégica – o 39º de *rangers* e o 3º dos fuzileiros navais foram completamente exterminados quando enviados em vão para reforçar o 1º e o 2º batalhão do 5º regimento de Saigon.

Todos os quatro batalhões foram destruídos, todas as instalações militares foram desmanteladas e todas as armas tomadas. Na batalha de Dong Xoai, ao norte da base de bombardeiros a jato de Bien Hoa, de 9 a 12 de junho de 1965, após três batalhões terem sido destroçados, incluindo o 7º dos paraquedistas, "conselheiros" estadunidenses fingiram não escutar os pedidos de reforços. Na verdade, não havia nada para enviar, nem mesmo dos quatro batalhões estratégicos de reserva normalmente mantidos em Saigon para lidar com possíveis rebeliões.

Com quatro quintos do território e dez dos quatorze milhões da população do Vietnã do Sul nas zonas livres, onde o comando de Saigon-EUA conseguiria suas reposições, sem contar as metas absurdas de expansão do exército? A maioria dos quatro milhões ainda sob o controle de Saigon estava nas grandes cidades, dois milhões só nas cidades gêmeas Saigon e Cholon. A Frente de Libertação tinha dez milhões de camponeses – a matéria-prima básica de um exército em qualquer guerra – dentre os quais podia recrutar; Saigon tinha quatro milhões de moradores urbanos. A dura realidade da situação era que o núcleo do exército de Saigon tinha sido esfacelado e não havia previsão para reposições; o resto não tinha estômago para a luta, e este último desaparecia proporcionalmente ao ritmo da intervenção direta dos EUA. Os infelizes jovens cercados pelas gangues de recrutamento de Saigon do lado de fora de cinemas, restaurantes, estádios etc., podiam ser forçados a pôr uniformes e a serem adicionados "estatisticamente" aos números do exército de Saigon, mas nada podia fazê-los lutar – exceto contra aqueles que os tinham forçado ou estavam por trás daquilo. As agências de notícias ocidentais começaram a publicar relatos de jovens em Saigon e em outros centros urbanos que vestiam roupas de garotas – uma forma efetiva de disfarce na Ásia –, mutilavam-se, tomavam remédios para ficar doentes, ou simplesmente partiam para se juntar aos "vietcongues" para não cair nas mãos dessas patrulhas de recrutamento. As ordens de "mobilização total" dadas pelo último ditador, general Nguyen Cao Ky, foram uma piada, porque seu regime controlava apenas uma pequena fração do território coberto por suas "ordens".

Esses eram os verdadeiros problemas de Washington quando decidiram intensificar a intervenção – e não o mito da intervenção vinda do Norte. No outono de 1965, após seis meses de bombardeios no Vietnã do Norte, Washington na verdade estava na situação constrangedora de ter que admitir que mesmo a poderosa força aérea dos EUA era absurdamente ineficaz, incapaz de deter a movimentação de suprimentos em algumas centenas de quilômetros de estrada e trilhas, ou admitir a completa farsa de suas teses de que a guerra no Sul dependia do Norte. A escalada dos ataques da Frente de Libertação aumentava mês a mês após os bombardeios, impingindo as maiores derrotas às forças de Saigon-EUA desde que a guerra começou. Esse processo continuaria apesar da reposição, pelas forças de combate dos EUA, das reservas estratégicas de Saigon destruídas. E os problemas de Washington estavam no Vietnã do Sul, não no Norte, a menos que eles cometessem outra estupidez monumental e atacassem o Norte com tropas terrestres.

Quando o vi pela última vez, em janeiro de 1965, o presidente da Frente Nacional de Libertação, Nguyen Huu Tho, fez um comentário profético ao discutir as perspectivas de uma escalada para a "guerra limitada": "Se os estadunidenses continuarem intervindo de maneira pequena, eles enfrentarão uma pequena derrota; se decidirem intervir de uma maneira maior, então, enfrentarão uma grande derrota".

O pretexto para a intervenção continuada estadunidense está ficando um pouco obscuro. A rápida queda dos ditadores de Saigon e a completa falta de base legal para todos eles torna o argumento "estamos lá a convite" cada vez menos convincente. "Estamos lá porque nosso prestígio exige isso" também é um argumento que não cai bem nem em casa nem no exterior. Começa-se a perceber uma nova linha aparecendo, pai e mãe de todas as maiores mentiras já inventadas. Eu notei isso, primeiro na forma impressa, em um livro chamado *Mission in Torment*, de John Mecklin (Doubleday, 1965*), antigo (e mais uma vez) correspondente da revista *Time*, mas que, entre 1961 e 1964, dirigiu a Agência do Serviço de Informação dos EUA em Saigon. Ele deixou o movimento da "guerra especial" quando viu que estava rumando para uma catástrofe, para se tornar o mais fervoroso defensor da "guerra limitada". Quanto aos objetivos estadunidenses no Vietnã do Sul, Mecklin maliciosamente escreveu (na p. 297) que Washington sempre procurou apenas defender "o *status quo ante*,** isto é, um Vietnã do Sul independente, como previsto pelo Acordo de Genebra de 1954". Essa tese está sutilmente se tornando o pretexto oficial dos Estados Unidos, a saber, a de que estamos lá em defesa de tais acordos. Agora se há uma coisa que eles não preveem, nem sequer mencionam, é um "Vietnã do Sul independente". Ao contrário, está especificamente escrito que a linha temporária demarcada ao longo do paralelo 17, desenhada para permitir a separação e reagrupamento dos combatentes, de maneira nenhuma deveria constituir uma fronteira permanente.

Mecklin admite que a derrota da guerra no Sul se dava não pela intervenção do Norte, mas porque os "vietcongues" estavam vencendo no campo "em confrontos homem a homem, e essa era uma fraqueza que não poderia ser corrigida com aviões, bombas ou com caretas para Ho Chi Minh. Falar sobre bombardear Hanói ou as linhas de abastecimento soa, na verdade, como um paliativo para o

* Livro sem tradução para o português. (N.E.)

** O autor provavelmente cita a expressão em latim *status quo ante bellum,* que significa "a forma como as coisas estavam antes da guerra". (N.E.)

fracasso" (p. 304). Pode-se pensar que Mecklin está rumando para a conclusão: melhor nos livrar disso e deixar os vietnamitas chegarem a um acordo entre eles; mas sua resposta é o oposto. Ele vê como "a única alternativa" o envolvimento direto das forças de combate dos EUA contra os "vietcongues" dentro do Vietnã do Sul: "Chegou o momento de fazer isso, ir para guerra o mais rápido possível. A cada dia de procrastinação aumenta o perigo de uma súbita reviravolta tal como um golpe de Estado neutralista, que poderia tornar isso mais difícil". Deve-se ir para a guerra rapidamente antes que um governo em Saigon cancele o "convite" e insista em negociar um acordo com a Frente de Libertação, algo definitivamente possível nesse momento. Mecklin continua a repetir (p. 307) a grande mentira como a suprema justificativa para não fazê-lo: "Nossa missão está estritamente limitada à intervenção cirúrgica para fazer cumprir o Acordo de Genebra de 1954, apoiando a legitimação do governo do Vietnã do Sul, esperançosamente a convite desse governo". Não necessariamente a convite!

Portanto, é o evangelho de um "estadunidense pacífico" que, por três anos, foi o principal oficial responsável pela propaganda em Saigon, explicando ao público estadunidense, entre outros, do que se tratava a guerra. Ou ele nunca tinha se importado em ler os Acordos de Genebra ou tinha sido encarregado de virá-los de cabeça para baixo e fazer com que eles fossem compreendidos de forma oposta ao que de fato eram. Não se pode encontrar lá qualquer referência a um governo "legítimo" ou "independente" do Vietnã do Sul. Se não fosse pelo fato de as teses de Mecklin, desde então, terem se tornado a política de Washington – ou rapidamente estarem se tornando –, o livro dificilmente seria digno de atenção.

Do final de julho de 1965 em diante, e quase todo dia enquanto escrevia, bombardeiros B-52 voavam quatro mil quilômetros ou mais, partindo das bases em Guam, para descarregar enormes quantidades de bombas em florestas, seringais e campos de arroz situados entre dezesseis e cinquenta quilômetros de Saigon. Recentemente, depois que patrulhas de Saigon comunicaram que não conseguiram encontrar nenhum cadáver de "vietcongues", os bombardeiros de Guam, assim como jatos bombardeiros de bases locais, foram direcionados para o Delta do Mekong, que tem uma das mais altas concentrações populacionais por quilômetro quadrado no mundo. E desde agosto, os ataques aéreos contra o Vietnã do Norte foram concentrados contra represas, redes de irrigação e sistemas de controle de inundação.

O único critério parece ser aniquilar qualquer coisa viva ou que se mova; destruir qualquer coisa que mostre sinal de vida ou habitação e provocar uma massiva chacina por inanição ou inundação. Se os bombardeiros conseguirem rachar os diques do Rio Vermelho no Norte, inevitavelmente causarão inundações que afogarão de dois a três milhões de camponeses. Existe alguma diferença moral em sufocá-los em câmaras de gás como as dos nazistas? Essa é uma questão que vem sendo colocada, não apenas no Vietnã, mas em todos os outros países na Ásia. Hanói tomou a decisão de levar a julgamento os pilotos que participarem de tais ataques. Os veredictos de Nuremberg impedem qualquer defesa no sentido de que os pilotos estavam obedecendo "ordens dos seus superiores", além de estabelecer vários outros precedentes sob os quais os pilotos estadunidenses podem ser condenados, mesmo se houvesse um estado de guerra entre os Estados Unidos e o Vietnã do Norte. Esses são aspectos da "escalada" que os computadores do Pentágono podem, ou não, ter levado em consideração. A guerra está se intensificando em direção a uma barbárie que põe em xeque a exclusividade do que se costumava pensar ser uma barbárie inigualável dos nazistas, que nunca mais deveria ser repetida.

À luz da "escalada", quais são as perspectivas? No Norte, tudo será feito para evitar dar aos Estados Unidos qualquer chance de confronto direto com a União Soviética ou com a China. A menos que ocorra um ataque terrestre massivo dos EUA no Vietnã do Norte, os norte-vietnamitas continuarão revidando de sua própria maneira, no momento certo e com seus próprios homens, lidando mesmo com os mais sofisticados tipos de armas. Hanói insiste em ter controle completo dessa guerra. No Sul, todos os esforços serão feitos para limitar a luta terrestre ao próprio Vietnã do Sul. Norte e Sul concordam que tudo deve ser feito para manter a guerra dentro de suas atuais fronteiras; que nenhuma ação de sua parte daria aos "lunáticos" do Pentágono o pretexto para o próximo estágio na escalada.

"Nós estamos atravessando um socialismo de tempos de guerra", me disse um líder da República Democrática do Vietnã, "mas nós não queremos interferir na construção dos países socialistas em tempos de paz. Não queremos que uma gota de sangue dos países irmãos seja derramada por causa dos nossos problemas".

"Socialismo em tempo de guerra" tem um conteúdo específico; significa as principais fábricas confinadas nas montanhas; horas de trabalho reorganizadas para evitar os períodos de pico dos bombardeios; zonas autônomas de alimentos para reduzir os efeitos da destruição dos sistemas de irrigação e a sobrecarga nas redes de comunicação; distribuição de alimentos e bens de consumo estritamente justa, "de acordo com a necessidade"; planejamento econômico de longo prazo baseado em uma guerra longa, levando em conta que não seria impossível os Estados Unidos destruírem Hanói, Haiphong e outras cidades. A única coisa que o planejamento de longo prazo não leva em conta é a rendição. "Combatemos os franceses sem ter Hanói, Haiphong ou qualquer outra cidade em nossas mãos, e com os franceses tendo posse física de todas as cidades e estradas estratégicas", explicou esse líder veterano da revolução vietnamita. "Como os Estados Unidos esperam impor políticas sem estar no controle físico do país? E no qual nunca estarão em mil anos".

Em meados de setembro de 1965, conheci Tran Bui Khiem, na realidade o Ministro do Exterior da Frente Nacional de Libertação. Respondendo à minha pergunta sobre as perspectivas em vista da nova e massiva intervenção dos EUA, ele respondeu:

"Nós ainda nos preparamos para uma longa e duradoura guerra, porque tínhamos considerado a possibilidade dessa intervenção dos Estados Unidos há muito tempo. Segundo, como há muita conversa sobre negociações, dizemos que se houver qualquer negociação, deverá ser absolutamente baseada em uma retirada completa dos estadunidenses do Vietnã do Sul. Não podemos concordar com qualquer negociação que coloque os ofensores e os defensores na mesma base, os intervencionistas e aqueles que defendem a si próprios, os agressores e aqueles que são as vítimas da agressão. Percebemos que levará um longo tempo para que eles aceitem isso, mas não há outro jeito, e nosso povo está preparado para os sacrifícios que uma longa guerra como essa implica. Mas deixar os estadunidenses aqui significa que qualquer conversa sobre independência e soberania seria gozação". Tran Bui Khiem insistiu, assim como o fizeram os líderes da Frente de Libertação, quando os encontrei nas zonas livres, anteriormente, nesse ano, que a questão da "neutralidade" para o Vietnã do Sul permanece e permanecerá um ponto-chave no programa da Frente de Libertação e é considerado como a base mais realista para um acordo entre os vietnamitas, sem prejudicar os interesses legítimos de qualquer outro país, incluindo os Estados Unidos.

Wilfred G. Burchett
Ao longo da fronteira do Vietnã do Sul,
1º de outubro de 1965.

PARTE I

A MANEIRA COMO AS COISAS SÃO

VIETNÃ
DO NORTE
Rio Mekong
LAOS
THAILAND
HUE
TOURANE
QUANG
NAM
TAM KY
QUANG
NGAI
SON HA
MO DUC
China
ATTOPEU
KONTUM
PLEIKU
BINH DINH
CAMBODIA
BAN MÉ
THUOT
VIETNÃ
DO SUL
Rio Mekong
PNOMPENH
TAY NINH
BIEN HOA
SAIGON
CHOLON
TAN AN
MY THO
BEN TRE
TRA VINH
CA MAU

DESCENDO AS MONTANHAS

ENCONTRO NA SELVA

Durante quatro dias, a trilha tinha nos levado a uma série de cumes íngremes. Nosso pequeno grupo escalava, pedra por pedra, por horas a fio, o que deve ter sido uma cascata ruidosa durante a estação chuvosa. Às vezes éramos recompensados por um panorama magnífico, o desdobramento da floresta coberta de névoa estendendo-se até o infinito púrpuro. Mas eram apenas vislumbres tentadores através da folhagem densa. Os leitos dos rios quase verticais estavam secos, exceto por ocasionais poças profundas, mas as pedras estavam escorregadias devido à umidade. Escalar era o mais cansativo, como subir uma infinita e terrível escada íngreme onde, de vez em quando, faltavam dois ou três degraus seguidos, o que exigia dos braços e das pernas todo o esforço para se elevar ao próximo nível. Felizmente, um programa de treinamento árduo tinha preparado meus músculos para isso. Descer era ainda mais difícil porque, de vez em quando, você escorregava em uma pedra limosa, ou a pedra em que você havia depositado confiança saia rolando, e apenas um movimento rápido era capaz de te impedir de rolar abaixo, junto com ela. Isso nunca aconteceu comigo, na verdade, mas houve alguns suspiros horrorizados dos meus companheiros ao que parecia, algumas vezes, o inevitável.

Eu preferia o curso dos leitos dos rios às trilhas ziguezagueantes; por horas a fio, essas eram meros túneis na vegetação rasteira. Também preferia fazer minha própria escalada a agarrar na crina dos impetuosos pequenos pôneis, encontrados em algumas áreas, que escalavam como gatos e derrapavam como carros fora de controle, mas nunca caíam. Embora fosse quase estação de seca, ainda havia uma ocasional chuva fina, e a vegetação rasteira estava constantemente pingando. Mas não eram apenas as gotas de água gelada no meu pescoço de manhã cedo que me preocupavam; eram as pequenas sanguessugas verdes que caíam dos galhos que se balançavam quando você passava; suave e friamente, como pingos de água. Só se percebia a diferença quando o sangue começava a escorrer sob a camiseta, da minúscula mordida triangular na qual as sanguessugas tão engenhosamente injetam sua saliva anticoagulante. Havia também a comum, do tipo preto, que atacava os pés nos caminhos de terra úmida, mas eram facilmente visíveis com as sandálias abertas feitas de borracha de pneu e as barras das calças arregaçadas. Com o toque da ponta de um cigarro elas se enrolavam e caíam. Seguindo os leitos dos cursos de água podia-se evitar a fria carícia tanto das sanguessugas verdes quanto das rasteiras. Sanguessugas terrestres eram um incômodo ainda menor nas trilhas de pedras esculpidas pela corrida insana das águas na estação chuvosa.

Esse foi meu período mais magro, no que se referia à alimentação. Nós estávamos muito perto dos postos adversários para caçar. Ainda que tentássemos como podíamos, era impossível conseguirmos peixes daqueles lagos, embora eles estivessem lá e os guerrilheiros olhassem de forma especulativa suas granadas algumas vezes – seu mais efetivo equipamento de pesca. Como a fumaça das fogueiras poderia atrair aviões, cozinhávamos antes do amanhecer. Daquele café da manhã de arroz grudento, cozido no vapor – que eu não consegui comer devido a um antigo hábito de beber apenas chá como refeição matinal – até que as fogueiras pudessem ser acesas, ao anoitecer, para assar algumas raízes de mandioca, beliscávamos as bolas sólidas de arroz frio e grudento, preparadas nas fogueiras da madrugada. Enroladas em náilon de paraquedas, pareciam bombas de um tamanho considerável, penduradas nos cintos dos guerrilheiros.

Minhas piores provações aconteciam sempre que tínhamos que cruzar as inúmeras "pontes" rústicas. As mais sofisticadas eram engenhocas balançantes, suspensas por cabos de trepadeiras da selva, com esteiras tecidas colocadas de atravessado ao longo de bambus, como uma passarela, e com corrimãos de trepadeiras em cada um dos lados. Embora o balanço criasse uma sensação de grande insegurança e se especulasse sobre quão efetivos eram os nós que algumas vezes juntavam duas ou mais trepadeiras no cabo suspenso, pelo menos havia algo plano e relativamente espaçoso para os pés. As segundas melhores eram aquelas com alguns pedaços de bambus amarrados formando uma passarela e corrimãos de bambu fixo ou de muda de árvore. As piores eram aquelas de um único tronco de árvore perfeitamente redondo ou de bambu gigante, afinando de trinta para aproximadamente quinze centímetros e com uma única trepadeira, em geral, terrivelmente solta, na altura da cintura. Isso era inútil como suporte, mas ajudava no equilíbrio, da mesma forma que um longo bastão ajuda um artista na corda bamba.

Embora as sandálias de borracha de pneu fossem maravilhosas para tudo o mais, elas não eram nada boas na travessia das pontes de tronco único, especialmente se estivessem úmidos ou escorregadios pela passagem recente de pés enlameados. Sempre se enfrentava a travessia descalço, andando ligeiramente e alternando os pés, bem separados, para dar a cada um deles maior segurança em relação à largura e à curvatura do tronco. Só descobri esse truque observando cuidadosamente o povo da tribo. À primeira vista eles pareciam pular sem qualquer esforço, mas, de fato, eles colocavam seus pés muito cuidadosamente. Nos acostumávamos a sentir com os pés e manter os olhos na margem oposta, pois olhar para baixo para atentar onde cada pé estava indo era desencorajador quando havia uma queda de cerca de cinco metros até uma corredeira ou algumas pedras afiadas. Quanto ao "corrimão" flexível, você o deixava deslizar levemente através da mão, usando-o para orientação, em vez de apoio.

No quarto dia dessa jornada, em particular, nós tivemos de tudo: todas as variações de pontes, sanguessugas verdes e pretas, nossos usuais caminhos no leito de cursos d'água. Perto do final da tarde, nossos problemas pareciam ter terminado. Chegamos a um campo plano, com madeira esparsa e, de vez em quando, algumas clareiras abertas com tufos gigantes de grama fina e junco. De repente, fui empurrado para um matagal e havia um ar de grande urgência. Carabinas foram engatilhadas e após uma conversa sussurrada, dois dos meus companheiros – membros da tribo M'Nong – escapuliram pela floresta em direção ao caminho que estávamos seguindo. Um tinha um rifle e o outro uma metralhadora leve. Com extrema cautela, fui levado de volta para uma parte mais densa da floresta que havíamos cruzado. Meu intérprete apontou para um trecho semelhante do outro lado da clareira, esforcei-me o máximo possível, mas não consegui ver nada. Entretanto, podia ouvir vozes e meu intérprete sussurrou a palavra: "inimigo". Pelos seus gestos, entendi que nossos dois grupos estavam seguindo quase paralelamente, mas as trilhas convergentes se juntariam em algumas centenas de metros à frente. Ficamos onde estávamos, nossos poucos guerrilheiros tinham se espalhado e assumido posições atrás de troncos e dentro de grandes moitas de grama, nos quais rastejavam suas barrigas como cobras.

As vozes recuaram e de repente a calmaria foi abalada por uma saraivada de tiros de uma metralhadora automática, vindo da direção da convergência dos caminhos. Thanh, meu intérprete de óculos, de Saigon, que deixou seus estudos de medicina para se juntar à resistência, prensou-me no chão atrás de uma árvore robusta, e percebi seu olhar aflito, lábios comprimidos e testa franzida que sempre apareciam quando algo que não estava no nosso programa acontecia. Em questão de segundos, houve muitos disparos; fogo cruzado em uma espécie de padrão arco e flecha, assim eu defini. Tiros de metralhadoras e carabinas pareciam vir de uma área em forma de arco diretamente à nossa frente; o contrafogo parecia vir em linha reta, muito próximo a nós. Houve uma pausa, e aí pude ouvir vozes de novo, dessa vez exaltadas, e notei nossos guerrilheiros abraçando o chão e olhando sobre suas barricadas; então, pude ver vultos correndo através do pesado filtro verde da vegetação rasteira.

Tiros romperam novamente, com pequenos disparos de fogo de carabinas dos guerrilheiros e a última coisa que vi, quando minha cabeça foi empurrada para o chão novamente, eram formas correndo mais rápido do que nunca para a direção de onde vieram. Os guerrilheiros dispararam e, em seguida, correram para posições paralelas à linha de fuga e dispararam novamente, movendo-se com velocidade incrível através da vegetação rasteira e disparando o tempo todo. Não houve contra-ataque e logo tudo estava calmo novamente.

Após alguns minutos os dois M'Nong voltaram, todos sorridentes, e nosso grupo foi remontado para mais discussões apressadas. "O inimigo fugiu", disse Thanh, "mas precisamos nos deslocar rapidamente. Há um grande espaço aberto para cruzar e esses soldados alertarão um posto rapidamente, ainda que eles não tenham ouvido os disparos". Eu perguntei sobre as baixas.

"Nosso povo disparou para afugentá-los, não para matar ou ferir", Thanh respondeu, após consultar os guerrilheiros. "O camarada com a metralhadora e o outro que foi primeiro atiraram de várias posições diferentes, em frente de onde as tropas inimigas estavam marchando, para dar a ideia de que se eles avançassem poderiam se deparar com uma grande força. Mas não quisemos atingi-los em cheio, porque poderia haver represália aérea e nossa tarefa é entregar você em segurança ao encontro de hoje à noite. Era um pelotão inimigo em patrulha, muito raro nesta área. Acreditamos que eles estão recuando para seu posto, mas um dos nossos camaradas está seguindo-os para ter certeza".

Colocamos nossas mochilas nos ombros e seguimos pelo campo levemente arborizado. Após uma caminhada de quase meia hora, chegamos a uma clareira com cerca de oitocentos metros de largura, com um pedaço do que parecia ser uma selva densa do outro lado. Apesar dos meus protestos, minha mochila foi tomada por um dos M'Nongs e Thanh disse: "precisamos seguir em velocidade máxima". Aquilo havia sido parte do meu treinamento – marchar em altíssima velocidade, começando com quinze minutos sem pausa e evoluindo até duas horas em velocidade máxima, sem pausa. Apenas para situações como esta, acredito.

Avançamos muito rapidamente e, conforme nos aproximávamos do centro da clareira, notei os M'Nong – poderosos caçadores de elefantes e conhecidos por suas grandes orelhas – olhando fixamente em direção ao céu, atrás de nós. Em questão de segundos, lá estava o barulho intenso dos helicópteros. Então, nós realmente aceleramos. Calculei que, mesmo em trote leve, ainda tínhamos cinco minutos à frente e, apesar dos helicópteros ainda não estarem à vista, era óbvio o que poderiam fazer em cinco minutos, a partir do momento que ouvimos o barulho deles. O barulho cresceu a dimensões ensurdecedoras e quatro desajeitadas formas escuras voando bem baixo apareceram sobre o trecho de selva que tínhamos acabado de deixar, caindo sobre nós como abutres sobre suas presas, como se eles soubessem precisamente onde estávamos. Nesse momento estávamos trotando e, enquanto alguns guerrilheiros escolhiam posições de tiro e preparavam suas armas, deram-me sinal para que eu corresse o mais rápido que pudesse. Quatro de nós corremos através das últimas centenas de metros a toda velocidade. O tiroteio já tinha começado quando, literalmente, pulamos dentro da floresta e fui guiado até uma gruta, num maciço rochoso coberto por árvores.

Houve rajadas de metralhadoras vindas dos helicópteros e uma torrente de tiros de metralhadoras automáticas e carabinas dos guerrilheiros. Pelas faces dos meus companheiros, assim como pela própria situação, era claro que aquele era o momento mais difícil que eu já havia estado desde o início da minha jornada. Quatro helicópteros poderiam arrasar uma companhia inteira de soldados – de oitenta a cem homens – e nós éramos dez, contando comigo. O barulho dos helicópteros pairando enquanto procuravam seus alvos era demolidor; parecia que não havia espaço nas orelhas para mais nada, mas além dos motores estava o ruído devastador das metralhadoras e da penosamente desigual resposta de duas metralhadoras leves dos guerrilheiros. Os helicópteros circulavam e pairavam, como que tentando decidir onde pousar.

Repentinamente, os motores soaram mais barulhentos que nunca, as extremidades angulosas e semelhantes a um nariz de baleia se inclinaram em direção ao céu e dispararam para cima e adiante, voando diretamente para os raios do sol poente. Corremos para a borda da floresta e eu estava quase em lágrimas de alegria quando, um por um, os guerrilheiros se levantaram e vieram em nossa direção. "Alguém ferido?", foi a primeira pergunta, e como não havia ninguém ferido, perguntei, então, por que eles não pousaram.

"Olhe ao seu redor e você verá porque eles não pousaram", disse Dinh, o atarracado chefe da unidade. Então notei o que havia me escapado enquanto corríamos para o abrigo: havia algumas varas pontiagudas, com cerca de dez ou quinze metros de altura cada, uniformemente espaçadas, protegendo a segunda metade da clareira. “Eles não conseguiriam pousar aqui sem que fossem perfurados ou sem que tivessem suas hélices danificadas”, disse Dinh, “estas varas são plantadas em um padrão muito científico. É por isso que eles pairaram por tanto tempo, procurando por uma brecha”.

“Por que eles não pousaram no outro lado, onde não há varas?”, perguntei.

“Porque isso seria inútil. Esses helicópteros são efetivos apenas quando mergulham direto sobre a presa, no que os ‘soldados fantoche’ chamam de tática ‘águia pega frango’. Se as tropas deles tivessem que avançar, mesmo que poucas centenas de metros contra os nossos tiros, eles teriam baixas e, se isso acontecesse, eles interromperiam qualquer ação. De qualquer forma, sabiam que estávamos perto da borda da selva e que a hora que conseguissem atravessar os aproximadamente oitocentos metros da clareira, se nós quiséssemos evitar a ação, poderíamos desaparecer selva adentro, onde eles não ousam nos seguir. Também estava muito próximo do pôr do sol e eles não ficam fora depois de escurecer. E, certamente, nós perfuramos suas máquinas. Nós estávamos atingindo eles. Eu pude ver os rastros de sol entrando, mas você tem que acertar uma parte vital para derrubá-los. Nossa experiência é que, assim que você começa a acertá-los, eles sempre vão embora. Então, apesar da situação ter parecido um pouco sombria para você”, ele disse sorrindo ironicamente, “realmente não havia nada com o que se preocupar”.

“As metralhadoras deles soavam de forma impressionante”, eu disse.

“Ah! É sempre assim”, Dinh respondeu com desdém. “Eles fazem muito barulho; atiram como loucos, mas não fazem ideia do que estão acertando. Antes, isso costumava nos impressionar também. Dessa vez eu observei alguns de seus disparos; pude ver um deles disparando sua arma da porta do helicóptero, mas pelo ângulo do tiro, era claro que as balas não estavam chegando perto dos nossos homens; acho que eles atiram para exaltar seus próprios espíritos". E concluiu: "A propósito, em quinze minutos estaremos em uma área segura, onde o inimigo nunca ousaria penetrar".

Com certeza, assim que o sol baixou, fomos recebidos por um pequeno e sorridente grupo de guerrilheiros M'Nong, que nos guiou por mais meia hora para um pequeno grupo de cabanas onde o fogo já queimava sob os potes de arroz – o que mais tarde acabou se tornando um excelente guisado de macaco.

EM NAM BO

Acordei com um leve toque no meu ombro e lá estava a face acobreada do meu esbelto guia sorrindo para mim, seus dedos estavam sobre seus lábios, sinalizando silêncio. Enquanto eu girava lentamente para fora da rede, onde estive descansando o dia todo e até tarde da noite, minhas mãos eram apertadas por aquela meia dúzia de guerrilheiros sorridentes, todos rostos novos para mim. O ágil membro da tribo M'Nong que tinha sido meu guia rapidamente dobrou a minha rede, como ele tinha feito várias vezes antes, colocou-a na mochila, e então se virou para mim e estendeu seus braços. Nos abraçamos e havia lágrimas em seus olhos. Depois de semanas viajando juntos, principalmente a pé ou no dorso de um cavalo, das dificuldades e dos perigos compartilhados, seu papel final tinha sido me acompanhar até este ponto de encontro e, então, entregar-me a outros. Os recém-chegados, com rifles em prontidão, sinalizaram meu lugar na pequena coluna e, com um último aceno para meu amigo M'Nong, parado na árvore de onde tinha recolhido minha rede alguns minutos antes, partimos, e ele e a árvore foram engolidos imediatamente pela negra noite tropical.

Nem uma palavra foi dita, e isso não era tanto pela falta de meios de comunicação, mas sim pelo fato de que avançávamos pelo país inimigo, cujo posto mais próximo estava a menos de mil metros de onde eu estive descansando – e tivemos que passar ainda mais perto antes de alcançar o território amigo. O guia M'Nong tinha rabiscado um pequeno mapa no chão para enfatizar a necessidade de cautela.

No começo, segurei o cano da espingarda no ombro do guerrilheiro à minha frente, mas logo meus olhos puderam distinguir o triângulo branco da sua mochila e pude segui-lo de perto o suficiente para evitar tomar o rumo errado na estreita e sinuosa trilha. Andamos tão rápida e silenciosamente quanto permitia o som das folhas secas que estalavam abaixo das nossas sandálias de borracha. Após cerca de uma hora nos sentamos em um tronco, enquanto sinais eram feitos indicando necessidade de máxima cautela. Estávamos, então, no ponto mais próximo ao posto. Alguns minutos depois, um guerrilheiro se virou para indicar que tudo estava bem; podíamos continuar, o que fizemos por mais duas horas. Os momentos mais difíceis para mim, como sempre, foram nas travessias das pontes de tronco único.

Finalmente paramos e as mochilas foram jogadas ao chão. Havia agora largos sorrisos, mais apertos de mãos e a palavra "Nam Bo". Cigarros foram acesos e todos relaxaram. Estávamos novamente em território amigo. Para mim, foi um momento emocionante porque significava que eu estava realmente no sul, em Nam Bo (Cochinchina),* e a caminho do que tinha certeza de que seria o

* Para os vietnamitas, seu país é composto por três partes: o Bac Bo ou o que os franceses chamaram Tonking, no norte; Trung Bo ou Annam, no centro – agora fatiado pela linha de demarcação ao longo do paralelo 17 – e Nam Bo, ou Cochinchina, no sul. O Tay Nguyen (Montanhas Ocidentais), onde estive por muitas semanas anteriormente, fica em Trung Bo.

ponto alto da minha visita – os arredores de Saigon, onde eu esperava tocar a essência dessa guerra nos portões da própria capital. As conversas, agora, eram limitadas apenas pelas dificuldades da língua, minhas pouquíssimas palavras em vietnamita e as pouquíssimas palavras deles em francês.

Enquanto descansávamos, percebi que dois guerrilheiros pegaram suas facas e derrubaram uma pequena árvore, puseram-se a apará-la e então encaixaram as cordas da minha rede em cada extremidade. Nova maneira de pendurar minha rede, pensei. Talvez seja uma área onde existam tigres e eles vão me colocar bem no alto, entre duas árvores. Quando terminaram os cigarros, o chefe da unidade sinalizou que eu deveria entrar no que agora foi transformado em um palanquim, suspenso entre os ombros de dois guerrilheiros, cada um com metade do meu tamanho. Com certa indignação, pedi para observarem a força e rigidez dos músculos das minhas pernas. Houve alguns sorrisos e murmúrios apreciativos, o que os fez desamarrar a rede e descartar a vara.

No dia seguinte fiquei sabendo, quando um intérprete apareceu, que os guerrilheiros tinham sido informados de que eu era "velho e não acostumado a caminhar". Isso foi um insulto aos meus 52 anos e às atividades dos meses anteriores – e foi a única ocasião em que achei que os guerrilheiros estavam desinformados.

Eles agora acendiam suas lanternas de garrafa e nossa marcha continuava, desta vez, com uma ocasional conversa entre os guerrilheiros para enfatizar que estávamos em território seguro. De vez em quando, um deles agarrava uma folha grande que era colocada por trás da luminária, usando-a como refletor para iluminar o caminho adiante. Lanternas elétricas não seriam mais convenientes? – perguntei uma vez. A resposta foi que, primeiro de tudo, armazenar baterias naquele clima era muito difícil, enquanto o querosene poderia ser armazenado em esconderijos secretos ao longo das rotas de comunicação. As lanternas eram feitas de garrafas de perfume francês e um engenhoso pavio fechado num tubo de cobre, encaixado em uma caixa de cartucho 303, com uma pequena mola que fazia o pavio pular para fora no momento em que a tampa era aberta; elas eram inestimáveis na iluminação do caminho dos guerrilheiros, em seus famosos ataques noturnos.

Ainda estávamos em uma floresta muito densa, em uma trilha que era pouco mais que um túnel através da espessa vegetação e dos bosques de bambu. Mas era época de seca em Nam Bo e não havia sanguessugas para se preocupar. Apenas os gritos dos pássaros noturnos e o barulho das folhas secas, sob nossos pés, quebravam o pesado silêncio da noite a princípio, embora mais tarde ouviríamos algumas explosões abafadas, de bombas de artilharia distantes.

Após quatro horas de marcha e uma última travessia de mais uma das odiosas pontes de tronco, chegamos a um pequeno aglomerado de barracas onde passamos a noite. Meu chefe de escolta insistiu para que eu dormisse em uma cama, dentro de uma barraca, embora eu sempre preferisse minha rede entre as árvores. Ele indicou que era uma área com tigres, então, acatei a indicação e passei minha primeira noite em Nam Bo em uma cama de bambu partido, extremamente dura, com um tapete de palha contribuindo um pouco para suavizar a dureza, e cercado pelo que pareciam ser centenas de porcos de todas as idades. Um ou mais deles vinha de tempo em tempo para raspar suas costas contra as pernas da minha cama, com grunhidos de satisfação. De vez em quando, havia gritos coletivos e toda a manada corria para a floresta apenas para correr de volta alguns minutos depois com a mesma velocidade e gritos. Presumi que havia animais selvagens nas proximidades e os porcos utilizavam um sistema de sinais e busca de abrigo.

Mais tarde, no mesmo dia, descobri que as cabanas pertenciam a uma pequena unidade do Exército de Libertação que, como muitas unidades, entrou para a produção agrícola. A criação de porcos e aves era parte de suas ocupações e, mais tarde, visitei uma esplêndida horta, cercada por mamoeiros, coqueiros e bananeiras, tudo habilmente misturado com a selva para garantir máxima camuflagem contra aviões saqueadores. Um dos soldados que trabalhava no terreno escalou um coqueiro e colheu meia dúzia de cocos. É tradição, como primeiro gesto a um visitante de Nam Bo, oferecer a bebida do delicioso líquido gelado armazenado no fruto. Enquanto ainda lambíamos nossos lábios, um pequeno grupo, com rifles sobre os ombros, emergira da floresta, vindo em nossa direção. Era uma nova escolta, completa, com um intérprete que falava francês. Após cumprimentos e apresentações, começaram a fazer perguntas cautelosas como, por exemplo, se eu poderia andar de bicicleta por um período relativamente longo. Como, exceto por um ou dois passeios curtos em Tay Nguyen, eu nunca tinha verdadeiramente praticado ciclismo em mais de trinta anos, eu disse que supunha que poderia, mas que eu realmente gostava de caminhar.

Partimos no fim da tarde para uma caminhada de quatro horas que nos levou a outro, mais impressionante, grupo de cabanas equipadas com cozinhas Dien Bien Phu. Como o nome sugere, foram desenvolvidas durante a famosa batalha na qual os franceses sofreram a derrota final, com os fornos dispostos abaixo do nível do solo em uma grande vala, embutido no fundo de um abrigo de bambu e sapé. Em vez de chaminés, há longos túneis que saem de cada forno, em direções paralelas ou divergentes, para dentro da selva. A maior parte da fumaça é absorvida pelas paredes de terra dos túneis, o resto se dispersa na vegetação rasteira. Isso é importante quando mesmo a menor nuvem de fumaça é um alvo fácil para os pilotos estadunidenses que dirigem a força aérea sul-vietnamita.

Não há fumaça sem vida, parece ser o lema deles; e a própria vida, fora das cidades e aldeias de campos de concentração, é o inimigo, no que diz respeito àqueles que dirigem a guerra aérea. Qualquer vida ou qualquer sinal de vida, humana, animal ou vegetal – no caso de pomares ou plantações – é um alvo para suas bombas, napalm ou venenos químicos dispersados no ar. Em Tay Nguyen, eu tinha ouvido sobre vários casos em que paraquedistas ou tropas de helicóptero desembarcavam só para acabar com safras de milho ou de arroz, assim que começavam a ficar verdes. Napalm é usado rotineiramente contra o amadurecimento das plantações. Um camponês capinando no campo; um búfalo chafurdando em uma poça ou seu bezerro revirando a palha de arroz, um *flash* de verde de um pedaço de plantação – todos estes são alvos primários para os aviadores estadunidenses que, sozinhos, mantêm a guerra aérea em andamento. De acordo com os números fornecidos pelo general Nguyen Khanh, após ele assumir o comando em Saigon, no final de janeiro de 1964, metade das baixas infligidas aos vietcongues em 1963, confirmadas por Saigon, foi por ação aérea. A maneira pela qual os pilotos foram capazes de distinguir entre vietcongues e camponeses não foi explicada.

Então, a cozinha Dien Bien Phu introduzida no sul foi um desenvolvimento fundamental, especialmente em unidades militares e outras organizações com bases permanentes e abundância de mão de obra para cavar as chaminés subterrâneas que geralmente se estende por várias dezenas de metros e empresta uma corrente de ar para o fogo.

Na manhã seguinte, fui apresentado a uma bicicleta. Apesar de um início duvidoso, nas semanas seguintes eu percorreria cerca de oitocentos quilômetros com ela, mais alguns a pé e de sampana. Meu abrangente treinamento para a viagem, por acaso, não incluia andar de bicicleta e, de qualquer maneira, nada poderia ter simulado a realidade. Uma trilha estreita e sinuosa, com não mais de três ou quatro metros em linha reta, com raízes e obstáculos em todo lugar;

pequenos tocos onde o mato tinha sido cortado rente ao solo – mas não ao nível dele –, espetando nos pedais e no quadro; trepadeiras aéreas esperando para estrangulá-lo enquanto você está olhando para baixo para evitar um toco; treliças de bambu batendo na sua cabeça, não importa o quanto você se abaixe sobre o guidão; uma infinidade de pontas chegando a rasgar sua camisa e sua carne em pedaços; uma combinação de armadilhas, empecilhos, laços e espinhos tentando te enganar e te derrubar por todos os lados. E, no início, a bicicleta sempre insistia em pegar a direção que se queria evitar. O pior de tudo, somado aos terrores prévios das pontes de tronco, era que agora a bicicleta também tinha que ser conduzida através delas, geralmente sobre os ombros. Mas quando chegamos, após algumas horas de trilha serpenteante, com obstáculos escondidos, para o que ainda parecia com uma estrada arduamente inclinada, comecei a valorizar estar sobre rodas de novo. O velho senso de equilíbrio logo voltou e os quilômetros começaram a passar rapidamente. Era melhor do que estar em um jipe, pois, com o silêncio da viagem de bicicleta, sempre estávamos alertas para a aproximação de aviões e podíamos nos esconder na vegetação rasteira.

PRESENTES DOS ESTADOS UNIDOS

Minha primeira bicicleta em Nam Bo foi uma Mavic e, apesar de ser de fabricação francesa, o quadro e as rodas estavam estampados com um aperto de mãos estadunidense-vietnamita, sob estrelas e listras e com a inscrição: "um presente do povo dos EUA". Assim como as bombas de napalm! O mesmo com as mochilas dos guerrilheiros e dos soldados pelos quais passamos pelo caminho. As mochilas eram quase invariavelmente sacos de farinha branca, estampados com grandes letras: ESTE É UM PRESENTE DO POVO DOS EUA. NÃO DEVE SER VENDIDO OU TROCADO.

Era no mínimo irônico ver longas filas de soldados se movendo pela estrada para atacar um posto ou participar de um contra-ataque, cada um exibindo com destaque em suas costas: "PRESENTE DO POVO DOS EUA". Em Nam Bo, parecia que o aperto de mãos de amizade era mais evidente nas áreas das Frentes de Libertação do que em sua própria bandeira azul e vermelha com uma estrela amarela. Além das próprias armas americanas capturadas, quase todos os outros poucos equipamentos com os quais cruzei, de geradores a máquinas de solda e equipamentos de raio x, sustentavam o aperto de mãos e a inscrição padrão.

Quando se olha para um soldado comum da frente de batalha, a extensão dos "presentes" estadunidenses se torna ainda mais impressionante. Anexos ao seu cinturão estadunidense estão: as pequenas lanternas, já mencionadas, na qual os estojos de cartuchos estadunidenses cumprem um papel vital; suas redes de náilon estadunidense, que é o equipamento padrão para dormir, com cabos de paraquedas para amarrá-las nas árvores; uma garrafa de água com um grande EUA estampado na capa de pano; um conjunto de granadas de mão feitas nas próprias oficinas da Frente, e, finalmente, as bombas redondas de arroz – uma ração de 24 horas – enroladas em um paraquedas de náilon estadunidense. Suas camisas, muitas vezes, são feitas do mesmo material que envolve o arroz, camuflagem de náilon. Sua arma padrão é a carabina estadunidense, mas uma porcentagem dos seus camaradas estará carregando Garands, submetralhadoras, metralhadoras de 37mm, uma variedade de bazucas e morteiros, e em unidades de batalhão, alguns dos altamente apreciados canhões sem recuo de 57mm.

Os soldados da Frente, como aqueles do Viet Minh,* anteriormente, marcharam com as famosas "sandálias Ho Chi Minh". A

* Viet Minh, Liga pela Independência do Vietnã, movimento revolucionário de libertação nacional criado por Ho Chi-minh em 1941. (N.E.)

única diferença era que a estadunidense Goodyear havia substituído a francesa Michelin como principal fornecedora. As solas eram de pneus – dez pares podem ser cortados de um pneu médio de caminhão, ou cem pares de um caminhão General Motors de dez rodas – bastante comuns no Vietnã do Sul. As quatro tiras que as mantinham no lugar eram feitas da parte interna dos pneus. Elas eram a melhor solução em calçados já inventada para as condições de calor e floresta. Não usei nada além delas por cerca de cinco meses. Com tal equipamento, um batalhão da Frente pode marchar cerca de 24 quilômetros após o pôr do sol para destruir um posto inimigo e voltar para suas bases, antes do amanhecer, com o espólio.

Após um trajeto de cerca de quarenta quilômetros naquela primeira manhã de ciclismo, chegamos a um quieto riacho marrom onde descansamos o resto do dia. Ao entardecer, chegaram duas sampanas, uma com um motor de popa rebocando a outra. Abandonamos nossas bicicletas para seguir a bordo dos barcos. O motor de popa trazia o aperto de mãos de amizade e a marca: "Kohler. 7 h.p. Feito nos EUA". Durante toda a noite descemos, lentamente, a calma corrente entre uma exuberante vegetação junto às margens, ocasionalmente vislumbrando uma vila entre as árvores. Nada além do brilho das estrelas acima de nós e ocasionais ruídos sobre o plano, comunicados pelo comando da missão.

Então, viajamos sem problemas durante muitos dias e noites. Na verdade, como geralmente descansávamos durante o dia e viajávamos à noite, quando utilizávamos as sampanas, os riachos não tinham aquela maravilhosa proteção contra aviões acima das nossas cabeças que as trilhas nas florestas ofereciam. Em diversos pontos de encontro, nosso grupo crescia gradativamente até que, além de um intérprete, havia um médico, um cozinheiro, um assessor de imprensa da Frente de Libertação, um quadro responsável pela segurança, guarda-costas e guias que mudavam de região para região. Em certo ponto de encontro, outro conjunto de bicicletas nos aguardava, bem decoradas com as mãos da amizade.

Como o nosso grupo estava definido, estabelecemos uma rotina razoavelmente regular, uma vez que estávamos de bicicleta de novo. Partimos assim que amanheceu e tentamos alcançar nosso destino antes do excessivo calor do meio-dia. Em Nam Bo, o calor não varia muito além dos 38 graus, das onze da manhã até o pôr do sol. No fim da tarde, visitávamos vilas, unidades de exército, organizações da Frente, oficinas, fazíamos entrevistas e reuniões, evitando viajar ou trabalhar muito nas horas mais quentes do dia. A temperatura era sempre suportável de noite e, exceto quando granadas de artilharia chegavam perto, era possível dormir maravilhosamente bem na rede, debaixo de um mosquiteiro para evitar as folhas e os insetos.

"VOCÊ ESTÁ EM SAIGON AGORA"

Mensageiros apareciam constantemente durante nossas viagens com pequenos envelopes, como aqueles usados para cartões de visita. Eles traziam as últimas notícias da movimentação dos adversários e isso se tornou especialmente importante à medida que começamos a nos aproximar do complexo de posições militares, nos arredores de Saigon. Nosso itinerário era constantemente mudado, de hora em hora, de acordo com o conteúdo daqueles envelopes que continham pequenas mensagens, cobertas com uma minúscula escrita, e eram estudadas com a maior atenção pelo nosso chefe de segurança e seus colegas. Algumas vezes, eles se agachavam e riscavam uma série de mapas no chão, removendo alguns e substituindo outros, antes que uma rota satisfatória fosse acordada. Foram dias emocionantes enquanto seguíamos direto para Saigon. Meus registros, escritos todo fim de tarde, num dia típico, tinham a seguinte redação:

> Hoje os aviões sobrevoaram o dia todo. B-26's, AD-6's, helicópteros HU-IA e o que meus companheiros, mesmo os que não falam francês, chamavam de *mademoiselles* que, na verdade, são aviões de reconhecimento Morane, de fabricação francesa. A selva é pouco densa, com muitos trechos abertos de pastagem e forragem de campos de arroz, e temos que redobrar a atenção para não sermos pegos pelos aviões enquanto cruzamos as clareiras. Também estamos passando perto de postos militares e, algumas vezes, através de territórios controlados por Saigon ou zonas nas quais a Frente efetivamente controla apenas à noite. Nosso guia tem que ser perfeito. Alguns gravetos dispostos em certo padrão indicavam qual trilha deveríamos seguir nos cruzamentos e é responsabilidade do guia colocá-los corretamente. Um minuto ou dois no caminho errado poderia significar um desastre. É difícil, para mim, dizer a diferença entre as zonas controladas por Saigon ou controladas pela Frente, exceto pela ausência de pessoas na primeira. Eles estavam todos trancados, os soldados em seus postos, as pessoas em vilas de campo de concentração. O guia disse que temos de passar por uma área muito aberta à noite, pois a trilha conduz entre dois postos, distantes cerca de nove e seis quilômetros, com um campo aberto entre eles. Na verdade, por causa das pequenas mensagens que continuavam chegando, fizemos isso durante o dia, e fui informado apenas quando chegamos. Passamos a noite sob um aglomerado espesso de árvores, a cerca de três quilômetros do outro posto. A escolta manteve seu armamento preparado o dia todo.

No dia seguinte, a trilha nos levou através de vários campos abertos e ziguezagueando por seringais. Havia muita atividade dos aviões. Um *mademoiselle* iniciou muito cedo, primeiro em grandes círculos, depois em círculos cada vez menores, com nosso pequeno grupo sempre no centro, em um caminho com pequenas árvores e arbustos nos quais tínhamos que nos esconder quando o avião parecia muito curioso. A maior preocupação dos meus companheiros era que alguém poderia ter comunicado sobre um "europeu com os vietcongues" e os estadunidenses poderiam concluir que sou um de seus prisioneiros de guerra sendo transferido. Eles oferecem recompensas de dez a trinta mil piastres* por esse tipo de informação que seria responsável por acionar desde tropas trazidas por helicóptero para um rápido arrebatamento, até operações envolvendo vários batalhões para fazer o resgate. Decidimos seguir rapidamente para uma área mais segura no momento em que o *mademoiselle* fosse para casa. Entretanto, antes dele partir, outro tomou seu lugar voando mais devagar e, novamente, com nosso pequeno grupo no centro. Então, ficou claro que éramos objeto de atenção especial. Estávamos em uma espécie de "terra de ninguém", onde tudo o que se movia – do ponto de vista de Saigon – era "hostil".

Tivemos que brincar de "esconde-esconde", nos movendo quando a cauda do avião se virava para nós, esperando que ele estivesse cego naquela posição, nos escondendo em qualquer minúscula cobertura disponível quando estávamos claramente sob observação. Mas ele chamou um "irmão" para estarmos constantemente sob sua visão. Dois deles zumbiam em volta como moscas varejeiras, voando em círculos cada vez menores e, então, cortando diagonalmente pelos círculos, zumbindo cada vez mais para baixo enquanto corríamos, aproveitando as oportunidades, tentando agora alcançar um abrigo no seringal. Nosso chefe de segurança temia que as tropas de helicóptero desembarcassem nas várias clareiras e as tropas de escolta ficaram novamente alertas. No momento em que os aviões desciam até se aproximarem do topo das árvores, alcançamos padrões olímpicos em uma explosão final de velocidade que nos levou para a sombra de um seringal – não era a mesma cobertura camuflada perfeita que a floresta fornecia, mas era suficiente para cobrir nossa exposição, da qual eu estava perfeitamente consciente nas últimas horas. O

---

* Na taxa oficial, 35 piastres equivalia a um dólar estadunidense.

"esconde-esconde" durava três horas até então; o sol estava a pino e o suor escorria. Contudo, nosso guia manteve a velocidade até alcançarmos o que foi considerado uma "área segura". Dentro de três minutos os aviões mergulharam e, para minha surpresa, pois não suspeitava que aviões de reconhecimento carregassem armas, eles jogaram bombas de napalm em um pequeno agrupamento de cabanas que avistaram na plantação, a algumas centenas de metros de onde tínhamos pendurado nossas redes. Uma das cabanas foi atingida e uma garota de 9 anos foi morta, o que me deprimiu enormemente, pois os aviões foram, sem dúvida, levados àquelas cabanas ao seguir nosso rastro.

De tarde voltamos a nos deslocar, passando a quase 1.500 metros de um posto, alguns galhos verdes, felizmente, indicavam qual trilha não deveríamos seguir. Havia muita atividade de aviões, mas nada especificamente na nossa direção. Havia muitas explosões de bombardeiros de alto nível e de mergulho, mas assim que o sol baixou no horizonte, abrandaram. Fui advertido para seguir a bicicleta à frente muito precisamente, pois a estrada era "minada" pelos guerrilheiros com armadilhas de espinhos e alguns explosivos. Aqui, parte da estrada tinha sido destruída, com grandes valas logo ao lado da estrada em alguns lugares, na forma de correia dentada em outras, de modo que uma bicicleta podia fazer seu caminho por entre os "dentes".

Entramos em uma aldeia onde tudo era alegre, decorado com faixas da Frente e mensagens em tecido vermelho saudando o ano novo lunar. Havia cenas acolhedoras nas cabanas, enquanto passávamos, com famílias fazendo sua refeição da noite ao ar livre, crianças brincando sob as árvores, cachorros latindo na nossa chegada – a atmosfera de uma vida de aldeia normal e pacífica. Havia até um raro e amigável barulho mecânico de bombas de irrigação com motor elétrico nos jardins do mercado local.

Eu estava admirado por ser escoltado a uma cabana e ver uma garrafa de whisky John Haig na mesa. Meu anfitrião, um homem velho de barba rala, cujo rosto era uma miríade de rugas e que foi apresentado como "um revolucionário veterano da revolta de novembro de 1940", perguntou se eu bebia puro ou com soda. Em questão de segundos, ele conseguiu uma garrafa de refrigerante e uma bacia de gelo. A resposta ao meu espanto a respeito de onde vinha o gelo foi: "Mas você está em Saigon agora!". Na verdade, estávamos a cerca de nove quilômetros dos arredores.

Depois de um dia completo de descanso e conversas com os aldeões e guerrilheiros locais, partimos em um caminho ziguezagueante que nos levaria ainda mais perto da capital. E, ao mesmo tempo que o ano do gato estava se transformando em ano do dragão, que era por volta da meia-noite de 12 de fevereiro de 1964, eu estava deslizando por um pequeno canal em direção ao halo dourado de Saigon. O motor de popa, lenta e gentilmente, nos conduzia; alguns soldados de escolta, com carabinas atravessadas sobre seus joelhos e dedos nos gatilhos, examinavam seriamente a escuridão e o guia corria os olhos em cada uma das árvores na travessia do canal.

O motor foi desligado. Ou estávamos próximos do ponto de encontro ou o tínhamos perdido. Um minuto ou dois na direção errada agora poderia ser fatal. Acender apenas um fósforo poderia ter como resposta um ataque da artilharia inimiga. No entanto, assim que passamos uma curva, um pequeno ponto de luz piscou duas vezes das profundezas de um bosque de bambus, e à medida que desviamos para o local de onde os *flashes* tinham vindo, houve algumas trocas sussurradas entre a orla e o barco; como resultado disso, entramos em um túnel no bambuzal e, em segundos, algumas mãos seguraram meus braços para me guiar para fora do barco e pelo caminho.

Sem dizer uma palavra além daqueles apressados sussurros, os soldados de escolta se espalharam para os lados e à minha frente e nos apressamos ao longo de um caminho, através de um pomar de abacaxis, em direção ao próximo ponto de encontro, em um conjunto de árvores para nossas redes. Estávamos, então, a cerca de oito quilômetros da ponta sudoeste de Saigon. Era reconfortante ter a certeza de que as bruscas explosões nas imediações, algumas delas como ondulantes rajadas de tiros de metralhadora, vinham dos fogos de artifícios dos foliões do ano novo do dragão, ignorando a rígida proibição que o general Nguyen Khanh estabeleceu sobre o uso de fogos de artifícios para comemorar a chegada do ano novo do dragão. Khanh temia que as explosões poderiam impedi-lo de reconhecer a tempo os sons de um novo golpe; ele estava no poder há apenas pouco mais de duas semanas e ainda estava extremamente consciente do golpe.

LUTANDO NOS ARREDORES DE SAIGON

NO TERRITÓRIO DE QUEM?

Um homem esbelto e sorridente, com olhos brilhantes e um bigode fino, vestido como se tivesse saído diretamente do seu escritório em Saigon, adentrou a cabana de camponeses onde eu havia passado a noite em minha rede. Eu havia acordado tarde, e estava pensando sobre o constante barulho dos aviões e helicópteros que nem parecia se aproximar nem se afastar. Explicaram-me que eles estavam aquecendo os seus motores no principal aeroporto de Saigon.

"Bem-vindo a Saigon", disse o homem sorridente, em um francês de parisiense, com as mãos estendidas para um cumprimento. "Conheça os membros do nosso comitê". Eles eram doze de um total de dezesseis membros do Comitê Executivo da Frente de Libertação de Saigon-Gia Dinh (Gia Dinh é uma província de Saigon). Quatro deles tinham saído secretamente de Saigon na noite anterior para comparecer à nossa reunião. O homem sorridente era Huynh Tan Phat, um famoso arquiteto de Saigon. Além de chefiar o comitê Saigon-Gia Dinh, ele é um dos mais destacados líderes nacionais da Frente de Libertação, como secretário geral do comitê central e dirigente do partido democrático, um dos três partidos políticos afiliados à FNL. Como muitos dos líderes da Frente, ele tinha abandonado temporariamente sua profissão e o conforto da cidade para a árdua e perigosa vida da luta de libertação. Eu, inclusive, já sabia que sua esposa estava cumprindo prisão perpétua nos termos da lei 10/59.*

Entre os membros do comitê, como Huynh Tan Phat os apresentou, havia: dois jornalistas, um escritor, um músico, dois camponeses, um operário, um representante da juventude de Saigon cuja profissão não anotei, uma dona de casa, um estudante, um professor e, claro, o próprio arquiteto.

Uma das minhas primeiras questões foi se estávamos nos reunindo em um território "livre" ou "ocupado pelo inimigo". Em inúmeras ocasiões, enquanto pedalava, fui advertido para manter a minha cabeça e o chapéu abaixados – aquele esplêndido chapéu vietnamita cônico de palha, que mantém o rosto na sombra o tempo todo e o oculta completamente em uma emergência – ou para deitar no fundo da sampana porque estávamos passando por território inimigo.

"Nós temos que viver cuidadosamente integrados com o inimigo", explicou Huynh Tan Phat com um brilho maravilhosamente bem-humorado que raramente deixava seus olhos. "Eles acham, por exemplo, que essa aldeia é deles. Na verdade, ela é nossa. Muitas vezes pessoas vêm de Saigon e não têm ideia de que estão em uma das nossas áreas livres. Não os incomodamos, nunca pedimos seus documentos, a menos que suspeitemos ser um agente. Nesse caso, teríamos sido previamente avisados. Nosso território e o do inimigo estão cuidadosamente interligados, especialmente aqui tão próximo de Saigon. Mas você só terá problemas com o inimigo se

* Decretada em 1959, essa lei determina prisão perpétua ou sentença de morte para qualquer um "que cometa um crime contra segurança do Estado ou que acoberte a intenção de cometer tal crime".

passar diretamente em um de seus postos ou se entrar no campo de visão da artilharia ou das metralhadoras deles. Temos uma política chamada 'vedar' os postos inimigos, que significa que eles estão cercados, dia e noite, pelos nossos guerrilheiros e a guarnição só pode sair com a nossa permissão".

Ele abriu um mapa para ilustrar a situação. Mostrou-me a aldeia no distrito de Binh Chanh, onde eu tinha passado as primeiras horas do ano do dragão, e fiquei surpreso ao notar que aparentemente tínhamos passado a noite e grande parte do dia seguinte a algumas centenas de metros de um posto. "Na verdade, aquele posto não existe mais", disse ele e fez uma cruz no local. "Ele foi tomado há alguns meses. Antes disso, estava cercado dia e noite. A guarnição tinha que pedir permissão aos nossos guerrilheiros para ir o mercado, ou para tirar água para cozinhar no canal Kinh Xang, bem ao lado. Eles temiam um ataque a qualquer momento, então o abandonaram". O posto tinha sido feito por uma companhia de tropas de Saigon e ficava a cerca de 6 quilômetros de Saigon. Contudo, a situação parecia ainda mais alarmante nas imediações da aldeia onde nos reuníamos, na cabana de um camponês.

Havia postos – que não estavam riscados no mapa – por todos os lados, dois deles a aproximadamente 1.000 ou 1.500 metros de distância, respectivamente. De repente, iniciou-se um tremendo barulho de explosão de artilharia e de granadas, de tiros de metralhadoras pesadas, de ruído de aviões mergulhando e de estalo abafado de bombas de napalm explodindo. Era muito difícil ouvir a voz de Huynh Tan Phat, e ainda mais difícil aceitar as calmas garantias de que o inimigo jamais conseguiria sair. "Sim", ele disse, "isso parece um tanto assustador em um mapa. Parece que estamos completamente cercados por postos inimigos, mas, na verdade, eles é que estão cercados por nós. As guarnições não podem sair, exceto em uma operação grande e combinada com as reservas móveis de Saigon".

Quando uma pausa foi proposta, perguntei sobre o barulho do que pareceu uma batalha muito intensa nas imediações, mas sobre a qual nenhum comentário foi feito. "Ninguém te falou sobre isso?", perguntou Huynh Tan Phat, com um sorriso envergonhado. "Aquilo é o centro de treinamento de paraquedistas estadunidenses em Trung Hoa, a alguns quilômetros daqui. Eles não podem mais treinar seus conscritos no salto de paraquedas, pois muitos deles costumavam cair nas nossas áreas, alguns propositadamente. Agora eles dão treinamento de infantaria, simulando condições de batalha. Acontece quase toda manhã, alguém deveria ter te avisado".

No mapa da província de Gia Dinh, a conexão entre as áreas controladas pela Frente e as áreas controladas por Saigon era marcada por manchas vermelhas e verdes, com largos trechos amarelos no meio para denotar áreas controladas nominalmente por Saigon durante o dia e, efetivamente, pela Frente, à noite. As áreas em vermelho eram o que a Frente se referia como "bases de guerrilha" e as amarelas eram as "zonas de guerrilha". Além do grande ponto verde que representava Saigon-Cholon, outras ilhas verdes menores mostravam distritos centrais controlados por Saigon e grupos de "aldeias estratégicas", cada uma com um ou mais postos militares nas imediações. As áreas amarelas eram maiores do que as vermelhas e verdes juntas e se estendiam até a periferia de Saigon. "Destruímos um posto inimigo a menos de um quilômetro da periferia há algumas semanas", disse Huynh Tan Phat, ao me mostrar surpreso pelo fato de os guerrilheiros conseguirem alcançar a entrada da cidade.

"Saigon não é apenas a capital administrativa, é também o centro nervoso militar e político do inimigo", continuou. "Aqui também estão concentradas as principais instalações militares, depósitos de munições, aeródromos, centros de treinamento, o comando estadunidense – tudo para fazer a guerra. Ultimamente há duas tendências: uma, a cidade avança em direção ao campo enquanto novas instalações militares tomam as terras dos camponeses e aldeias são destruídas para abrir caminho para novos depósitos de suprimentos e áreas de treinamento, terrenos para aeródromos etc.; a outra tendência é que quanto mais fantoches estadunidenses são derrotados no campo, mais recuam para Saigon. Eles consideram a própria Gia Dinh um tipo de cinturão blindado para proteger a capital".

"Como você pode ver", disse ele, enquanto se voltava para o mapa novamente, "toda essa área é cortada por uma grande rede de estradas, rodovias e 'aldeias estratégicas'. A movimentação é difícil para nossas forças por causa disso e do arame farpado, das trincheiras, dos postos inimigos e de outros obstáculos. Mas, como você mesmo tem vivenciado, nós conseguimos nos mover". Ele despachou alguém para vigiar os aviões que voavam ao redor. Os abrigos contra ataques aéreos eram próximos e teríamos tempo suficiente para pular dentro deles entre o aviso de "bombas lançadas" e as explosões.

EM UMA ALDEIA ESTRATÉGICA

"Como parte de suas defesas, o inimigo estabeleceu 282 'aldeias estratégicas' na província de Gia Dinh", continuou Huynh Tan Phat, "para formar um cinturão de blindagem humana ao redor da cidade e para eliminar qualquer um que seja considerado 'vietcongue'. Eles formularam uma política de 'retirar a água da lagoa para pegar o peixe', mas o peixe, como você pôde notar, era um tanto ágil para ser capturado dessa forma. Como essa área é bem próxima da capital e a sede do seu poder policial militar, eles puderam concentrar grande força e ter êxito no estabelecimento das aldeias. Algumas delas eram chamadas aldeias-modelo – peças de exibição para a cúpula do exército e visitantes estrangeiros. Mas após o golpe de novembro passado contra Diem,* o povo se revoltou e destruiu muitas delas. No final de 1963, mais de cinquenta foram completamente desmanteladas, incluindo algumas das consideradas 'modelo'; os camponeses voltaram para seus velhos vilarejos e passaram a cultivar suas terras novamente, bem embaixo do nariz do inimigo. Em quase todo o resto, o cerco inimigo foi rompido e nossas organizações foram estabelecidas".

"Posso visitar uma 'aldeia estratégica' ainda sob o controle do inimigo?"

"Se você não se importar em correr um pouco de risco, claro que pode".

"Uma razoavelmente próxima de Saigon?", perguntei. Ele abriu o mapa novamente e, após consultar seus colegas membros do comitê, sublinhou uma vila.

"Esta pode ser interessante para você", disse ele, "porque há uma vila livre bem ao lado. Você verá o que 'viver integrado' significa".

No dia seguinte, viajei de bicicleta, sampana e a pé, e, cerca de uma hora antes do pôr do sol, eu atravessava um fosso e, depois, escalava algumas muralhas de barro da 'aldeia estratégica' de Tan Thanh Tay, no distrito de Hoc Mon, a cerca de dez quilômetros da periferia de Saigon. Uma pequena tropa de escolta tinha vindo comigo e as pessoas corriam para abraçá-los, pensando que a libertação estava próxima. Não era realmente uma típica "aldeia estratégica" porque o povo tinha lutado contra ser cercado por paliçada e arame farpado e fora vitorioso. Mas não se parecia com nenhuma

* Ngo Dinh Diem governou o Vietnã do Sul de 1954 a novembro de 1963, quando foi assassinado, junto com seu irmão Nhu, durante o golpe dos generais.

outra vila vietnamita que eu tinha visto até então. As casas eram cabanas, amontoadas, sem árvores ou vegetação – tão típicas das vilas vietnamitas ao sul ou norte do paralelo 17 –, sem jardins ou tanques de peixe. Um velho magro, cuja imagem lembrava uma vítima de Auschwitz, foi o porta-voz do grupo que se juntou ao nosso redor assim que meus guias asseguraram a eles que eu era um "estrangeiro amigo".

"Isso não é vida", disse ele. "Exatamente quando deveríamos ir para os campos no frescor da noite, tivemos que voltar. Temos que adentrar os portões meia hora antes do pôr do sol ou somos espancados. Nenhuma árvore para sombra, eles cortaram tudo; simplesmente removeram todo o bambu com escavadeiras. Não há possibilidade de criar porcos ou galinhas, com casas uma sobre a outra como estas; nem mesmo um tanque de peixes. Eles sugam todo nosso sangue com impostos e inventam outros novos o tempo todo. Impostos para tudo. Além disso, os soldados do posto vêm e dizem: 'dê-me aquele frango, dê-me isso, dê-me aquilo'. Se você recusa eles dizem que você é 'vietcongue' e te espancam, então te jogam na cadeia do distrito. Sua família terá sorte se ouvir algo sobre você novamente, caso isso aconteça".

Outros falaram para contar da morte em vida que viver nesse glorioso campo de concentração representava. Sem espaço para as crianças brincarem, elas ficam à toa, apaticamente, pendurando-se em suas mães com faces pálidas e abatidas. Não há espaço "nem para respirar", como uma mulher com um bebê no peito expressou, "e nós sempre vivemos temendo o que acontecerá em seguida. Dia ou noite, não há segurança, os soldados vêm, roubam e aterrorizam as garotas mais velhas".

Nós não pudemos ficar por muito tempo, pois logo fomos avisados de que quatro soldados inimigos estavam dentro da aldeia, perto do nosso ponto de entrada, e tinham corrido de volta para seu posto no lado contrário ao da aldeia, a cerca de mil metros dali. Não havia probabilidade de a guarnição começar um ataque, mas me explicaram que o posto tinha dois morteiros de 81mm e eles poderiam lançá-los. Então, nos afastamos um tanto quanto rápido até o especialista em segurança dizer que estávamos fora do alcance do morteiro. O sol estava se pondo então. Descansamos em um campo de arroz, bebemos algumas garrafas de cerveja de Saigon e vigiamos os bombardeiros cruzando velozmente a pista do principal aeroporto da cidade.

Assim que a escuridão tropical rapidamente cresceu, as luzes cintilantes da periferia de Saigon apareceram, assim como as brilhantes luzes vermelhas das antenas no centro estadunidense de treinamento de Quan Tung, nas imediações de Saigon. Partimos para visitar o vilarejo vizinho de An Nhon Tay, a menos de um quilômetro dali. A estrada que leva para a aldeia havia sido destruída por trincheiras profundas cavadas por toda a sua extensão e pelo agrupamento das terras e pedras removidas, formando muralhas entre essas trincheiras.

"Não houve nenhuma tentativa de colocá-la em uso novamente?", perguntei.

"Primeiro eles costumavam tentar e arrumar", explicou meu guia, "mas, o que arrumavam durante o dia, os camponeses destruíam à noite – se não exatamente no mesmo lugar, em algum outro; no final, eles desistiram".

A população em An Nhon Tay também tinha sido concentrada. No caminho para a 'aldeia estratégica' visitei a aldeia original ao redor de onde An Nhon Tay e outras aldeias tinham sido concentradas e vi pilhas de árvores e bambus que tinham sido cortados para remover qualquer lugar onde os guerrilheiros pudessem se esconder. Agora as pessoas tinham reconstruído as suas casas em sua aldeia original, e estas eram bem espaçadas, cercadas por árvores de frutas e touceiras de bambu, com porcos fungando e frangos ciscando. Crianças corriam gritando e fazendo aquela barulheira que se pode ouvir em quase todas as partes do mundo nas últimas horas de brincadeira da noite. Camponeses regavam suas hortas e jardins; tudo sugeria paz e vida normal. Vi a pilha de escombros a que o posto, que costumava controlar a 'aldeia estratégica', foi reduzido e conversei com um quadro da organização que tinha vivido no subterrâneo por quase seis anos, fisicamente no subterrâneo, em uma vala secreta a cerca de cem metros do posto, no fim de um túnel que os habitantes da vila tinham ajudado a cavar partindo da aldeia e por meio do qual lhe traziam comida. Ele saía à noite para continuar o trabalho de organização e manter a esperança viva durante os piores anos da repressão diemista.* No fim, foi a partir do seu esconderijo secreto que se realizou o ataque contra o posto, com outros poucos túneis levando às fundações da fortificação do posto. Um pequeno homem robusto, relaxado e alegre, como tantos outros que conheci na área de Saigon-Gia Dihn.

"O inimigo agiu de forma muito bárbara nesta região", ele disse. "Pessoas eram mortas indiscriminadamente por capricho dos tiranos locais. Apesar de estarmos muito próximos de Saigon, esta era uma área de extrema resistência mesmo sob a dominação francesa, logo os diemistas foram especialmente severos; terror e violência eram usados para forçar as pessoas à submissão. O povo lutou contra a formação da 'aldeia estratégica', mas após uma luta de dois meses o inimigo trouxe escavadeiras e, com toda a área cercada por inúmeros batalhões, começaram a derrubar as árvores e a destruir tudo o que era verde para fazer uma zona devastada em torno

* O termo "diemista" é usado em toda parte para designar as políticas, ações e forças do regime de Ngo Dinh Diem, que desde então vêm sendo substituídas por outras, sem mudanças na natureza do governo de Saigon.

das 'aldeias estratégicas'. Mas o povo reagiu em cada centímetro do caminho. Quando as cercas de bambu foram postas abaixo, eles lutaram para proteger suas árvores frutíferas. Quando estas foram derrubadas, eles lutaram contra as paliçadas e o arame farpado, e nessa, eles ganharam. Quando o posto foi construído, os soldados puderam observar, mas não controlar, a concentração das casas".

"Enquanto isso, os aldeões, sobretudo homens e mulheres jovens, começaram a cavar túneis subterrâneos à noite, aproximando-se, lenta e silenciosamente, cada vez mais do posto. A maioria destes jovens estão agora no Exército de Libertação", disse ele. "Durante aquele período, várias vezes o povo escapou e retornou para sua aldeia, uma devastada 'terra de ninguém'. O inimigo enviou soldados atrás deles e os trouxeram de volta. Somente depois de termos destruído o posto, após o golpe de novembro contra Diem, pudemos voltar e permanecer na nossa aldeia e reconstruir uma vida normal".

Entrei aleatoriamente em uma casa de An Nahn Tay. Em cima da mesa, havia uma pilha de frutas e doces de ano novo e fitas de papel vermelho com caracteres chineses para "Feliz ano novo do dragão" desciam do teto. Uma solene e pequena senhora idosa apareceu, membro da organização "Mães de Soldados". O quadro disse que ela era uma entre muitas que realizavam prodígios de coragem para alimentar e esconder "ativistas" fugindo da polícia diemista. A velha senhora ouviu calmamente os elogios e disse: "Qualquer sacrifício que as pessoas idosas, como eu, podem fazer, é pouco quando comparado ao que esses rapazes arriscam todos os dias para servir ao povo". Ela falou da vida sem esperança na "aldeia estratégica" e da nova vida, livre, de agora, que tiveram de lutar para libertar a si próprios. Em questão de segundos sua casa e o pátio foram ficando cheios de pessoas, com essa visita absolutamente sem precedentes de um "amigo estrangeiro". Os únicos estrangeiros que eles conheceram em sua aldeia anteriormente eram o oposto de "amigáveis", segundo a observação da velha senhora. Após beber o simbólico chá forte e amargo que os sul-vietnamitas adoram – eles desprezam os grandes bules em que o chá é servido no norte e privilegiam pequenos recipientes, nos quais eles afirmam que a real essência do chá é preservada – e muitos votos de boa saúde para mim, nos despedimos.

UM *SHOW* A CÉU ABERTO

Aquela noite eu deveria ter visto uma apresentação a céu aberto montada pela companhia teatral do distrito. Como tinha sido um dia cansativo, eu disse que decidiria somente após o jantar. Na hora em que deveríamos sair para o teatro, a artilharia abriu fogo, atirando projéteis de 155mm em nossa direção. A primeira salva de tiros foi perto o suficiente para que mergulhássemos de cabeça dentro dos abrigos, com pedaços de terra lançados pela explosão sujando nossos pescoços. Depois das primeiras salvas, quatro projéteis vieram ao mesmo tempo e uma bateria de morteiros pesados de um posto próximo se juntou a eles, com seus irritantes sons claramente distinguíveis do barulho mais pesado dos projéteis de artilharia. O fogo se manteve por cerca de noventa minutos, e então houve silêncio, quebrado pelo confortante som normal do arranque de uma Lambretta taxi – provavelmente entregando gelo de Saigon.

O inimigo tomara conhecimento da apresentação, provavelmente porque as pessoas tinham se dirigido ao local com horas de antecedência, vindas de todas as aldeias ao redor, incluindo algumas controladas pelo inimigo, e seu alvo foi o teatro a céu aberto. Quase todas os projéteis caíram na área que estaríamos atravessando se tivéssemos decidido ir. Ninguém se feriu. As luzes foram imediatamente apagadas no teatro, o público se deitou no chão até que tudo tivesse acabado, e a apresentação recomeçou imediatamente em seguida.

Na noite seguinte, assistimos a uma apresentação no mesmo local. O mestre de cerimônias primeiro anunciou as precauções de segurança: no caso de aparecerem aviões ou da artilharia abrir fogo, as luzes seriam apagadas e o público deveria ir para as trincheiras, escavadas após a experiência da noite anterior. Também pediram que não houvesse aplausos, pois poderiam abafar o barulho de aviões se aproximando. Um bombardeiro solitário apareceu logo após o início da apresentação; as fortes lâmpadas de querosene foram apagadas, mas como o avião não circulou todos permaneceram em seus lugares. Ele voou até desaparecer noite adentro, com uma luz vermelha piscando em sua cauda, parecendo algum espírito maligno vindo para estragar o charme da noite. A apresentação se iniciou com canções e coro, com uma delicada e charmosa música tocada em tradicionais instrumentos de sopro e de corda, composta por um membro do comitê executivo de Saigon.

Havia uma dança de tambores, com uso muito efetivo do tantã com ritmos e volume flutuantes para denotar os altos e baixos da vida e da luta no Vietnã do Sul; a primeira luta de resistência, a alegre reação à chegada da paz, o período nefasto da repressão com tristeza e luto por toda a terra; o chamado às armas para uma segunda guerra de resistência; as vitórias e a vida nas áreas livres. Havia uma fantástica "dança de feiticeiro", baseada nas danças e ritmos tribais da montanha.

A proibição dos aplausos foi repetidamente violada durante a peça em um ato sobre soldados em um posto inimigo exigindo permissão do seu oficial para aceitarem a oferta da Frente de visitarem suas famílias durante o cessar-fogo no período do ano novo lunar proclamado pela Frente. O oficial recusou e, após várias discussões semicômicas, os soldados entregam suas armas e partem assim mesmo; no final, o oficial decide fazer a mesma coisa. (Isso não é ficção, já que dezenas de milhares de soldados fizeram exatamente isso. Mesmo 250 soldados em treinamento no campo de paraquedismo de Trung Hoa ignoraram os protestos dos seus oficiais e foram para as suas casas em territórios controlados pela Frente. Soldados e oficiais de um posto próximo das aldeias onde passei a noite, durante o período de ano novo, vieram para ver uma apresentação a céu aberto desse mesmo grupo de teatro).

Após a apresentação ao vivo, houve um filme, que eu não esperei para ver, mas o público – bem mais de duas mil pessoas – permaneceu ali plantado. O diretor do grupo me disse que as apresentações tinham sempre um bom público e que tinham apresentado performances em até um quilômetro da periferia de Saigon. "Aquelas apresentações sempre atraem grandes multidões", disse ele. "Em uma das primeiras, apareceu um pessoal de teatro de Saigon. Eles tinham vindo para zombar, mas saíram deleitados e nos disseram que estávamos fazendo um bom trabalho preservando nossa cultural nacional enquanto eles tinham que se aventurar em temas ocidentais de sexo e sensacionalismo". Perguntei se o regime de Saigon tolerava atividades como as deles.

"Claro que não", foi a resposta. "Você testemunhou o que aconteceu na noite passada. Eles gostariam de nos varrer da face da terra, e também a todos aqueles que comparecem às nossas apresentações. Mas as pessoas nos apoiam em todo lugar. Guerrilheiros locais nos protegem e temos nossos próprios meios de autodefesa. A poucas centenas de metros da própria Saigon, é difícil para o inimigo nos bombardear ou disparar contra nós, mesmo se souberem que uma apresentação está acontecendo. E nosso pessoal da segurança cuidaria de qualquer operação noturna contra nós".

UMA ALDEIA FORTIFICADA

Entre as pessoas que conheci no dia seguinte, estavam duas garotas guerrilheiras, com covinhas no rosto e acanhadas, cujos nomes, em vietnamita, significavam "Flor" e "Astuta", respectivamente. Eram ambas da mesma aldeia, e o líder guerrilheiro do distrito havia mencionado que elas tinham ajudado, junto com cinco rapazes de sua aldeia, a expulsar uma companhia de soldados inimigos. Elas vestiam calças e camisas pretas de algodão impecavelmente limpas; granadas de mão balançavam de seus cintos de tiras estadunidenses, e cada uma tinha uma carabina americana. Aparentavam ter 15 anos, mas "Flor" disse que tinha 19 e "Astuta" afirmou ter 22.

"Flor" era a verdadeira heroína da ação, a qual fez parecer muito simples. "Quando o inimigo chegou muito perto, corri de uma posição de tiro para outra, atirando com minha carabina, e um fantoche caía cada vez que eu atirava. Nós todos mudávamos nossas posições para que eles pensassem que havia vários de nós. Na verdade, a maior parte da nossa unidade de autodefesa estava fora aquele dia e nós éramos apenas sete", ela explicou com a voz leve e infantil. "O inimigo começou a preparar uma metralhadora para atirar em uma das nossas posições, então eu corri lá e atirei uma granada de mão. Isso matou o atirador e tirou a metralhadora de ação. Àquela altura o inimigo tinha nove mortos e feridos, e então se retirou. Mais tarde, eles dispararam alguns projéteis, mas não nos causaram danos". Isso foi tudo. Pareceu-me incrível que uma companhia, algo entre oitenta e cem homens, se retirasse com nove baixas ou que não tentasse tomar as posições de assalto.

Então, fui levado para ver a "aldeia fortificada" que as duas garotas ajudaram a defender. As defesas consistiam em um labirinto de túneis, com cerca de trinta quilômetros nessa única aldeia, conforme me disseram, levando a amplas posições de tiro que cobriam toda a proximidade. Eles eram grandes o suficiente para que alguns vietnamitas pudessem correr curvados de uma posição de tiro para outra, tal como "Flor" tinha descrito.

Fui levado para examinar uma simples touceira de bambu e orientado a procurar cuidadosamente por qualquer coisa suspeita entre as raízes. Não encontrei nada. Então fui levado a um túnel e a uma posição de tiro que poderia acomodar três ou quatro pessoas. Alguém pegou um pedaço de pau e o enfiou através do que pareciam ser fendas ocultas com apoios para armas terrestres por trás delas. As fendas permitiam cobrir a estrada por onde tínhamos pedalado poucos minutos mais cedo adentrando a aldeia. Fui levado novamente para a touceira de bambu e lá a minha atenção foi dirigida para as pequenas fendas que tinham sido abertas entre as raízes de bambu, impossíveis de serem detectadas por qualquer um, mesmo a poucos metros.

Outras posições de tiro que examinei também eram perfeitamente camufladas e como os guerrilheiros trocavam de posição constantemente, mesmo se o lampejo ou a fumaça da arma denunciasse sua posição, seria de pouca utilidade atirar neles. Todas as estradas, caminhos e canais nas proximidades da aldeia eram adequadamente cobertos. Pular para se proteger no momento em que o tiroteio começava significava, inevitavelmente, cair em uma terrível série de armadilhas, a maioria delas de poços profundos com estacas feitos de bambu ou de aço, e outras com granadas e minas antipessoais, feitas em um arsenal local. Entendi porque uma ação foi interrompida após nove baixas. Tomar mesmo que o perímetro externo de uma aldeia fortificada como aquela teria um alto custo. Se tropas de ataque estivessem para penetrar os túneis, todo tipo de armadilhas manuais entraria em ação. Os invasores seriam provavelmente desviados para uma área que seria explodida com todos nela. Se uma força de assalto atacasse no centro, seria contra-atacada pelos flancos, se atacasse os flancos, seria contra-atacada pelo centro, se invadisse o perímetro externo e fosse penetrando mais, as segunda, terceira e quarta linhas de defesa entrariam em ação. Se as tentativas fossem muito avassaladoras, os guerrilheiros poderiam se retirar em conjunto através do sistema de túneis de fuga que os levaria à floresta, à margem de um rio ou a uma aldeia vizinha.

A "aldeia fortificada" de "Flor" e "Astuta" foi a primeira com tal perfeição que eu tinha visitado. Eu visitaria, mais tarde, outros sistemas de túneis que ligavam todo um grupo de aldeias e tinha mais de quinhentas posições de tiros e armadilhas sucessivas para bloquear seções, caso lança-chamas ou algum tipo de gás venenoso fosse usado. Centenas de milhares de horas de trabalho foram colocadas na construção dos túneis de defesas de algumas das aldeias. Eles foram construídos quase totalmente pelos jovens das aldeias, os anciãos mantinham os suprimentos de arroz, chá e frutas enquanto eles trabalhavam, frequentemente, do crepúsculo ao amanhecer.

"O inimigo construiu grandes postos com enormes torres de vigilância na tentativa de controlar o campo", disse o chefe militar de Saigon-Gia Dinh. "Nós construímos nossas posições de tiro tão perto do chão quanto possível, e o resto subterrâneo, porque nosso povo está defendendo seus próprios lares. Eles precisam ver o inimigo – sob suas miras – só quando ele vem com más intenções aos portões de suas aldeias. O inimigo não pode se mover pelas estradas e caminhos próximos das nossas aldeias sem estar continuamente na mira das nossas armas. Isso é o que chamamos de guerra do povo".

Havia, naquela época, cerca de 4.300 aldeias fortificadas no Vietnã do Sul a maioria na região do Delta do Mekong, mas a cada dia surgiam mais no Vietnã central. Parecia-me que aqueles que as inventaram tinham reunido as experiências do general Vo Nguyen Giap e seu sistema de trincheiras usado tão efetivamente em Dien Bien Phu; o sistema de túneis usado pelos guerrilheiros chineses na província Hopei durante a guerra antijaponesa, na qual condados inteiros eram ligados por túneis subterrâneos de defesa e redes de comunicação; e o sistema de túneis defensivos construídos pelas forças coreano-chinesas através da região central da Coreia, perto do paralelo 38. Se uma aldeia como aquela pode conter uma companhia – e ouvi diversos casos em que, mesmo batalhões, foram repelidos –, deve-se apenas multiplicar por 4.500 a magnitude da tarefa de qualquer regime ou de qualquer máquina militar na tentativa de reconquistá-los.

Da meia-noite em diante, na noite após a reunião com "Flor" e "Astuta", houve tiros intermitentes de artilharia, mas nenhum que chegasse perto o suficiente para nos fazer deixar nossas redes – que estavam penduradas em um seringal. Ao amanhecer, o tiroteio estava mais intenso e vindo em nossa direção. *Mademoiselles* também estavam muito ativos, mostrando um interesse especial no nosso pequeno canto. Na hora em que os jornais matinais de Saigon foram entregues ao meu intérprete, um daqueles pequenos envelopes chegou. Era para o chefe militar de Saigon-Gia Dinh, que, por acaso, estava conosco – um homem vivaz e animado, com aquele jeito decidido e alerta próprio de um bom oficial em qualquer exército. Após estudar a mensagem, ele rabiscou uma resposta, mostrou ambas aos meus companheiros e, abotoando seu casaco, com poucas palavras e um sorriso radiante, afastou-se.

"Uma companhia de paraquedistas avançou pelo outro extremo da plantação por volta da meia-noite", disse Huynh, meu intérprete jornalista. "Eles estão sob observação e estão avançando para cá neste momento. Achamos melhor colocar você nas trincheiras secretas". Naquele momento, havia uma considerável atividade por todos os lados. O médico estava verificando sua maleta de medicamentos, nossa bagagem – sempre preparada para movimentação imediata – estava sendo carregada com alguma velocidade, para dentro da plantação. "Eles ainda estão a cerca de um quilômetro daqui", disse Huynh sucintamente. “Nós também temos algumas tropas ao redor. É melhor não perdermos tempo, pois em breve as balas estarão voando”.

Não fui favorável a passar um período indeterminado nos túneis secretos subterrâneos que não foram feitos para as minhas medidas. Uma solução possível foi deixar eu me mover em uma trincheira semicircular bem camuflada, com valas de comunicação levando para a retaguarda. Os paraquedistas, em uniformes com camuflagem verde, estavam avançando, cautelosamente, com as armas de prontidão, em dois grupos, um com cerca de cinquenta e outro carregando alguns morteiros, com cerca de trinta. Havia três conselheiros estadunidenses com o grupo maior.

A cerca de cem metros de distância, eles viram duas trincheiras com alguns soldados da Frente nelas. Os paraquedistas se jogaram e abriram fogo com metralhadoras, de ambas as colunas. As forças da Frente responderam com um curto rompante de cada uma das metralhadoras, ferindo três paraquedistas da tropa. De onde eu estava, pude ver os estadunidenses caindo em uma vala nos primeiros tiros e também vi suas mãos gesticulando, urgindo para que a unidade avançasse. Mas as tropas hesitaram por um momento, então, recolheram as armas e morteiros que estavam montando e começaram a recuar por entre as árvores; os estadunidenses apressaram o passo e abriram caminho assim que a retirada iniciou. Eles fugiram tão precipitadamente que deixaram suas rações de almoço nas trincheiras. Os guerrilheiros os seguiram e pequenos envelopes começaram a chegar com as notícias de que os paraquedistas tinham retrocedido cerca de cinco quilômetros, de volta à base de treinamento de Trung Hoa. Não houve baixas nas trincheiras da Frente, e a posição, na qual eu estava instalado, nem sequer tinha atirado.

Um líder guerrilheiro local veio assim que o aviso de “tudo tranquilo” foi recebido e algumas poucas palavras exaltadas foram trocadas entre ele e o comandante da unidade de forças regulares que tinha atirado. "O guerrilheiro está com raiva porque eles atiraram muito cedo", o intérprete explicou. "Ele quer saber por que eles atiraram a cem metros em vez de dez ou quinze metros como os guerrilheiros. A unidade inteira poderia ter sido aniquilada e suas armas capturadas". O comandante da unidade explicou que seu objetivo era assustá-los e não aniquilá-los. Sua tarefa era proteger um "estrangeiro amigo". Se eles tivessem sido aniquilados e os estadunidenses mortos, haveria uma grande ação para recolher os corpos, a aldeia poderia ser bombardeada em represália e tais resultados violariam as instruções de dar "segurança máxima" ao estrangeiro sob seus cuidados.

Os locais explicaram que os paraquedistas estavam em treinamento, prestes a se formarem. Os exercícios sob condições de batalha simulada, que eu tinha ouvido alguns dias antes, compunham a penúltima fase antes da formatura. A última era o engajamento em um combate real, geralmente contra guerrilheiros locais, com armamento leve. Para surpresa deles, esse grupo tinha topado com tropas regulares que também tinham metralhadoras pesadas. Sem dúvida aqueles graduandos, em particular, passaram por outro processo de condicionamento sob condições de batalha simulada antes de serem enviados para encarar o fogo inimigo novamente. "De qualquer forma, os calouros correram depois de alguns tiros nossos", o líder guerrilheiro disse, "mas nós normalmente pegamos algumas de suas armas".

Cerca de uma hora depois, enquanto pedalávamos através da aldeia perto de onde a ação tinha acontecido, uma garota do escritório de informação local estava caminhando pelas ruas com um megafone, anunciando que um ataque das forças inimigas tinha sido repelido e que as notícias "de baixas e saques seriam anunciadas mais tarde".

O incidente no seringal foi o início de alguns dias agitados na área de Saigon e eu pude sentir, em alguma medida, o que significava “viver integrado com o inimigo”.

ESCONDE-ESCONDE

INTELIGÊNCIA DA LIBERTAÇÃO

Uma coisa que constantemente me deixava admirado era a precisão absoluta com que as forças da Frente de Libertação operavam. O contato para guiar nossa passagem pelos postos inimigos estava sempre esperando atrás da árvore certa, na hora certa; um minúsculo sinal luminoso piscaria para nós na noite escura no exato momento que o ponteiro dos minutos do relógio se aproximasse da hora do encontro, um ponto de luz piscando que poderia ser considerado apenas um vaga-lume, a menos que se soubesse que deveria estar ali naquele momento e local exatos. A sampana estava sempre onde deveria estar para cruzar um rio em um território controlado pelo inimigo. O arame farpado estava sempre cortado a poucos metros do ponto de encontro para cruzar uma estrada estratégica. O guia dos túneis secretos nunca falhou em estar onde e quando ele deveria estar.

Isso tudo era mais surpreendente porque eu raramente encontrava alguém que soubesse me dizer qual era o dia do mês ou da semana, exceto quando estávamos suficientemente próximos de Saigon para conseguir os jornais matinais. Mesmo membros do alto escalão me disseram que por vezes tiveram de fazer cálculos elaborados para chegar na data correta. Mas no que toca a horas e minutos, eles eram tão precisos quanto *sputniks*. Eles tinham de ser, sobretudo naquelas áreas de linha de frente no perímetro de Saigon. Mas eu nunca deixei de me surpreender quando, por exemplo, pedalávamos por uma pequena trilha através da densa floresta e o cozinheiro, de repente, se inclinava e, sem diminuir a velocidade, pegava um frango com as pernas amarradas com um pedaço de cipó da floresta para o meu almoço. Eu nunca entendi como tal encontro com os frangos eram combinados e, menos ainda, o mistério de como o cozinheiro sabia atrás de qual moita ele tinha sido deixado.

Um exemplo mais importante era a informação precisa que os quadros da Frente tinham não apenas sobre a movimentação de seus adversários, mas também sobre suas intenções. Em algum ponto ao longo da trilha na floresta, no canal ou na montanha, quem quer que fosse o chefe do grupo sugere um descanso. Em minutos, um membro invariavelmente aparecia com um daqueles já mencionados pequenos envelopes. Rapidamente, desenvolvi uma grande afeição por eles, pois nos traziam continuamente notícias sobre o que o adversário estava tramando. Muitas vezes, eles vinham de uma unidade de guerrilha posicionada dia e noite próxima a algum posto inimigo; ou traziam informação de um contato de dentro do posto. Algumas vezes, especialmente na área de Saigon, essas pequenas mensagens nos levavam a mudar nossos planos de viagem abruptamente. Após estudar uma mensagem como essa, o chefe do grupo pegava o que parecia um pequeno pacote de cartas de baralho e, consultando quem quer que fosse o guia daquela área particular – um guerrilheiro que combinava as tarefas de mensageiro com a de guiar grupos para além dos postos inimigos –, folheava as cartas, verificando-as cuidadosamente com as notícias da mensagem, e selecionava uma com a qual o guia concordasse.

As cartas eram cobertas com letras e números e, a princípio, podia-se pensar, pelas expressões intensas e sérias, que algum jogo, com altas apostas, estava sendo jogado. De fato, os números e letras eram símbolos codificados para cada estrada, trilha, riacho e canal da região pela qual estávamos passando. Cada carta representava uma combinação diferente, todas as possibilidades para se mover do ponto A ao ponto B. De acordo com as notícias sobre a movimentação do adversário, a carta era escolhida e se estabelecia a ligação com os guerrilheiros cujo território atravessaríamos.

Quando viajávamos de bicicleta, nosso pequeno comboio, inevitavelmente, espalhava-se ao longo das pequenas trilhas que, sinuosamente, entravam pela floresta como uma cobra serpeando ligeiramente, algumas vezes levando a um entroncamento de trilhas que abria possibilidades para diversas direções. O dever do guia era indicar, por sinais conhecidos apenas pelos guerrilheiros, qual trilha deveria ser seguida, assim, aqueles que ficavam atrás não se perderiam. Isso também tinha que ser exato. Como, frequentemente, passávamos, à luz do dia, entre cerca de um a três quilômetros de um posto inimigo, apenas poucos minutos de pedalada poderiam nos levar diretamente de encontro a um deles. Embora a guarnição estivesse "vedada", como Huynh Tan Phat dizia, seus projéteis e balas de metralhadoras certamente não estavam.

Em uma ocasião memorável, um pequeno envelope chegou e os rostos demonstraram expressões mais sérias do que de costume enquanto o conteúdo era lido. Foi na noite antes de deixarmos a área de Saigon-Gia Dinh e partirmos em direção ao nordeste. "Em dois dias", explicou o comandante, "o inimigo iniciará uma grande operação de varredura, empregando cinco batalhões, com cerca de quatro mil homens. Essa operação acontecerá exatamente na área que vocês têm que atravessar; eles ocuparão as estradas pelas quais vocês terão que viajar ou cruzar; seus barcos de patrulha estarão ativos nos rios pelos quais vocês têm que viajar. Isso durará quatro dias. Sugerimos que você fique aqui onde podemos protegê-lo".

Realmente, duas manhãs depois, havia grande atividade de aviões, helicópteros e *mademoiselles* voando ao redor desde o raiar do dia, procurando alvos para os bombardeiros. Nunca consegui compreender qual informação eles receberam. Mas, ao redor das 8h da manhã, dois bombardeiros B-26 vieram e iniciaram uma incursão que durou quatro horas. Eles se prenderam a um único círculo de voo, lançando algumas bombas toda vez que sobrevoavam. Meu intérprete, um especialista em direção de projéteis, colocou seus méritos à prova ao estimar o voo das bombas. Conforme os aviões se aproximavam, ele os observava com olhos de águia, informando quando as bombas estavam deixando o compartimento de lançamento e se chegariam suficientemente perto para pularmos ou não nos abrigos. As bombas estavam sempre caindo sonoramente enquanto pulávamos e o estrondo assustador das explosões quase coincidia com o baque dos nossos pés no chão do abrigo. Evitávamos entrar o tanto quanto podíamos, pois o teto de terra estava coberto de aranhas de pernas longas e o choque das explosões invariavelmente lançava algumas delas aos nossos pescoços.

O SISTEMA DE TÚNEIS

No meio da tarde, com novos envelopes chegando o tempo todo, um deles tinha a informação de que as tropas de Saigon dominaram e ocuparam uma estrada a menos de um quilômetro dali. Então, eu e alguns membros do nosso grupo tivemos que ficar escondidos em um túnel secreto. Os outros tiveram que ficar preparados para "assuntos militares". Cinco batalhões tinham sido empregados, como o aviso tinha previsto, e estavam acompanhados por 23 tanques M-113. Projéteis de artilharia e de morteiros estavam chegando mais perto e houve um barulho assustadoramente nítido de uma rajada de metralhadora enquanto éramos guiados através de um trecho entre seringueiras, até um poço no qual descíamos – no meu caso, prensado – até um túnel. Quando estávamos todos lá, o poço foi coberto com terra e folhas, todas as marcas das nossas pegadas foram apagadas e várias sentinelas conseguiram posições bem camufladas com vista privilegiada para observar os acontecimentos. Asseguraram-me de que o túnel era muito longo, fazendo parte de um labirinto de túneis que conectavam diversas aldeias. Antes de entrarmos, um conjunto de cartas foi consultado e instruções precisas foram dadas a um guia especializado em túneis, orientando sobre qual direção deveríamos tomar em caso de "emergência real".

Esses túneis não são feitos para alguém do meu tamanho; onde os outros andavam curvados eu conseguia apenas rastejar e, em alguns momentos, senti-me claustrofóbico. Sempre tive um medo secreto de ficar confinado embaixo da terra e admirava-me o fato de que alguém pudesse escolher trabalhar em minas a vida inteira. Era difícil respirar no início, pois nosso grupo estava amontoado e todos estavam ofegantes após os esforços para nos lançarmos com nossa bagagem dentro do túnel.

Mais tarde, quando o resto do grupo partiu na direção dada pelo guia, o ar melhorou e achei, estirado no chão, que minha respiração tinha voltado ao normal. Contudo, houve momentos em que sentia que deveria sair correndo daquele poço a qualquer custo, mas acabava passando. Havia vermes minúsculos no chão, menores que poeira, que conseguem penetrar na pele em um tempo surpreendentemente curto, causando a sensação de uma picada quando se tocava o local. Explicaram isso quando comecei a me coçar. Mas parece que, além da irritação, não fazem nenhum mal. Alguém trouxe um lençol de náilon para que eu me deitasse, impedindo a entrada, então, de todos os vermes, exceto aqueles que já haviam se entocado e permaneceram comigo durante muitas semanas.

O barulho da batalha ficava abafado lá dentro, mas era claro o suficiente para que eu soubesse que estava muito próximo e se movia em nossa direção. A bagagem tinha sido empurrada para o túnel a nossa frente; em condições de guerrilha qualquer separação de sua bagagem é provavelmente definitiva, então nós a trazíamos o tempo todo junto. A minha estava cheia de anotações preciosas e filmes fotográficos com os quais eu me preocupava, pois deveriam ser destruídos de qualquer maneira caso houvesse o menor risco de caírem em mãos inimigas. Meus pensamentos estavam constantemente nisso, porque enquanto ainda estava me espremendo pelo túnel, houve outra rajada de metralhadora muito próxima – a não mais de 100 metros, calculei – imediatamente seguida por muitos tiros de carabina, a uma distância de 20 ou 30 metros. Pensei que os tiros tinham sido disparados em nossa direção, que as tropas de Saigon tinham se infiltrado e, logo, encontrado o esconderijo.

De fato, como descobri mais tarde, uma patrulha se aproximou a algumas centenas de metros; as forças da Frente dispararam algumas rajadas de metralhadora contra eles, os tiros de carabina foram disparados pelas sentinelas, que também os tinham visto, para nos alertar. Mas só soube disso algumas horas depois. Huynh, meu intérprete, que também não tinha como saber exatamente o que estava acontecendo – os tiros pareciam vir de todas as direções agora –, me disse para eu "não me preocupar", "certamente te tiraremos dessa". Expliquei que uma das minhas preocupações era a questão das minhas anotações e filmes e a outra era que eu não tinha conseguido mandar sequer uma palavra para a minha esposa em Moscou nas últimas semanas. Ele rastejou afastando-se e retornou em alguns minutos dizendo:

"Se você quiser mandar uma mensagem muito curta, somente três ou quatro palavras, podemos mandá-la daqui. Mas você precisa fazer isso imediatamente". Então escrevi meu endereço telegráfico e as banais palavras: "Saúde Perfeita Saudações", e rasguei a página do meu caderno. Huynh rastejou novamente com ele e retornou para dizer que um mensageiro tinha partido imediatamente para um ponto de despacho. Três dias depois, minha esposa recebeu o telegrama em Moscou, quebrando um longo período de suspense. Se ela soubesse das condições sob as quais a mensagem tinha sido enviada, o suspense teria sido compreensivelmente ainda maior. Huynh também disse que a bolsa com as minhas anotações (mais de trezentas páginas datilografadas até então) e com os filmes tinha sido vedada em um dos inúmeros buracos nas paredes do túnel, projetados para tais emergências. Fui então guiado mais algumas dezenas de metros ao longo do túnel para um lugar onde havia um pequeno buraco de ar horizontal, conduzindo do túnel para uma armadilha de estacas abandonada. Deitei com meu rosto próximo a um maravilhoso fluxo de ar e cochilei; o barulho da artilharia parecia ter diminuído um pouco.

Fui acordado pelo intérprete sacudindo meu ombro e trazendo notícias de que, após sofrer algumas baixas, as tropas de Saigon tinham recuado alguns quilômetros. Pudemos sair e respirar ar puro durante algum tempo. Envelopes convergiram para nós de todas as direções, confirmando que por volta de uma hora antes do pôr do sol o adversário lamentava suas perdas e tinha acampado a cerca de cinco quilômetros de distância. Após muitas consultas, decidiram mudar nossa posição para um ponto um pouco mais longe do inimigo e onde haveria "túneis mais confortáveis e abrigos antiaéreos de primeira classe". Então, partimos para uma intensa caminhada de uma hora. Quando chegamos ao local, nas margens de um rio razoavelmente grande, debates urgentes voltaram a ocorrer. Havia o barulho perturbador do motor de algum tipo de embarcação fluvial pesada, rio abaixo, não muito longe de onde estávamos. Dentro de minutos um envelope tinha chegado com notícias de que um navio de desembarque estadunidense estava atracado em um cais, cerca de um quilômetro e meio rio abaixo, com o motor ligado e apenas a tripulação a bordo.

"Existem duas possibilidades", disse o chefe militar após a finalizar as consultas. "Ou aquela embarcação é para transportar os soldados de volta às suas bases ou estão esperando para retirar as tropas a bordo e atacar esta área. Acho que a segunda é a mais provável, já que a operação deveria continuar por mais três dias, de acordo com os planos originais. Então, devemos mover você novamente".

Era uma esplêndida noite de lua cheia e logo tomamos nosso caminho, marchando sobre plantações de arroz, com seus talos curtos e secos picando nossos pés calçados com sandálias abertas. Após termos marchado rapidamente por meia hora, pudemos ouvir o motor do navio de desembarque acelerando e ficou claro que ele estava se movimentando e seguindo na direção que tínhamos acabado de deixar. Quase imediatamente salvas de projéteis começaram a vir em nossa direção e tivemos que nos jogar no chão devido aos estouros, mantendo a movimentação nos intervalos. Após uma marcha de cerca de três horas, descansando apenas durante os bombardeios, penduramos nossas redes em uma porção densa da floresta, a minha em árvores bem na borda de uma cratera formada por uma bomba de meia tonelada. Meia hora depois que chegamos, ouviu-se uma rajada de automática à distância. Mais tarde, um envelope chegou com notícias de que um quadro da organização, seguindo o caminho que havíamos tomado, foi surpreendido por uma patrulha da embarcação e morto a tiros de metralhadora.

PERSEGUIÇÃO MILITAR

No início da manhã seguinte, a operação estava em pleno andamento, o corpo principal das tropas de Saigon tinha se deslocado para a área. *Mademoiselles* sobrevoavam nossas cabeças como vespas, tentando identificar posições da defesa e da artilharia direta. Era fácil distinguir a artilharia de ataque, os morteiros e longas rajadas de metralhadoras e disparos automáticos das rajadas mais leves e curtas das armas automáticas e tiros avulsos de rifles dos defensores. Os guerrilheiros não gostavam de dar sequer um único tiro desnecessário – cartuchos são muito preciosos.

Soava como um combate terrivelmente desigual com bombas e projéteis caindo como um raio em meio às respostas das armas leves. Mas os guerrilheiros não aceitavam a batalha nos termos dos adversários. Eles diminuíam o ritmo, fazendo-os penar um pouco e, então, desapareciam. Quando eles atacavam o inimigo, era nos seus próprios termos e não muito próximo de áreas povoadas. E era isso que estava acontecendo agora. Quando perguntei qual era o principal objetivo da operação, o comandante da área da Frente disse:

"É apenas uma perseguição em larga escala e para destruir plantações e criações de animais. O principal objetivo é prender o maior número de homens em idade militar e fazê-los recrutas. Além disso, destruir estoques de arroz, porcos e galinhas. Mas nosso povo é muito experiente em esconder suas coisas. Todo mundo tem sua tarefa num momento como este. Somos sempre avisados de tais ataques em tempo. Os jovens cuidam das defesas ou simplesmente desaparecem se não for do nosso interesse revidar; as crianças levam as criações de animais para esconderijos; os idosos colocam armadilhas temporárias e se certificam de que as permanentes estão em bom estado. Eles permanecem mesmo se o inimigo adentrar a vila; eles alertam os soldados para que parem longe das casas e jardins porque os 'vietcongues' puseram armadilhas por todos os lados: 'Que pena seria se jovens bons e saudáveis como vocês tivessem suas pernas e tripas perfuradas por essas terríveis estacas que os vietcongues colocaram por todo lado', alguma maternal senhora idosa dirá – provavelmente após ter passado a noite toda sentada afiando as estacas de bambu e colocando algumas armadilhas ela própria. Os idosos também discutirão com os oficiais se houver qualquer destruição de propriedade e dirão que irão protestar às autoridades distritais e provinciais e exigir compensação por qualquer dano".

Perguntei qual era o papel das Forças Armadas da Frente e dos guerrilheiros locais na operação que estava acontecendo no momento. "Se os inimigos se movimentarem na direção das aldeias fortificadas, vamos atingi-los", disse ele. "Preparativos foram feitos; caso contrário, nosso trabalho é frustrar o principal objetivo do inimigo de angariar mão de obra e evitar qualquer contato em condições desfavoráveis para nós. Mas enquanto o inimigo tem cinco batalhões concentrados aqui, nossas forças regulares partiram para ação na área de onde os batalhões foram retirados. Muitos postos importantes foram destruídos na província de Tay Ninh e outros serão destruídos nos próximos dias".

"E os disparos da artilharia e dos morteiros?", perguntei. "No que eles estão realmente atirando?".

"Às vezes eles identificam algumas das nossas posições de defesa", respondeu o comandante da área, "mas frequentemente eles simplesmente bombardeiam e atacam cegamente em qualquer trecho de floresta ou bambuzal, em qualquer coisa que suspeitem que possa estar abrigando pessoas. Acho que na metade das vezes eles atiram para tentar injetar algum moral em suas tropas. Eles devem ter desistido há muito tempo da ideia de que o barulho assusta nosso povo; tiveram muitas experiências que provam o contrário".

Como a artilharia começou novamente depois de uma hora de relativa paz, escutei as notícias das 11h da Rádio Austrália e uma transmissão da *Reuters*:* "Oficiais estadunidenses patenteados e representantes oficiais do alto escalão do governo de Saigon estão exigindo que a guerra seja estendida ao Vietnã do Norte comunista para contrabalançar a pressão vietcongue no Vietnã do Sul". O resto da transmissão foi interrompida por dois bombardeiros de mergulho desferindo um ataque a cerca de um quilômetro de distância. Ambos fizeram três mergulhos, soltando duas bombas de meia tonelada cada vez. No quarto mergulho, soltaram foguetes e atiraram com suas metralhadoras.

Mais tarde, nesse dia, quando as coisas se aquietaram um pouco, alguns de nós fomos ver os resultados. Uma delegação de contribuintes estadunidenses teria ficado impressionada! Havia doze crateras espalhadas sobre uma faixa da selva de cerca de 270 metros de comprimento por 90 metros de largura e alguns buracos, com profundidade de não mais de sete centímetros, com restos de misseis em volta dele. O alvo era um minúsculo pedaço de trilha na selva que podia ser visto através das árvores, onde exatamente caiu uma bomba. Talvez houvesse uma coluna da tropa passando?, pensei, mas foi feita uma verificação. Ninguém tinha passado na área e as tropas, de qualquer maneira, poderiam ficar embaixo das árvores com os aviões sobrevoando. Levaria apenas cinco minutos para que os guerrilheiros com suas facas abrissem um novo pedaço de trilha em torno da cratera.

"É típico", disse o comandante da área quando respondemos. "Eles bombardearão e atirarão por horas em qualquer pequeno pedaço de trilha que virem. Todo dia acontece esse fantástico desperdício de projéteis e bombas".

A ação não chegou mais perto do nosso esconderijo e, na manhã do terceiro dia, o ataque tinha recuado para longe; na tarde

* Agência britância de notícias, com sede em Londres. (N.E.)

do quarto dia, a operação terminou. Por volta do meio-dia do dia seguinte, após uma quantidade suficiente de pequenos envelopes terem chegado para confirmar que o inimigo tinha voltado para seus quartéis, nós partimos para a província de Binh Duong, a nordeste.

Nesse meio tempo, fiquei um pouco gripado – além de ter sido picado por um escorpião, a única doença que tive durante toda a minha viagem. Acontece que tivemos que atravessar muitas clareiras, algumas vezes com areia grossa, e tivemos que acelerar o passo por causa do perigo de aeronaves e helicópteros inimigos. Ao contrário dos nossos hábitos normais, estávamos viajando nas mais altas temperaturas do dia, perto de 40 °C. Houve um momento em que tivemos que descer da bicicleta no meio da maior clareira que atravessamos por causa da areia espessa, e ouvimos o barulho de bombardeiros vindos em nossa direção. Tivemos que acelerar ainda mais, carregando as bicicletas nos ombros. Os aviões pareciam estar terrivelmente próximos e ainda tínhamos algumas centenas de metros para percorrer. Alguns guerrilheiros na área assumiram posição de tiro na borda da clareira e nós corremos, o suor escorria pelo meu corpo como se alguém tivesse jogado um balde de água sobre mim. Mal tínhamos entrado no mato quando os aviões chegaram, circulando em busca de alvos. Os soldados receberam ordens para não atirar a não ser que os aviões realmente atacassem; após algumas rodeadas, eles partiram.

Eu estava exausto, pela primeira e única vez durante a viagem. A gripe tinha me enfraquecido o suficiente para que o esforço extra me nocauteasse. Mas era necessário continuar. Os aviões poderiam ter sido apenas a preliminar para uma operação de helicópteros, para a qual a clareira era perfeita – sem estacas dessa vez. Quando tentei levantar, senti minhas pernas amolecendo e subitamente as árvores e o céu estavam misturados com a trilha de areia. Dois soldados fortes que notaram meu apuro vieram até mim e houve uma discussão, cujo resultado foi um tronco derrubado e a minha rede pendurada nele. Dessa vez, não pude recusar o palanquim, pois ficar onde estávamos poderia colocar todo o grupo em perigo. Mas, então, o cozinheiro milagroso começou a andar em minha direção com uma grande garrafa de cerveja La Rue de Saigon; a espuma branca transbordava pelo gargalo. Eu bebi vagarosamente e imediatamente senti minha força retornar. O médico explicou que minha exaustão era devida à perda de líquido do meu corpo e a cerveja ajudava a restabelecer o equilíbrio. Em meia hora eu estava na bicicleta novamente, tendo escapado uma segunda vez do indigno palanquim, e estávamos a caminho de uma área "segura" para passar a noite. Seja qual for a explicação científica, eu nunca apreciei uma garrafa de cerveja tanto quanto aquela. Mas como aconteceu dela estar lá – e gelada – foi um daqueles mistérios da organização da Frente de Libertação que nunca foi completamente explicado.

Mais tarde, quando a parte mais perigosa da minha visita tinha terminado e estávamos instalados em uma área de base segura, o chefe do grupo diretamente responsável pela minha segurança me pediu conselhos e críticas antes de nos separarmos. Respondi que o fato de ele ter me guiado para passar e contornar tantos postos inimigos até a entrada de Saigon e ter retornado, e que eu estava são e salvo, provava que não havia razão para críticas. Era uma "organização incrível ", assegurei-lhe, e isso para dizer o mínimo. "Ah", disse ele, "na verdade, você deveria me criticar severamente. Houve um momento terrível sobre o qual posso te contar agora. Lembra-se do dia em que...?"

Eu de fato me lembrava de uma ocasião em que, no final do dia, o chefe do grupo estivera com uma rara agitação e me pareceu que o nosso guia daquele dia estava com algum tipo de problema. Foi um final de tarde em que nosso grupo estava sob responsabilidade, no que dizia respeito à segurança, daquele comando militar extraordinariamente eficiente da área de Saigon-Gia Dinh.

"Nós não te contamos isso naquele momento", continuou, "mas nosso guia pegou o caminho errado em uma das áreas mais perigosas que tivemos que atravessar – isso foi a menos de dezesseis quilômetros de Saigon. A trilha errada nos levou a algumas centenas de metros de um posto inimigo, em uma das poucas áreas infestada por agentes inimigos. Você se lembra de ter perguntado quem eram os três soldados com uniformes camuflados comprando Coca-Cola num quiosque na beira da estrada?". Eu me lembrei e estava confuso com a resposta de que os uniformes dos soldados da Frente e os de Saigon eram difíceis de distinguir, porque eu nunca tinha visto os soldados da Frente usando aquela camuflagem verde. "Bem, eram três paraquedistas inimigos. Aparentemente, tínhamos entregado você bem nos braços do inimigo. Por um milagre eles não nos notaram e ninguém nos denunciou. Conseguimos rapidamente voltar para a trilha correta novamente, mas aquele foi um momento terrível para todos nós. Nosso grupo fez uma reunião aquela noite na qual nos criticamos severamente e instituímos medidas para que isso nunca mais acontecesse. Combinamos de não te contar nada até que tivéssemos te entregado de volta em segurança".

Se esse incidente parece contradizer meu elogio à organização da Frente no início deste capítulo, então deve ser considerado como a única exceção que confirmou a regra.

INTEGRADO COM O INIMIGO

NO DELTA DO MEKONG

Tornou-se uma brincadeira comum, na última fase da minha viagem, perguntar, de tempos em tempos, se eu estava em território "livre" ou "controlado" e, se os soldados estivessem próximos, perguntar se eram "deles" ou "nossos". Em diversas ocasiões, fiquei em aldeias "livres" enquanto do outro lado de um rio ou de uma estrada estratégica havia outra aldeia, pertencente ao mesmo povoado, que era "controlada pelo inimigo". Em uma ocasião, perguntei ao chefe do comitê local se o inimigo já tinha vindo alguma vez dar uma olhada.

"Sim", ele respondeu com um largo sorriso camponês, "nessa região, nós permitimos que eles enviem patrulhas de tempos em tempos, até o chefe do distrito pode vir, pois, oficialmente, eles fingem que esse povoado é 'deles' e nós também fingimos; de fato, eles sabem que é 'nosso'. Eles capturam alguns moradores e os ameaçam: 'Sabemos que vocês são todos 'vietcongues' aqui. Tomem cuidado. Vamos dar um jeito em vocês qualquer dia'. Mas as pessoas dizem: 'O que podemos fazer se vocês nos abandonam? O que podemos fazer se os 'vietcongues' aparecem? Por que vocês não voltam e estabelecem uma guarnição novamente?' O chefe distrital só pode engolir seco de raiva. Ele sabe muito bem que se uma guarnição for reinstalada, serão as mesmas pessoas com quem está falando que dobrarão os soldados pela propaganda ou destruirão o posto uma noite. Mas ele não ousa ser tão severo. Ele se lembra do que aconteceu com seu antecessor, que era um perfeito déspota e assassinou vários patriotas, até terminar sendo tratado da mesma forma. Ele também sabe que se seus soldados iniciarem algo truculento, muitos deles não deixarão a aldeia com vida. Ele também não pode fazer nada quanto a isso".

Então, "viver integrado com o inimigo" não era apenas uma frase que ouvia constantemente, mas um hábito com o qual eu estava me acostumando. A situação em torno de Saigon parecia um tanto quanto complicada, mas não era nada se comparada àquela no Delta do Mekong, como me foi explicado em um mapa por Nguyen Huu Tho, o advogado de Saigon que, como presidente da Frente Nacional de Libertação, pode ser qualificado como o "vietcongue n. 1", na terminologia da imprensa ocidental. Ele é uma pessoa amena, com ares de professor e grande charme, com muito de um intelectual liberal da cidade. Quando nos conhecemos, num trecho de selva que tinha me tomado muitos meses de viagem difícil no lombo de cavalo, a pé e por sampana, era ele quem usava camisa de seda e calças de um anfitrião europeizado de Saigon, e eu usava roupas de algodão preto e sandálias de tiras de borracha de "vietcongue".

Minha mente voltou a quase exatos dez anos atrás, quando outro líder vietnamita tinha emergido das sombras da floresta com as mãos estendidas de forma similar. Uma capa jogada sobre seus ombros magros e vestes de algodão marrom dos camponeses norte-vietnamitas, seu famoso tufo de barba pendurado no rosto magro: era Ho Chi Minh; o lugar era a floresta de Tay Nguyen do Vietnã do Norte; o momento era o início da batalha de Dien Bien Phu. Seis meses após aquele encontro, entrei em Hanói com as primeiras unidades do vitorioso Exército do Povo do Vietnã. Deduzi mentalmente que *não* deveria perguntar ao presidente Nguyen Huu Tho se, daqui seis meses, eu estaria entrando em Saigon com as primeiras unidades do vitorioso Exército de Libertação.

Com relação à minha pergunta sobre o Delta do Mekong, Nguyen Huu Tho mostrou-me como, por questões militares e administrativas, a Frente divide o Delta do Mekong em duas partes, zonas 1 e 2, que correspondem grosso modo à "Quarta Zona Tática" de Saigon. A zona 1 fica a oeste e a zona 2 a leste do principal canal do Mekong, que funciona como linha divisória. Na zona 1, explicou o presidente Tho, havia 368 povoados dos quais apenas 36 foram completamente libertados, no final de março de 1964. Mas esses povoados abrangem 3.200 aldeias das quais 2.500 estavam nas mãos da Frente. Nas aldeias livres viviam 2 milhões do total de 3,1 milhões de habitantes da zona 1. "Podemos cobrar impostos e recrutar para nossas Forças Armadas nos povoados livres", explicou Nguyen Huu Tho. "O inimigo não pode tocar na nossa população e enfrenta dificuldades cada vez maiores para cobrar impostos e recrutar nas 700 aldeias sob seu controle nominal".

A situação era similar na zona 2, onde dos 494 povoados, pouco mais de 100 estavam completamente livres, 91 sob controle de Saigon e o resto, "de metade a dois terços, livres". Da população total de 2,7 milhões, cerca de 1,8 milhão de pessoas vivia em aldeias livres; outras 400 mil em centros urbanos, capitais provinciais e distritais, e as quinhentas mil restantes, em "zonas de guerrilha" controladas pela Frente, "pelo menos à noite".

Esse tipo de situação é possível apenas sob condições de "guerra especial", que tem de parecer diferente do velho tipo de guerra colonial, já que deve ser operada sob um governo e um exército "nacionais". Outro exemplo do "outro lado da moeda" da invenção estadunidense da "guerra especial" é que durante a decisiva batalha de Ap Bac* os aldeões dali puderam marchar até o governador provincial local para protestar contra o fato de seus povoados serem atacados pelo governo "deles". Na primeira guerra de resistência,** seria impossível marchar para protestar diante do governador provincial – ele era francês – e cada lado aceitava mutuamente o outro como inimigo. Isso era claro. Mas os aldeões de Ap Bac podiam protestar ao governador: "Você representa o governo. Sua função é nos proteger. Por que você mandou aviões e artilharia para destruir nossa aldeia? Exigimos compensação para cada casa e árvore destruída". Não sei o resultado dos protestos de Ap Bac, mas, em muitos casos, a população das aldeias livres conseguiu compensação para os danos às propriedades durante as operações de "varredura" e ataques inimigos. Em tais protestos, pessoas de aldeias "livres" e "controladas" frequentemente participavam juntas e as autoridades locais não tinham como distingui-las. "A tentativa de aparentar que o regime de Saigon é um governo nacional", disse Nguyen Huu Tho, "abre possibilidades ilimitadas para coordenar luta militar e luta política".

É óbvio, ao olhar os mapas militares, que muitas estradas mantidas por Saigon poderiam ser bloqueadas; muitos centros provinciais e distritais, especialmente no rico Delta do Mekong, poderiam ser conquistados pela Frente e, no início, eu me perguntava por que isso não tinha sido feito. Mas, então, ficou claro que essas estradas eram também linhas de abastecimento da própria Frente; e em especial para a população nos povoados controlados pela Frente, centros urbanos são centros de distribuição para os arredores rurais nas mãos da Frente. Bloquear as estradas e conquistar as cidades poderia paralisar o sistema de abastecimento. Saigon sabe disso, mas o que

---

* Ver: p. 131-135. (N.E.)

** A guerra contra os franceses, que terminou com a derrota deles na batalha de Dien Bien Phu, em 1954.

pode ser feito? Abandonar as estradas e cidades? Isso significaria abandonar vastas áreas, com uma tremenda perda de prestígio. Também significaria, no caso do Delta do Mekong, abandonar os suprimentos de arroz que alimentam Saigon e grande parte do resto do país. Cortar suprimentos de bens de consumo produziria clamores de protestos por parte de clientes dos camponeses que reclamariam ser cidadãos leais ao governo, mesmo que este os tivesse "abandonado", e por parte dos comerciantes e produtores locais pelos seus mercados perdidos. Nos velhos dias de colônia, tais manifestações podiam ser ignoradas, mas nas condições de "guerra especial", tinham que ser levadas em grande consideração.

Para o regime de Saigon, retirar-se das áreas predominantemente "vietcongues", visando negar a eles suprimentos, significaria uma retirada praticamente total do campo. Ele teria que se concentrar em algumas poucas cidades principais, abandonar qualquer pretensão de que o governo representasse algo "nacional" e declarar guerra total contra o campesinato. O governo dos Estados Unidos teria mais dificuldades do que nunca para justificar sua participação contínua. Então, apesar da retirada de algumas centenas de postos da península Ca Mau, o comando estadunidense tinha, também, que tolerar a situação de "vivência integrada" por falta de alternativa. O resultado inevitável desses dias de tentativa de retomar qualquer das aldeias do "outro lado" dos rios e estradas significaria perder mais daquelas do "seu próprio" lado. Assim, por razões de prestígio, as autoridades de Saigon tinham que aparentar que controlavam muito mais povoados do que realmente tinham, uma pretensão que convinha a ambos os lados, mas especialmente à Frente.

MANIFESTAÇÕES NA CIDADE

Uma das formas de "coordenar a luta política com a luta militar", como Nguyen Huu Tho expressou, foram as massivas manifestações para impedir a atividade militar inimiga, ou para apoiar a da Frente. A partir dos primeiros exemplos espontâneos elaborou-se um sistema completo. Aldeões do distrito de Trang Bang, da província de Tay Ninh, tinham sido alertados de que tropas estavam a caminho do seu povoado em uma operação de "varredura". Toda a população partiu em massa – idosos e crianças, todos com tudo aquilo que podiam carregar, guiando seus porcos e búfalos adiante deles – e adentrou o centro do distrito, com oitocentos búfalos. Eles ocuparam toda a cidade, paralisaram o tráfego e, diante do escritório do chefe do distrito, disseram: "Soubemos que tropas estão vindo destruir nosso povoado. Não temos coragem de permanecer lá. Você é o governo, deve nos proteger. Encontre um lugar para dormirmos. Precisamos de arroz e comida para as crianças". O chefe do distrito, que também possui a função de comandante militar, teve que cancelar a operação e ainda levou alguns dias para limpar o que os porcos e búfalos deixaram para trás.

A notícia logo se espalhou e ações similares começaram a acontecer de maneira mais científica. Le Thi Thien, uma bela jovem com pele de pêssego e covinhas na face, da província de Ben Tre – sudeste de Saigon e justamente famosa pela beleza das suas mulheres –, ficou conhecida Delta afora como uma eficiente organizadora de manifestações.

"Depois do sucesso em Trang Bang", ela disse, "nós em Ben Tre decidimos calcular o espaço exato das ruas e praças de todos os centros distritais e até mesmo das capitais provinciais. Isso levou algum tempo, mas tínhamos que saber quantas pessoas eram necessárias para preencher completamente o espaço. Então poderíamos organizar o número necessário de pessoas que partiriam do campo. Isso tinha que ser feito cuidadosamente, para que o número exato de pessoas, vindo de diferentes direções, chegasse à cidade às 5h da manhã. Os líderes de cada grupo tinham que saber quais ruas e praças eles deviam ocupar. Organizávamos as coisas de forma que cada metro quadrado fosse ocupado pelo nosso "mar humano", assim, a cidade alvo estaria paralisada ao amanhecer. Dessa forma, era impossível nos reprimir, pois os soldados e a polícia não poderiam se mover; na verdade nada poderia se movimentar, exceto nós. Organizamos manifestações com mais de vinte mil pessoas, quase todas mulheres, na minha província e na vizinha, My Tho. Se as autoridades conseguissem chamar as tropas e eles ameaçassem abrir fogo, tínhamos mulheres porta-vozes especiais, com elevada consciência política, geralmente da organização de Mães de Soldados da primeira resistência. A conversa seria mais ou menos assim:

"'Filhos, vocês todos poderiam ser meus filhos. Meus dois rapazes estão no seu exército'. Ela mostraria duas fotos de soldados com uniformes diemistas. 'Eles se parecem com vocês', continuaria. 'Se atirarem em nós, é como se atirassem na sua própria mãe. Se atirarem nas mulheres jovens atrás de mim, é como se atirassem nas suas próprias esposas. Os maridos delas também estão no seu exército. Por que viemos até aqui? Para impedir que pessoas sejam mortas. Talvez sua mãe esteja em um povoado que está sendo bombardeado neste exato momento. Ou sua esposa esteja sendo estuprada por soldados diemistas. Se vocês não acreditam que essas coisas acontecem, vou apresentar a vocês duas esposas de soldados da nossa aldeia que foram estupradas algumas semanas atrás'".

Uma manifestação, em particular, descrita por Le Thi Thien, aconteceu na capital da província de Ben Tre e protestava contra o uso de pulverizadores químicos para destruir plantações e criações de animais. "Os aldeões carregavam galhos de árvores frutíferas e folhas de bananeiras que haviam secado devido aos produtos químicos; porcos, patos e frangos mortos – uma demonstração real da destruição. Arremessaram tudo em pilhas à frente dos soldados e gritaram:

'Vejam isso. Por isso estamos aqui, para protestar contra isso. Não trazemos armas, não viemos fazer mal ou causar problemas a vocês. Guardem suas balas para os inimigos do povo, para aqueles que estão matando suas mães e esposas. Mas se vocês sentem alguma glória em atirar em nós, então o façam. Mas, atirando em nós, desonrarão suas próprias mães e esposas'. Aquelas que faziam essas falas", disse Le Thi Thien, e acredito que ela mesma a tenha feito muitas vezes, "eram verdadeiras 'técnicas da paz', arrancando-a de situações aparentemente impossíveis, pois as autoridades tinham instruções padrão para o uso de força máxima para acabar com manifestações. A única maneira de evitar massacres é dissuadir os soldados de usar suas armas. As porta-vozes tinham coragem, tranquilidade e tato natural, a maioria era de esposas e mães camponesas que falavam a língua dos soldados. Não havia trapaça nisso. Suas palavras vinham dos seus corações e de sua terra. 'Se não acreditam em mim, venham e vejam', ela dirá. 'Podem atirar em mim depois. Isso não importa. Mas antes vejam com seus próprios olhos o que os diemistas e estadunidenses fizeram. Talvez a sua unidade não faça coisas como essas, mas primeiro olhem o que os outros fizeram e, então, atirem em mim se quiserem'".

Tudo isso tinha efeito devastador no moral dos soldados que eram todos camponeses, e cujas esposas e mães de alguns deles poderiam muito bem estar na multidão. Esse é outro aspecto da "guerra especial" que o general Maxwell Taylor provavelmente não levou em consideração quando estabeleceu o princípio de utilizar exclusivamente tropas locais sob comando estadunidense. Assim que a guerra começou a ir mal, essas "tropas locais" estavam abertas ao descontentamento e os "batalhões de coque" da Frente – como eram chamados por causa do estilo de penteado favorito das mulheres do Sul – exploraram isso ao máximo. Dizem que os oficiais de Saigon temem mais os "batalhões de coque" e suas atividades do que propriamente os "vietcongues". Certamente, as deserções constituem uma alta proporção de baixas mensais para Saigon e isso era, em grande parte, resultado do trabalho das hábeis mulheres propagandistas.

As manifestações nem sempre aconteciam tão pacificamente quanto a descrita, sobretudo as primeiras, antes de a Frente iniciar operações de larga escala, quando os diemistas podiam concentrar forças militares ilimitadas. Um incidente conhecido em todo o Vietnã – Norte e Sul – aconteceu na província de My Tho, em meados de 1960. Milhares de mulheres marcharam na capital da província para protestar contra uma operação de "varredura", especialmente violenta, na qual meia dúzia de povoados tinham sido queimados. Quando chegaram ao chamado "cruzamento do pássaro" – por causa de um entroncamento rodoviário de cinco vias, em formato de um pé de pássaro –, os manifestantes se encontraram com um bloco sólido de soldados diemistas, com rifles em punho. Uma jovem grávida que carregava o primeiro cartaz levou um tiro e caiu morta com o grito: "compatriotas, avançar". Uma segunda garota agarrou o cartaz e também foi morta por um tiro; e depois uma terceira – todas com menos de 20 anos. As mulheres que marchavam detiveram-se somente durante o tempo para recolher os corpos que foram levados para frente do cortejo. Uma quarta garota pegou o cartaz, e os soldados cederam, abismados com tal coragem e determinação e já pressionados pela marcha furiosa da multidão. O cortejo continuou até o escritório do governador da província, onde depuseram os corpos das três garotas mortas exigindo compensação pelos povoados queimados e para as famílias das três heroínas. Uma grande multidão de pessoas da cidade se concentrou em torno delas e as apoiaram; o governador cedeu às suas exigências.

O incidente no "cruzamento do pássaro" entrou para a história da luta de libertação do Vietnã do Sul e, certamente, inspirou inúmeros outros exemplos de heroísmo de mulheres patriotas.

Uma das mais extraordinárias manifestações aconteceu na própria Saigon, nos primeiros dias de maio de 1960. Quando Diem espiou da janela do seu palácio presidencial, às sete da manhã, a praça abaixo já estava completamente tomada por camponeses, de cócoras sobre as pedras do pavimento, vestidos com os piores trapos que puderam pegar e comendo os mais miseráveis restos de comida. Eles vinham ao local de todos os lados da cidade em ônibus e barcos e, por conta da impecável organização, apareceram quase que simultaneamente na praça do palácio, com a força de setenta mil. Cartazes logo estavam expostos exigindo o fim do incêndio dos vilarejos, do massacre de camponeses e da matança de suas criações de animais.

Pessoas indo para seus escritórios, estudantes e alunos a caminho de suas escolas paravam para conversar com eles e ficavam horrorizados com os infinitos relatos de atrocidades. Comerciantes lhes trouxeram chá e comida; uma grande multidão de moradores de Saigon começou a se concentrar em torno deles – contrariando as ordens policiais. Os camponeses exigiam que o próprio Diem recebesse uma delegação, o que foi recusado. Um policial de alto escalão chegou e disse que ouviria suas solicitações. Eles negaram e exigiram ao menos um alto oficial do governo. Soldados correram ao local para expulsá-los, mas foram "neutralizados" pelas "explicações" dos camponeses e dos moradores de Saigon que chegavam cada vez em maior número.

Finalmente, um alto oficial apareceu e aceitou petições escritas e protestos verbais, com a condição de que voltassem para casa. Mas a multidão se recusava a dispersar até que as tropas fossem retiradas. Assim que isso fosse feito, eles concordariam em partir.

A polícia queria acabar com aquela terrível confraternização entre camponeses e pessoas da cidade o mais rápido possível, e se ofereceram para levar os manifestantes de volta aos seus povoados, em caminhões. Os manifestantes negaram a oferta dos policiais – preferiam voltar a pé. E eles lentamente caminharam ao longo das ruas e estradas da cidade, aceitando xícaras de chá sempre que eram oferecidas e respondendo aos inúmeros questionamentos sobre as condições de suas aldeias. Quando voltaram, comitês de recepção os esperavam, com mais chá e doces, e toda a população estava reunida para ouvir como os moradores da cidade os tinham recebido.

Houve manifestações em Saigon e em outros centros urbanos em que, no primeiro dia, os participantes não conseguiam nada além de serem dispersos pela polícia. Não havia possibilidade de desaparecer aos poucos dentro da floresta como os guerrilheiros, mas havia mercados e ruas quietas onde eles passavam a noite e, na manhã seguinte, estavam todos a postos, novamente, na praça principal da cidade. Tais manifestações nunca terminavam até que, ao menos, uma vitória moral fosse conseguida.

Era difícil para a polícia e autoridades locais serem muito brutais com os manifestantes que clamavam ser leais apoiadores do governo e que só tinham vindo para que o governo soubesse o que estava sendo feito em seu nome no campo. E como altas autoridades do governo não podiam admitir que tais atrocidades fossem autorizadas em seu nome, os manifestantes tinham uma arma útil para suas discussões com as autoridades locais. Mas em manifestações posteriores, os participantes eram atingidos com água colorida, ou os cabelos das mulheres eram cortados curtos com tesouras de poda, para que os policiais das aldeias pudessem realizar as prisões que eram constrangedoras de serem feitas pela polícia central diante dos moradores de Saigon e de outras cidades.

*CANNON-SPIKERS**

Além daquelas que organizavam ou participavam das ações nos centros distritais ou provinciais, há, em todos os povoados, grupos de mulheres conhecidos como "*cannon-spikers*".

Quando os soldados começam a montar a artilharia ou morteiros para bombardear um povoado que eles suspeitam ser "vietcongue", um grupo de mulheres aparece. A mais experiente, com um bebê nos braços, aproxima-se do oficial encarregado: "Você deve estar muito cansado. Melhor entrar e tomar um chá ou um bom coco gelado". As outras circulam entre os soldados, perguntando sobre o que vai acontecer. "Se você pensa que conseguirá me dissuadir de bombardear o povoado com seus truques, você está enganada", poderia ser a resposta dos oficiais.

"Mas para que você vai fazer isso?"

"Para destruir os 'vietcongues' que vocês escondem".

"Mas não há nenhum 'vietcongue' no nosso povoado agora. Havia alguns, mas eles souberam que vocês estavam chegando e se foram. Se você bombardear o povoado matará apenas mulheres e crianças como nós. Eu garanto que não restou nenhum 'vietcongue'. Eu te levarei a cada uma das casas e te mostrarei, se você quiser".

Nesse meio tempo, as outras "sabotadoras" estão trabalhando com os soldados, mostrando a eles fotos dos maridos e parentes em seus exércitos: "Somos exatamente como suas famílias. Vocês atirarão em seus próprios amigos e parentes?" Se o oficial insistir em seguir adiante, as "sabotadoras" formam fila em frente das

* Esse termo se refere à tática que desabilitava o uso dos antigos canhões. Um pedaço de metal pontudo, como um prego, era martelado no buraco onde a carga propulsora é inflamada (pavio) para impedir, ainda que temporariamente, que a arma fosse usada contra eles próprios caso fossem subjugados pelo inimigo e também como tática para sabotar o armamento inimigo. Em sentido figurado, o termo é utilizado significando sabotagem. (N.E.)

armas e dizem: "Bem, é melhor nos matar primeiro. Estaremos mortas de qualquer maneira se voltarmos ao povoado e vocês nos bombardearem".

Geralmente, tenho certeza, isso funcionava. Uma coisa é os soldados atirarem a centenas de metros em algum alvo anônimo dos quais esperam ver apenas fumaça e chamas; outra totalmente diferente é atirar à queima-roupa diretamente na carne daquelas que poderiam ser suas próprias mães, esposas e bebês. Tais ações seriam impossíveis com as tropas da Legião Estrangeira ou com o Corpo Expedicionário Francês. Além de barreiras como linguagem e raça, nenhum vietnamita se humilharia implorando misericórdia aos invasores estrangeiros.

Em uma operação das "sabotadoras" de que tive notícia, as mulheres e crianças do povoado correram em direção às equipes de artilharia enquanto eles se preparavam, levando porcos e búfalos à sua frente, carregando frangos debaixo do braço; em minutos, havia frangos por todos os canhões e projéteis, porcos e búfalos perambulavam ao redor. Mulheres e crianças se aglomeraram entre as armas e acocoravam-se nas pilhas de projéteis onde lamentavam e gritavam: "Se vocês forem bombardear nossa aldeia, esse é o único lugar seguro para ficarmos". Os canhões também estavam "desabilitados" naquela ocasião. Tais incidentes, multiplicados aos milhares, tornaram-se uma arma político-militar terrivelmente eficaz, empunhada com coragem e habilidade consumadas.

Um exemplo do "viver integrado", em um sentido diferente daquele descrito anteriormente, é o das guarnições de Saigon, contidas em postos isolados, rodeados pela população da área controlada pela Frente, sujeitos dia e noite à talvez mais efetiva arma de propaganda já usada em qualquer guerra. Quando a Frente assume o controle de uma área, um dos primeiros passos é uma reforma agrária que, embora não afete os direitos de propriedade existentes

– exceto no caso daqueles julgados como traidores –, fornece terras aos camponeses pobres e sem-terra, e alivia a situação daqueles que alugavam terra. Na distribuição, uma porção também é reservada para aqueles que serviam às Forças Armadas, fossem da Frente ou do regime de Saigon. Isso é feito em reconhecimento ao fato de que a esmagadora maioria dos soldados é formada por camponeses recrutados sob pressão.

Toda noite, em alguma parte do Vietnã do Sul, onde quer que houvesse postos de Saigon, há centenas ou milhares de garotas, com megafones em mãos, rastejando na grama ou entre as árvores ao redor dos postos. Sempre que possível, a garota, em qualquer posto, terá um parente lá dentro. Ela começa o "programa" da noite recitando um poema, evocando memórias do lar e da vida na aldeia. Pode ser que alguns tiros sejam disparados em sua direção, como primeira resposta. Ela chamará o seu parente pelo nome:

"Chanh, Chanh, é sua prima Thi Lan. Por que você atira? Sou apenas uma aldeã. Não tenho nenhuma arma. Pensei que você e seus amigos poderiam estar sós e entediados aí, então vim recitar alguns poemas". O programa continua com poemas e canções suavemente recitados, estórias comoventes cuidadosamente escolhidas. Então: "Chanh, Chanh. Está ouvindo? Há boas notícias da sua aldeia. O pequeno Chi foi muito bem na escola. A propósito, sua aldeia foi libertada e um bom pedaço do arrozal ao longo do rio já foi separado para você. E para alguns dos seus amigos no exército também". Mais canções e poemas. "Chanh, por que não desiste dessa vida desonrosa? Deixe o mau caminho e volte para sua aldeia. Fique do lado do povo, antes que seja tarde. Por que você daria sua vida pelos ianques?" Poderia haver mais tiros, mas quem realmente era atingido – por imagens de suas casas e aldeias – era Chanh e todos na guarnição". Da próxima vez que for chamado para uma operação, Chanh pensará naquele pedaço de campo de arroz ao longo do rio, preocupado apenas em sobreviver para enfiar um arado nele. E muito provavelmente ele – como outros 45 mil Chanhs e Nguyens em 1963 – escapará uma noite para contatar as forças da Frente, seja para se unir a eles, seja para pegar um passe para retornar ao pedaço de terra com arroz, ao longo do rio. Os poemas ao redor dos postos nunca falham em produzir desertores. Ambos me garantiram isso, as recitadoras e os desertores. Uma inacreditável forma efetiva de "contraguerra especial".

O resultado mais espetacular desse tipo de atividade do qual tive notícia foi no povoado da província de Ben Tre, em setembro de 1961, quando um grupo de mulheres persuadiu, por meio da conversa, uma guarnição inteira a se render. Foi a bela e eloquente Le Thi Thien quem me contou, e suspeito que ela dirigiu a ação, mas com a típica modéstia vietnamita, ela apenas admitiu ter "participado com as outras".

"Era um posto muito cruel", ela disse. "O oficial no comando era filho de um proprietário de terras do norte e os soldados eram emigrantes católicos que ele tinha escolhido a dedo. Eles eram muito cruéis e o oficial os encorajava a matar arrancando as tripas. Os familiares da guarnição viviam em uma aldeia não muito longe do posto. Um grupo nosso foi conversar com eles. Dissemos claramente às mulheres que seus maridos tinham se comportado mal; que o oficial era um verdadeiro bruto que havia matado e torturado muita gente e nós, da FNL, tínhamos decidido destruir o posto. Três postos tinham sido destruídos recentemente no mesmo distrito, então, acreditaram em nós. Alguns dos seus maridos são verdadeiros inimigos do povo, dissemos. Esse é o pior posto no distrito, mas, de todo modo, somos humanos e não queremos derramar sangue desnecessariamente ou matar soldados decentes. Porém, a menos que se rendam, vamos aniquilar todos junto com o posto. Se quiserem que seus maridos continuem vivos, então venham conosco e tentem persuadi-los a se render; caso contrário, eles serão destruídos esta noite. As famílias estavam ansiosas para tentar e agradecidas por termos dado uma chance a eles. 'Vamos fazer o melhor possível para persuadi-los', disseram. 'Se falharmos, vocês podem decidir sobre o que fazer'.

"Então, partimos juntos. Aquelas famílias não estavam do lado do povo; elas estavam apenas ansiosas para salvar seus maridos e filhos. Vieram cerca de 30 ou 40, algumas com crianças. Chamaram seus parentes pelo nome e então começaram: 'As pessoas da FNL dizem que vocês cometeram muitos crimes, mas estão preparados para perdoá-los se saírem e entregarem suas armas. Pensem em nós e salvem suas vidas'. Misturadas às vozes das esposas e mães, apelando para as emoções familiares com muitas lágrimas, estavam as nossas vozes com tons mais políticos. 'Sugerimos que escolham o caminho da vida, não o da morte, o caminho da justiça, não o do crime'. As crianças chamavam por seus pais, as mães pelos seus filhos, as esposas por seus maridos. Os soldados quiseram sair, mas o oficial tirano os impediu, então, eles o mataram com tiros e saíram para se render. Na verdade", concluiu Le Thi Thien, "não tínhamos nenhuma arma até eles colocarem as deles em nossas mãos, mas fingimos que o posto estava cercado por guerrilheiros e continuávamos gritando: 'Seção 1, mova-se para os flancos; Seção 2, vigie a estrada; e assim por diante. Eles pensaram que estavam cercados'".

Todas essas atividades descritas, da "vida integrada" às "sabotadoras" e as persuasões individuais e de guarnições a desertar, só foram possíveis devido à fraqueza inerente da "guerra especial" promovida sem nenhum apoio popular; de fato, ela havia sido travada para impor políticas péssimas para a esmagadora maioria da população. Thi Lan poderia recitar poemas até a exaustão, louvando as virtudes do sistema de propriedade privada das terras e exortando seu primo e seus colegas de exército a derramar seu sangue para proteger os interesses dos proprietários, mas isso não surtiria efeito. E Le Thi Thien e suas amigas poderiam ter argumentado em vão, a noite toda, com as famílias das guarnições, mas estas sabiam das atrocidades que estavam sendo cometidas e de todo ódio que as pessoas comuns sentiam em relação ao regime de Saigon e àqueles que o serviam.

Aparentemente o regime de Saigon parecia invencível. Tinha um monopólio completo dos tanques, dos aviões, da artilharia, das embarcações de guerra e do transporte motorizado – para não falar dos dólares, na razão de um milhão e meio por dia. A região rural foi pontilhada, como erupções de sarampo, com seus postos e fortalezas, mas não tinha base no coração das pessoas. A Frente tinha.

Tran Nam Trung, o representante das Forças Armadas no Comitê Executivo da Frente de Libertação, resumiu a situação, pouco antes do golpe de novembro de 1963 que derrubou Diem:

"O inimigo estabeleceu postos em todo lugar, mas não pôde controlar a população por meio deles. Na verdade, a maioria deles estava cercada pelas nossas forças. Postos reforçados com esquadrões, pelotões e até companhias foram imobilizados, cercados pelas forças do povo que tinham meios políticos e militares de isolá-los. Eles só podiam sair com a ajuda de forças móveis, participando junto com eles de operações militares de larga escala. Mas o inimigo não pôde acumular as forças móveis necessárias para a 'contraofensiva geral' porque uma grande proporção estava presa em seus postos. A administração civil, chefes de cantões e distritos, chefes de polícia e outros também estavam imobilizados nos postos. Eles não podiam sair para recolher impostos".

"A população controlava os postos e não o contrário. As guarnições tinham que obter permissão dos guerrilheiros para tirar água, tomar banho ou ir ao mercado. Se os guerrilheiros concordassem, eles poderiam sair alguns metros para tirar água, mas era limitado a certo número de homens e por um determinado tempo. Se você olhasse os mapas militares, veria postos em todo lugar, mas, de fato, o território ao redor estava livre, nas mãos do povo. Eram os postos que estavam cercados, não o povo. Em vastas áreas, onde o inimigo insistiu em ficar no campo, ele foi forçado a viver integrado conosco, nos nossos termos".

E essa ainda era a situação na época da minha visita, e depois ainda mais. Se não fosse assim, eu jamais poderia ter viajado pelo coração do grande complexo de defesa ao redor de Saigon.

SOBRE ARSENAIS E HOSPITAIS

UMA FÁBRICA DE ARMAS NA SELVA

"Nós iniciamos em 1960 e nossas únicas matérias-primas eram pedaços de sucata de ferro e alguma pólvora de bombas não explodidas. Naquele tempo, tínhamos apenas um único departamento, agora temos dez. Pensávamos que operávamos milagres produzindo quinze granadas por mês e agora nós produzimos cinco mil". Ele era um vietnamita alto, magro e careca; ao meu redor, trabalhadores com aventais e máscaras brancas sobre as faces inseriam pólvora em minas antipessoais; operavam prensas espirais que cuidadosamente prendiam alças de madeira em granadas de mão; moíam em receptáculos esquisitos, em forma de canoa, a pólvora compactada de bombas, tornando-a mais fina para as granadas, misturando e peneirando pólvora como se estivéssemos em uma padaria em vez de em um arsenal na floresta. Um *mademoiselle* voava sobre nós. Se ele pudesse ver o que eu estava vendo! Mas a floresta é gentil com seus amigos.

"A princípio não tínhamos trabalhadores qualificados", continuou meu informante, o diretor do arsenal. "Mas treinamos os camponeses, alguns dos quais agora podem ser considerados trabalhadores qualificados. Gradualmente desenvolvemos e expandimos até que agora conseguimos satisfazer, até certo ponto, as exigências da Frente nesta região. No processo de produção, também treinamos quadros que agora chefiam os vários departamentos. Imbuídos com o espírito de luta contra o inimigo, o moral dos trabalhadores e quadros cresce a cada dia. Alguns trabalhadores especializados vieram de Saigon para nos ajudar".

Ele me entregou um par de canecas de cerveja feitas de alumínio, com meu nome e o da minha organização, o Departamento Geral de Intendência do Exército de Libertação, gravados. "Elas são feitas de cilindros de foguete", disse ele. "Não temos matéria-prima, então, juntamos todo o refugo disponível provindo do inimigo: partes de avião, pedaços de bombas e foguetes – as alças das canecas de cerveja são de cápsulas de bombas de napalm –, destroços de caminhões, grades de pontes, pedaços de trilhos, qualquer metal que possamos conseguir. A população faz seu melhor por nós – veja esses queimadores de incenso de latão que uma velha senhora nos trouxe outro dia".

Parei para observar um soldador com uma máscara de proteção de aço, soldando as bases nas granadas de bocal e segui a linha de gás acetileno até a máquina principal. Havia a marca: "Portaweld--Onan, Mineápolis", que também trazia estampado o aperto de mãos da "amizade" entre EUA e Vietnã. "Sim", disse o diretor, "não podemos reclamar da qualidade do maquinário estadunidense. Se eles tivessem vindo ao nosso país apenas com máquinas como essa, em vez de seus aviões e tanques, teria sido melhor para todos nós". Em um dos departamentos de minas, fiquei surpreso com a variedade de minas de serviços especiais: pequenas minas antipessoais cilíndricas e achatadas, minas cilíndricas longas para lidar com emaranhados de arame farpado, outras que pareciam panelas de diversos tamanhos para tanques M-113 – as grandes para trabalhos especiais, outras para explodirem sob trilhos de trem ou para uso contra embarcações navais. O diretor colocou uma dessas na minha mão (estava vazia) e disse: "Afundamos duas embarcações navais no rio de Saigon algumas semanas atrás com minas como essas".

A maior parte das instalações estava disposta em espaçosas cabanas com telhado de colmo, cobertas com vegetação fresca toda manhã onde houvesse qualquer falha no verde do teto da floresta. As construções eram afastadas umas das outras, de forma que qualquer bomba não poderia destruir mais do que uma delas. Tornos, geradores e máquinas de alesagem e polimento – todas elas estadunidenses – estavam em abrigos subterrâneos. Havia pessoal suficiente para transportar manualmente tudo para outra área no caso de uma emergência.

Chegar ao arsenal era algo complicado por causa do mais fantástico labirinto de armadilhas que eu já tinha encontrado: um sistema integrado de estacas e suas próprias minas. Foram-me mostradas novas armas secretas, baseadas em princípios desenvolvidos em suas próprias oficinas e perfeitamente adaptadas ao tipo de guerra que estavam lutando, na qual armas leves, transportáveis em costas humanas, tiveram que substituir a artilharia carregada de forma motorizada. Todo trabalhador tinha sua própria arma ao seu lado na bancada de trabalho. Eram jovens entusiasmados e sorridentes, óbvia e justificadamente orgulhosos de sua produção. Era prazeroso ouvir novamente o barulho do maquinário; ouvir barulhos mecânicos que não eram dos aviões ou das embarcações do adversário. Uma das visões impressionantes foi uma longa fila de relojoeiros de Saigon, com lentes encaixadas em seus olhos, cabeças inclinadas para baixo sobre molas delicadas, moedas de cobre e finos fios magnetizados para vários fusíveis de ação retardada. Mais tarde, ouvi a transcrição de uma coletiva de imprensa de McNamara na "Voz da América", na qual o secretário de defesa dos Estados Unidos citou como "prova absoluta" da intervenção do Vietnã do Norte "o aparecimento de tipos mais sofisticados de minas no Vietnã do

Sul, incluindo algumas minas navais e outras com fusíveis de ação retardada". Eu vi esses tipos "mais sofisticados" de armas sendo produzidos em série no arsenal da floresta.

Os laboratórios e prédios de processos químicos para fabricação de explosivos eram impecavelmente limpos, as cabanas eram de bambu, forradas com náilon de paraquedas estadunidenses. Em uma dessas cabanas, garotas com balanças delicadas estavam pesando a minúscula quantidade de explosivos necessária para vários tipos de cápsulas de detonadores e um rapaz de 15 anos de idade estava encarregado de uma máquina improvisada para encaixar as cápsulas do detonador dentro dos cartuchos. O diretor me afirmou que não houve um único acidente na fábrica.

"O aumento de quinze para cinco mil granadas ao mês, desde 1960, é representativo de um crescimento muito rápido em todos os departamentos, todo ano", o diretor disse, enquanto eu me despedia. "E continuaremos expandindo nossas atividades nesse ritmo".

HOSPITAIS DE CAMPANHA

A rápida expansão da produção de armas era representativa da rápida expansão em todos os campos de esforços de guerra da Frente. Um dos resultados mais extraordinários tem sido no campo médico.

Um típico hospital de frente de batalha que visitei não parecia muito diferente de uma aldeia comum, a princípio – as mesmas cabanas de bambu, cada uma composta de não mais que um íngreme teto de palha pendendo sobre varas de suporte e uma parede externa de bambu fino perfilado, desenhada para proporcionar máxima sombra e ar. Na verdade, cada cabana era uma "ala", e uma um pouco maior e mais fechada do que outras era a sala de cirurgia. O forro do teto das alas e, também, as paredes do ambulatório e das salas de cirurgia e de medicamentos eram revestidas com náilon branco de paraquedas.

Na primeira ala que visitei havia três pacientes. Um deles era trabalhador na plantação de seringueira e tinha levado um tiro no pescoço, disparado pelos soldados de Saigon, enquanto fazia sua usual ronda matutina, coletando látex das seringueiras. A bala tinha sido removida e ele estava "indo bem". A outra era uma mulher de meia idade que tinha sido ferida no estômago com a explosão de uma granada. Partes do seu intestino e do fígado tinham sido removidas e ela ainda estava muito fraca. O terceiro, um jovem rapaz guerrilheiro, tinha perdido uma mão e parte da outra em um acidente trágico com uma granada apenas dois dias antes. Em um pesadelo, imaginou que sua aldeia estivesse sob ataque, pegou sua granada, puxou o pino e estava prestes a lançá-la quando acordou. Percebendo que, provavelmente, mataria seus camaradas se a atirasse, ele a segurou, enfiando suas mãos sob alguns sacos de arroz junto à sua cama. Por um milagre, apenas suas mãos sofreram. Uma delas e parte da outra tiveram que ser amputadas. Ele ainda estava em choque.

Era uma verdadeira área de frente de batalha; junto a cada prédio havia abrigos antiaéreos, incluindo aqueles com espaço suficiente para casos que necessitassem de macas. Era uma área sujeita a bombardeios praticamente diários, ataques noturnos e frequentes incursões de "varredura".

"Durante 1963", disse o dr. Tran, cirurgião responsável, "lidamos com 247 casos cirúrgicos. Eles incluíam cirurgias de estômago, cabeça, peito e membros; os resultados foram positivos em 98% dos casos". Além do dr. Tran, havia quatro médicos assistentes, com dois anos de treinamento na faculdade de medicina, e nove enfermeiras-chefe. O hospital tinha sido constituído no final de 1960. "Naquela época", relembrou dr. Tran, um homem baixo e enérgico com barba por fazer e sensíveis dedos de ponta quadrada, "havia apenas três enfermeiras-chefe em todo o distrito, nenhum outro profissional de saúde. Agora nós temos no distrito treze médicos assistentes, 105 enfermeiras-chefe, 120 enfermeiras, 13 parteiras e 52 assistentes de parteira. A Frente procura ter pelo menos uma enfermeira-chefe em cada aldeia". Eu visitei uma escola médica, anexa a esse hospital, onde 36 enfermeiras e 15 parteiras em treinamento estavam tendo cursos intensivos de seis meses.

Mais tarde eu visitaria uma unidade muito maior, chamada pelo dr. Ky, que era o responsável, de "hospital regimental". As construções eram muito maiores, mas ainda com paredes de bambu perfilado e telhados de colmo. Ele também tinha sido constituído em 1960, mas foi ampliado e modernizado em 1962, quando o dr. Ky assumiu. Perguntei sobre equipamentos e suprimentos médicos: "Claro, temos escassez de algumas coisas", disse ele. "Mas com relação ao campo cirúrgico, as coisas melhoraram muito desde que nossos rapazes tomaram uma unidade portátil de raio x". (Examinei isso depois, ela foi fabricada pela Picker de Cleveland, Ohio). Não apenas a unidade de raio x era "fabricada nos EUA"; havia todo tipo de coisa, incluindo, claro, o gerador que fornecia energia à unidade. Pinças e alguns outros instrumentos cirúrgicos básicos eram feitos de cápsulas de mísseis e de bombas de napalm; fios de náilon de várias espessuras eram usados para suturas, em alguns casos reforçados por algum produto local. Como no hospital do distrito, todos os prédios eram revestidos com náilon branco de paraquedas.

"Usamos muita penicilina e estreptomicina, apesar do bloqueio inimigo aos suprimentos médicos", disse o dr. Ky, "mas também usamos muitos medicamentos orientais, que podemos fazer com produtos locais. Nosso antídoto para picada de cobra, por exemplo, é mais efetivo do que qualquer um dos ocidentais". (Existe uma cobra especialmente mortal em muitas partes do Vietnã do Sul, similar às australianas "*death adder*" ["víbora mortal"]; com não mais de trinta centímetros de comprimento, ela salta sobre sua vítima. Dentro de três minutos, paralisa-a e a mata em duas horas. Os químicos da Frente desenvolveram um antídoto na forma de tablete e todo guerrilheiro carregava dois deles como parte do equipamento padrão. Eu sempre dormia com um deles à mão para aplicação imediata e fui alertado para nunca me afastar muito da minha rede à noite e para usar constantemente uma lanterna). Dentre os substitutos para os medicamentos ocidentais, dr. Ky citou soro de hemoglobina na forma injetável, obtida de búfalos e porcos; uma substância de ossos de tigres que agia como um estimulante poderoso para casos de fraqueza prolongada; um extrato da placenta de búfalos recém-nascidos, bom para malária e reumatismo.

Perguntei qual era o tempo médio de duração de um tratamento médico durante uma operação militar. "Qualquer vítima", respondeu dr. Ky, "pode contar com os primeiros socorros em um posto médico da companhia dentro de trinta minutos depois de ter sido ferido; dentro de uma hora recebe atendimento cirúrgico inicial no nível do batalhão, e dentro de duas horas conta com cirurgias essenciais no nível regimental. Apenas casos excepcionalmente sérios têm que ser levados ao hospital principal; normalmente os hospitais de frente de batalha conseguem lidar com tudo que chega até eles. Se o local da ação não ficar a mais de um ou dois dias do hospital de base, então casos sérios serão enviados de volta para lá, mas se a ação estiver a mais de dois dias – nos termos das nossas possibilidades de comunicação – então estabelecemos um hospital de campanha, nunca a mais de dois dias de distância. Este último pode lidar com casos cirúrgicos sérios e os pacientes podem ficar hospitalizados lá por semanas a fio, se necessário". dr. Ky estimou que uma vez que o ferido chega às mãos da equipe médica "há 90% de chance de ser salvo". Ele estava especialmente orgulhoso de dois casos de cirurgias cerebrais e insistiu para que eu os visse. Ambos tinham tido balas removidas de seus cérebros e tinham ficado com metade de seus corpos paralisados. Agora, o primeiro operado está andando e conversando normalmente, o outro consegue se mover e o dr. Ky estava certo de que ele inclusive poderia caminhar em breve.

Tais resultados, obviamente, só eram possíveis com cirurgias e cuidados pós-operatórios de um padrão muito alto, difíceis de serem associados à aparência primitiva das construções hospitalares. O hospital tinha sua própria seção farmacêutica, onde vários medicamentos estavam sendo preparados em forma líquida, de pílulas e injetáveis. dr. Ky explicou que parte dos medicamentos veio de um departamento farmacêutico central que era administrado pelo Comitê de Saúde Pública.

Mais tarde, eu pude conhecer o dr. Ho Thu, um químico farmacêutico treinado pelos franceses e membro do Comitê Central da Frente de Libertação, um cientista grisalho e modesto que, conforme outros membros do comitê afirmaram, tinha "realizado milagres" na produção de suprimentos médicos. Ele me deixou admirado ao dizer que a Frente agora produz 70% de sua demanda por medicamentos. "Isso foi possível", disse ele, "porque fizemos um cuidadoso estudo da medicina tradicional oriental e nos baseamos na grande riqueza de produtos da nossa floresta. Em alguns campos nós nos surpreendemos. Por exemplo, conseguimos resolver a questão da gangrena de carne e osso". Quando perguntei como, ele sorriu e disse: "Estamos mantendo isso em segredo, pois consideramos uma fonte de riqueza nacional para o futuro. Posso apenas dizer que é baseado em um produto da floresta. Apenas quando fizemos um inventário adequado dos produtos vegetais e animais locais da floresta, e o confrontamos com antigos manuais de medicina oriental, foi que percebemos a riqueza que tínhamos". Eu ainda expressava minha surpresa sobre o sucesso com a gangrena quando dr. Ho Thu disse: "Tivemos um sucesso ainda maior com a preparação de organismos animais transformados em diluentes. Na França, qualquer químico industrial precisa de um diploma especial para produzi-la, porque é um processo extremamente complexo, necessitando dos equipamentos mais complicados. Mas conseguimos solucionar isso com métodos rudimentares e o resultado é da mais alta qualidade, de forma alguma inferior ao produto francês. Também desenvolvemos um soro de proteína que é um substituto perfeito para o plasma".

Dr. Thu disse que eles mantinham grandes estoques de soros e vacinas, e sempre tinham o suficiente à mão para conter qualquer epidemia "normal" de tifo, varíola, cólera etc. Graças a isso, e à ação rápida, eles contiveram uma recente epidemia de cólera que havia começado em Saigon e à qual as autoridades de lá confiantemente esperavam que pudesse se espalhar para as zonas livres. "Tal como a malária", continuou dr. Thu, "esse tinha sido sempre o maior problema na região rual do Vietnã do Sul. Mas empreendemos uma grande campanha e a porcentagem caiu enormemente. Baixou para 5% mesmo nas regiões antes seriamente infestadas e esperamos reduzir ainda mais – para erradicá-la completamente, na verdade – usando nossos recursos locais e a total cooperação que temos da população local".

O atendimento médico é gratuito nas zonas livres e foi interessante saber, e confirmar em diversas ocasiões, que muitas pessoas vinham das áreas controladas por Saigon, incluindo da própria Saigon, para se tratarem nas áreas livres. Isso foi especialmente notável durante a epidemia de cólera de 1964 em Saigon, quando dezenas de milhares de pessoas vieram tomar injeções anticólera nas zonas livres. "Isso não é apenas porque o nosso serviço é gratuito", explicou dr. Thu. "As pessoas apreciam a atitude profissionalmente responsável e a devoção dos nossos quadros médicos que são treinados para servir o povo. A linha principal nas zonas livres, no que se refere à saúde pública, é se concentrar na higiene social e medicina preventiva, em aumentar o padrão de vida e introduzir noções modernas de higiene ao campesinato". Considerando o pequeno lapso de tempo e as grandes dificuldades, concluiu dr. Ho Thu, "alcançou-se um progresso muito rápido no desenvolvimento da indústria farmacêutica, no treinamento de quadros médicos e no estabelecimento de instalações hospitalares e de saúde pública".

PROPORÇÃO E TÁTICA DE BATALHA

ARMAS E HOMENS

As Forças Armadas da Frente de Libertação obviamente não ficavam atrás de outras ramificações em rápida expansão. Quantos efetivos a Frente tem é um segredo, mas tenho certeza de que há mais do que as mais altas estimativas dos estadunidenses que vi publicadas. Dang Thanh Chon, que é o vice-presidente da Federação da Juventude da Libertação, disse-me que quinhentos mil jovens com idades entre 16 e 25 anos estavam inscritos na Federação. Destes, cem mil tinham "deixado suas aldeias para se alistar nas Forças Armadas e em outras organizações da Frente". Esse número não incluía aqueles nas unidades locais de autodefesa e Chon disse que, espera-se que pelo menos metade dos membros da Federação que permanecem nas aldeias se alistem em uma delas. Chon, um jovem quieto e bastante sério, com óculos de lentes grossas, elencou as principais tarefas imediatas de sua organização como sendo:

– ter o maior número de jovens nas zonas livres alistados nas Forças Armadas regulares da Frente e como guerrilheiros;

– usar todas as formas de luta para impedir que os jovens das áreas controladas por Saigon sejam recrutados;

– atrair jovens das zonas controladas por Saigon para que venham para as zonas livres e se alistem em suas Forças Armadas;

– avançar com o desmantelamento das "aldeias estratégicas" nas áreas controladas por Saigon;

– consolidar e desenvolver aldeias de "resistência" ou "combate" nas zonas livres.

Nguyen Huu Tho estimava que as forças de Saigon tinham aumentado de 370 mil, em 1961, para 577 mil, no final de 1963, incluindo todos os serviços. "Eles cresceram muito rapidamente", disse, "mas nossas forças cresceram muito mais rápido; a proporção da superioridade numérica do inimigo está rapidamente sendo reduzida. A proporção muda a nosso favor a cada dia e é um processo que não pode ser revertido. A área na qual eles podem recrutar também encolhe a cada dia. Quanto ao moral, aí nós temos superioridade total".

No que toca à velocidade com que as forças da Frente estão se expandindo, um regimento que visitei fornece um bom exemplo. Foi formado em outubro de 1961, com apenas 300 homens e 120 rifles, sendo estes caseiros ou velhos modelos franceses, cedidos pelos antigos combates de seitas religiosas armadas. Seu primeiro combate aconteceu dentro do primeiro mês de formação do "regimento", uma emboscada na qual capturaram três metralhadoras e 25 rifles, mataram um comandante distrital e capturaram seu suplente. Todo mês, durante um ano, eles empreenderam pelo menos uma operação, incluindo (em junho de 1962) um audacioso ataque contra o centro de treinamento de paraquedistas de Trung Hoa, perto de Saigon, que rendeu uma grande quantidade de armamento. Então, em novembro de 1962, eles tiraram quatro meses de folga para um curso de formação técnica e política, resumindo todas as suas experiências, tanto negativas quanto positivas.

"Tivemos uma operação que não consideramos bem-sucedida", contou-me o comandante regimental ex-líder guerrilheiro de uma aldeia, com 38 anos de idade. "Em fevereiro de 1962, atacamos a fortaleza de Ba Tuc, na província de Tay Ninh, próximo à fronteira com o Camboja. Havia um complexo com três postos; destruímos dois, capturamos 25 armas e 20 prisioneiros. Mas não consideramos essa ação bem-sucedida porque não destruímos completamente o posto e tivemos algumas baixas. Mas o moral estava alto e usamos essa lição para evitar falhas futuras. Nossos preparativos não tinham sido tão minuciosos quanto deveriam". Entre outras operações, uma equipe tinha penetrado a cidade de Tay Ninh, em outubro de 1962, para atacar o escritório do conselho de guerra dos EUA, matando cinco e ferindo três estadunidenses. "Houve um número de baixas no pelotão designado para proteger os estadunidenses", disse o comandante. "O restante foi preso por ter falhado em sua tarefa, o pelotão foi desmembrado".

Era representativo da natureza das forças da Frente e da guerra que o regimento pudesse decidir tirar quatro meses de folga da guerra para educação política e técnica. Isso significava que, no final de 1962, eram eles quem "davam as cartas" na área onde operavam; eram eles, e não Saigon, que decidiam quando e onde haveria batalha.

"Após o curso", continuou o comandante, uma figura séria, soldadesca, "tivemos uma ideia mais clara da nossa missão. Entendemos isso melhor no contexto de toda a luta; nossos homens tinham um posicionamento político mais firme e seu moral cresceu ainda mais. Nossa primeira operação, depois disso, foi em 24 de março de 1963, quando atacamos a principal fortaleza de Sam Xoo. Destruímos a guarnição e o inimigo foi forçado a se retirar de mais outros três postos".

O regimento empreendeu quatorze operações durante os doze meses seguintes. Na última delas, acompanhei um batalhão numa operação de dois dias. Como resultado, três postos foram destruídos e as "aldeias estratégicas" que controlavam foram desmanteladas. No final de 1963, o regimento estava no auge de sua força em homens e armamentos. Aproximadamente seiscentas peças desse armamento atual são armas capturadas dos estadunidenses, incluindo metralhadoras 37mm, altamente efetivas contra helicópteros e aviões, e canhões sem recuo de 57mm, bastante eficientes contra tanques e barricadas. O resto dos seus armamentos era feito nos arsenais locais. A maior parte das armas estadunidenses foi capturada nos primeiros doze meses. Durante 1963, a unidade ficou com apenas um terço dessa quantidade, o restante foi distribuído para as unidades de autodefesa formadas após o desmantelamento das "aldeias estratégicas". Desde o início de 1964, todas as armas capturadas eram distribuídas, exceto armamento pesado e alguma munição específica. Tais regimentos são pequenos para os padrões ocidentais, provavelmente não mais de mil homens, divididos em três batalhões, mas como todo membro atua na frente de batalha, a efetividade do combate é muito alta.

Entre o final de 1961 e 1963, esse regimento tinha triplicado seus efetivos e capturado cinco armas modernas para cada antiga com as quais tinha iniciado. Acredito que essa seja uma média substancial do que está acontecendo em todas as unidades da Frente. Isso ilustra a magnitude do problema do alto comando estadunidense em Saigon. A ideia original do general Maxwell Taylor e dos mais altos peritos militares no Pentágono era de que, na guerra de guerrilha, uma superioridade de dez ou onze para um é essencial como ponto de partida em operações antiguerrilha.

No final de 1961, quando os EUA vieram em massa para o Vietnã do Sul, estabelecendo um comando estadunidense em Saigon sob o comando do general Paul D. Harkins,* eles calcularam que a

* Trata-se do general Paul D. Harkins o primeiro comandante, entre 1962 e 1964, do Comando de Assistência Militar, Vietnã (MACV, na sigla em inglês), órgão responsável por todas as atividades militares dos EUA no Vietnã. (N.E.)

superioridade numérica diemista era em torno de dez para um. Aparentemente, isso não era algo absurdo. O plano do general Harkins era aumentar para uma superioridade de vinte para um, até o final de 1962. De acordo com a experiência britânica na Malásia, segundo os peritos, a resistência restante poderia ser eliminada em seis meses. A proporção mais favorável deveria ser conquistada por uma rápida expansão das forças de Saigon; a destruição de uma substancial parte dos guerrilheiros. Na verdade, os alvos de expansão nunca foram alcançados; as taxas de deserção, ao contrário, deram um salto; as forças guerrilheiras se expandiram em vez de diminuírem. O resultado desse primeiro ano de comando estadunidense foi a redução de uma superioridade de dez para um para seis ou sete para um.

Qual é a proporção na metade de 1964 é outro daqueles segredos no que diz respeito à Frente. Mas eu ficaria surpreso se fosse de mais de quatro ou cinco para um. E isso se aplica apenas às forças regulares e regionais da Frente. Considerando-se todas aquelas guarnições rendidas em seus fortes por guerrilheiros locais de autodefesa, pode-se entender que as reservas móveis de Saigon são, cada vez mais, frequentemente forçadas a encontrar seus oponentes em termos de igualdade numérica. A diferença de poder de fogo é anulada pela diferença no moral. Superioridade em mobilidade é anulada pela superioridade em trabalho de inteligência – um aviso com alguns dias de antecedência, ou mesmo com poucas horas, é suficiente para colocar as forças da Frente em posição, caso pretendam entrar em confronto.

Não se deve pensar que as comunicações da Frente são restritas às mensagens nos pequenos envelopes dos quais já falei tanto. As unidades regulares têm equipamentos estadunidenses de comunicação, telefones e rádios de campo; tais envelopes surgiram durante as primeiras batalhas, quando não havia comunicação entre os postos de comando e as forças de ataque, e agora já não existem mais.

EVOLUÇÃO DA TÁTICA

Também houve uma contínua evolução no que toca à tática e às técnicas, que por si só rende uma pesquisa fascinante. No início, tratava-se de ações defensivas com estacas para impedir a entrada do inimigo nas casas e quintais, mas não havia nenhuma tentativa de mantê-los longe das aldeias e povoados; e sem uso de arma de fogo. Em seguida, armadilhas com estacas nas proximidades dos povoados e emboscadas não para pegar armamento, mas apenas para manter o inimigo fora dos povoados e lidar com ele de forma mais eficaz caso viessem. Depois, ações para despistar o inimigo em uma área para impedi-lo de se concentrar em determinado povoado ou distrito. E enquanto a guerra evoluía e "aldeias estratégicas" eram fundadas e mantidas apenas pelos postos militares estabelecidos na vizinhança, ataques noturnos a postos militares – outro grande passo à frente. De início, apenas forças de autodefesa no patamar das aldeias ou povoados, mas quando foi necessário começar a atingir o inimigo antes que chegasse às aldeias e povoados, aí forças regionais foram necessárias para impedir as forças regionais do oponente que vinham para defender os postos locais. Quando as reservas móveis de Saigon eram enviadas em operações massivas de larga escala, então, Forças Armadas regulares foram necessárias para enfrentá-las.

A tática de rápidos ataques noturnos era insuficiente, pois helicópteros eram usados em escala massiva para rastrear, na manhã seguinte, as forças que os tinham atingido à noite. Esse foi um período de crise, cuja solução foi encontrada em Ap Bac, uma batalha que merece ser descrita em detalhes, já que marca uma significante reviravolta na guerra.

No dia de ano novo de 1963, aviões de reconhecimento dos EUA avistaram cerca de duzentos guerrilheiros "vietcongues" próximos ao povoado de Ap Bac, na província de My Tho, quase diretamente ao sul de Saigon. No dia 3 de janeiro seria aniversário de Ngo Dinh Diem. Decidiram presenteá-lo com algo especial pelo aniversário, que começaria com a destruição da força vietcongue que tinha sido vista, e seguiria com a destruição de todas as forças da guerrilha na área. Às 2h da manhã do dia 2 de janeiro, embarcações fluviais blindadas começaram a desembarcar tropas de elite da 7ª divisão nas aldeias próximas ao norte de Ap Bac. Depois, um comboio de caminhões descarregou outro grupo em um cruzamento ao sul. Às 5h da manhã, carros blindados e tanques anfíbios M-113 estavam transportando tropas para vários postos ao redor da aldeia; às 5h30min helicópteros transportaram mais tropas para o norte e às 6h da manhã outra unidade chegou pela estrada até um ponto a leste do povoado e começou a formar com os outros um cerco completo.

A essa altura, de acordo com o comandante Duyen, do batalhão da Frente de Libertação, que estava responsável por duas companhias e por um pelotão de forças da Frente – cerca de 230 homens –, os diemistas empregaram três batalhões da 7ª divisão, duas companhias de soldados de elite (*rangers*), quatro companhias de guardas civis, quatro companhias de autodefesa, uma frota de treze tanques M-113, seis canhões de 105mm e uma companhia de morteiros 106mm. Às 6h da manhã em ponto, aeronaves e artilharia começaram um bombardeio furioso às posições da Frente de Libertação – eles estavam entrincheirados em uma faixa de terra de mais de 1,5 quilômetro de comprimento por cerca de 320 metros de largura, com trincheiras interconectadas que levavam a posições de tiro em bosques de coqueiros e bambuzais. O coronel Bui Dinh Dam, comandante da 7ª divisão, estava encarregado das tropas diemistas. Às 6h30min da manhã, o bombardeio aéreo e de artilharia parou e duas companhias de guardas civis começaram o ataque, avançando com dificuldade devido à lama das plantações de arroz, que os atolava até os joelhos.

"Nossos homens não atiraram até que a primeira fileira estivesse a poucos metros de distância e a última fileira estivesse dentro de alcance", disse Duyen, um belo homem com cerca de trinta anos, com um tufo de cabelos negros que constantemente tinha que tirar da testa. "Então eles atiraram. Em segundos havia cerca de quarenta baixas no inimigo e eles bateram em retirada. Até 7h30min houve mais três ataques, cada um precedido por pesados bombardeios aéreos e de artilharia. No quarto ataque, os diemistas mandaram dois pelotões em um ataque pelos flancos enquanto a força principal atacou no centro de novo. Eles todos tiveram que recuar e àquela altura tinham cerca de cem baixas. Isso encerrou a primeira fase da batalha.

"A segunda fase ocorreu entre 8h e 8h30min e o inimigo usou duas companhias em três ataques", continuou Duyen em seu relato seco e factual. "Usamos dois pelotões em contra-ataques e o resultado foi que os diemistas recuaram cerca de um quilômetro para trás da linha de frente. Durante essa ação, o inimigo usou quinze helicópteros e tentou desembarcar soldados bem no meio do campo de batalha. Esperávamos algo assim desde o início. Nossa metralhadora pesada de 37mm abriu fogo e três helicópteros foram derrubados imediatamente. O resto tentou ganhar altura e recuar, mas outros dois foram derrubados enquanto sobrevoavam a aldeia Van, bem ao norte. Em meia hora, ataques foram lançados do sul, do centro e do norte e os diemistas tinham sofrido mais sessenta ou oitenta baixas. Foi difícil para nós verificar exatamente, pois eles caíram nos campos de arroz e, imediatamente depois, houve bombardeio aéreo e de artilharia, o que fez nossos rapazes manterem suas cabeças abaixadas.

"Houve mais bombardeio aéreo e de artilharia enquanto as tropas do segundo ataque recuavam e, então, um terceiro ataque foi iniciado com quatro novas companhias. Usamos uma das nossas; após quatro ataques deles, uma de suas companhias foi completamente destruída. Naquela ação, tivemos nossas primeiras baixas, um morto e dois feridos. Mas o bombardeio pesado, aéreo e de artilharia nos impediu de deixar nossas trincheiras para pegar as armas do inimigo".

"Após o terceiro ataque falhar, o general de brigada Huynh Van Cao, comandante do Terceiro Corpo de Exército, veio de Can Tho e assumiu pessoalmente o comando. Houve um pesado bombardeio de artilharia, mais de duzentos projéteis foram atirados em cerca de 20 minutos, e oito companhias de infantaria foram enviadas para o setor central. A primeira onda avançou até cerca de um quilômetro das nossas posições, atirou e recuou. O segundo ataque foi liderado por tanques M-113, com as tropas seguindo logo atrás. Não disparamos até que estivessem a cerca de vinte ou quarenta metros de distância, então abrimos fogo. Nosso 'esquadrão de aço' especial saiu das trincheiras com seus lança-granadas antitanque. Em segundos, quatro dos tanques M-113 estavam em chamas e outros quatro danificados. Todos, menos dois dos nossos rapazes do 'esquadrão de aço', sacrificaram suas vidas nesse episódio heroico. O inimigo foi forçado a recuar cerca de 1,5 quilômetro; a quarta fase terminou ao meio-dia".

"Huynh Van Cao não foi melhor do que Dam. Este tinha perdido cinco helicópteros e outros oito tinham sido danificados de um total de vinte, mas Cao tinha conseguido tirar de ação oito dos treze tanques anfíbios. Então, o comandante em chefe do exército diemista, o major general Le Van Ty, veio de Saigon para assumir pessoalmente o comando. Ele trouxe consigo o 1º Batalhão de Transporte Aéreo e reorganizou todas as forças que tinham sobrado. Às 15h, começou o primeiro de dois grandes ataques, vindos do centro e do norte, mas ambos falharam. Às 17h, a batalha terminou".

"Entre a quarta e a quinta fase, houve um incidente curioso. Os estadunidenses enviaram técnicos para recuperar os tanques

M-113 danificados. Atiramos neles, mas ao mesmo tempo a própria artilharia deles começou a bombardear. Muitos estadunidenses foram feridos, tanto pelos nossos tiros quanto pelos deles próprios. Oficiais 'conselheiros' estadunidenses deram ordens para que as tropas vietnamitas fossem resgatá-los, mas elas se recusaram. Os estadunidenses tiveram que mobilizar seus cozinheiros, pessoal técnico e outros para irem resgatar suas equipes de reparo de tanques. Posteriormente, alguns oficiais diemistas foram levados à corte marcial por isso".

Por volta da meia-noite do mesmo dia, as forças da Frente se retiraram e, após mais bombardeios aéreos e de artilharia ao amanhecer do dia seguinte, às 10h as forças diemistas penetraram o perímetro de defesa apenas para encontrar a posição abandonada. As forças da Frente estavam descansando a cerca de dois quilômetros dali. Suas perdas consistiam em treze mortos, dos quais oito estavam na ação do "esquadrão do aço" contra os M-113, e quinze feridos, enquanto os diemistas tiveram cerca de quatrocentas baixas, de acordo com Duyen. A imprensa estadunidense não fez nenhuma tentativa de esconder a extensão da derrota em uma ação na qual admitiram que mais de três mil soldados tinham sido empregados, com superioridade de pelo menos dez para um sobre os "vietcongues", em um terreno favorável a eles. A batalha de Ap Bac foi apresentada como uma "derrota avassaladora". Duyen disse que tinha sido informado, às 19h do dia 1º de janeiro, que o ataque aconteceria, então, tropas regulares foram rapidamente para o local e todos os preparativos foram concluídos às 2h da manhã seguinte.

"O resultado foi de grande importância para nós", ele disse, "porque mostrou que podemos derrotar a tática dos helicópteros. E mostrou que até quando empregamos uma força pequena, podemos nos defender contra forças inimigas muito superiores".

A batalha de Ap Bac foi uma reviravolta na guerra. Ela mostrou que as forças da Frente tinham "crescido" e foi seguida por uma série de derrotas avassaladoras infligidas às tropas de Saigon, o que levou a um sério declínio em seu moral, e eventualmente à deposição do regime diemista. Após Ap Bac, comentaristas estadunidenses começaram a especular, pela primeira vez, se a guerra no Vietnã do Sul poderia ser vencida um dia.

Após um debate minucioso sobre as lições dessa batalha, uma nova tática foi desenvolvida, a qual o comando de Saigon teve a maior dificuldade em combater. Ela foi testada primeiramente na batalha de Loc Ninh, na província de Chuong Thien, no Delta do Mekong. A versão estadunidense oficial era de que, agindo de acordo com perfeita informação de inteligência, eles tinham emboscado um poderoso batalhão de trezentos "vietcongues", mas foram repelidos com grandes perdas na tentativa de destruí-los. Na verdade, as forças da Frente deliberadamente convidavam à batalha, no que é conhecido como a tática de "destruir postos e aniquilar reforços inimigos", que tem sido repetida constantemente desde então.

Em 17 de outubro de 1963, guerrilheiros atacaram e destruíram um dos seis postos ao redor do povoado Loc Ninh, após a guarnição ter se recusado a se render. No dia seguinte, forças transportadas por helicópteros chegaram, mas percebendo que estavam cercados por guerrilheiros, retiraram-se. Naquela noite, mais dois dos postos foram atacados e uma ponte destruída.

"Como destruímos tantos postos, tínhamos quase certeza de como o inimigo reagiria. Era inevitável que viessem com vigor e isso era o que queríamos", disse-me depois um veterano comandante de companhia que participou da ação. "Planejamos recebê-los na aldeia deserta de Ba Ai, perto do povoado de Loc Ninh, e não escondemos o fato". Guerrilheiros locais tiveram reforço de alguns soldados regulares da FNL, bem entrincheirados ao longo de uma faixa de terra de quase 1,5 quilômetros de comprimento por aproximadamente cem metros de largura. Eles eram menos de trezentos soldados no total, mas entrincheirados em posições bem camufladas em touceiras de bambu, interligadas com comunicação". Após um pesado ataque aéreo no amanhecer seguinte, dezessete helicópteros começaram a descarregar tropas. Depois disso, o desenrolar foi similar àquele da batalha de Ap Bac. Os soldados da FNL assumiram suas posições após o término do bombardeio e permitiram que as tropas de ataque avançassem cerca de quinze a dezoito metros antes de uma avassaladora rajada de armas automáticas eliminá-los na lama dos campos de arroz. Ataques e retiradas intercalavam-se com bombardeios e metralhamentos ao longo do dia. "Os soldados diemistas simplesmente se recusavam a avançar, entretanto, assim que começamos a atirar e começaram a sofrer baixas", continuou o oficial. "Os estadunidenses os exortavam a avançar, mas os soldados se recusavam a se mover".

O resultado da batalha de Loc Ninh foi outra derrota perturbadora para o comando EUA-Saigon. Relatórios estadunidenses admitiam que as tropas estadunidense-diemistas tinham superioridade de pelo menos sete para um. Eles registraram suas baixas em 42 soldados diemistas mortos e 85 feridos, mais quinze estadunidenses feridos, mas o comandante do Exército de Libertação insistiu que os números eram mais altos e incluiu, pelo menos, mais um oficial estadunidense e sete oficiais diemistas entre os mortos. Reportagens da imprensa estadunidense diziam que, por causa da má iluminação, os helicópteros não conseguiram chegar até os feridos no final da tarde da batalha e, por isso, tinham sido deixados a noite toda na lama do campo de arroz, onde tinham tombado. Não houve tentativa de esconder que foi outra derrota desmoralizante.

"Nossas forças partiram durante a noite", o comandante da companhia disse, "deixando alguns guerrilheiros para trás como observadores. Os estadunidenses não sabiam que tínhamos nos retirado, e na manhã seguinte, logo cedo, abriram fogo de cobertura de artilharia contra nossas posições. Mas não tentaram outro ataque, foi apenas cobertura para que pudessem recolher seus feridos".

Nas semanas seguintes, essas táticas foram usadas frequentemente. O comando estadunidense tinha apenas duas alternativas: ou abandonar completamente os postos militares ou "jogar dinheiro fora" e sofrer derrotas infindáveis enquanto os reforços caíam em todo tipo de armadilhas como as de Ap Bac e Loc Ninh.

GUERRA DE MOVIMENTO

Na noite de 16 de março, marchei com um batalhão do regimento referido anteriormente – junto com o comandante regimental – a um ponto a cerca de 6 quilômetros a noroeste de Tay Ninh. Marchamos em colunas simples, com os soldados camuflados por pedaços de vegetação, até o pôr do sol, quando não havia mais perigo de aviões. Eles estavam todos sorridentes e confiantes; alguns deles marchavam em duplas com bazucas escoradas entre seus ombros; outros com bases e canos de morteiros divididos entre eles, e uma quantidade surpreendente alta de armas automáticas. Os uniformes eram indeterminados, confeccionados de acordo com a cor de tecido que estivesse disponível para a unidade de costura. Mas os líderes militares da Frente não consideravam essencial que seus soldados estivessem vestidos exatamente iguais; o mais importante é que seus objetivos e ideias sobre o inimigo fossem uniformes. Por volta das 22h, fui deixado balançando em uma rede, numa posição segura, com um intérprete e dois guardas; soldados e postos de comando partiram, com lanternas apagadas e sem cigarros. O alvo era um posto de guarda de uma "aldeia estratégica" em Cai

Xuyen, a cerca de cinco quilômetros da cidade de Tay Ninh. Para minha própria segurança, não permitiram que eu chegasse nem perto do local de ação.

O momento preciso do ataque era 23h30, e poucos minutos depois ouvi alguns disparos de rifles e de metralhadoras automáticas que terminaram surpreendentemente rápido. Por volta da meia-noite, entretanto, houve uma terrível série de explosões e *flashes* por todo lado, e fomos levados para as trincheiras. Projéteis de artilharia e de morteiros explodiam por toda parte e parecia que o batalhão tinha se deparado com mais oponentes do que o esperado. Uma força, relativamente pequena, tinha sido usada para atacar o posto enquanto uma muito maior estava pronta para contar com reforços. Pelo barulho, parecia que uma batalha de grande escala estava em andamento. Isso se manteve por cerca de uma hora, então, desapareceu. Mas nas primeiras horas da manhã, o comandante voltou cheio de sorrisos e disse: "Não houve luta. Começamos a cortar o arame farpado com tesouras de poda, mas como não houve reação, cortamos os postes de madeira e derrubamos grandes partes de cerca. Quando disparamos algumas vezes no posto e iniciamos o ataque, a guarnição fugiu para as casas; alguns deles se esconderam nos poços. Levou cerca de duas horas para capturar 31 deles. Eles não dispararam um único tiro".

"Mas o que foram todos aqueles tiros de artilharia e de morteiros?"

"Ah, aquilo sempre acontece. Se outros postos sabem que um está sendo atacado, eles disparam a sua artilharia por toda parte. Eles não miram em nada específico, mas acham que se continuarem atirando pelo menos o seu posto não será atacado naquela noite".

Na manhã seguinte esperamos por um contra-ataque com reforços, mas nada aconteceu. Havia a expectativa de que haveria uma batalha considerável durante o dia e que o batalhão se retiraria durante a noite. Mas, exceto alguns *mademoiselles*, não houve nada. O comandante decidiu atacar outro posto na segunda noite, embora isso não estivesse no programa. Após anoitecer, partimos novamente, dessa vez para o sul de Tay Ninh. Fui deixado em uma trincheira nas margens do rio Vam Do Long. O alvo dessa vez era Thanh Dong, a menos de cinco quilômetros a sudoeste da cidade. "O inimigo tem algumas canhoneiras rio abaixo", disse o comandante, "e muito provavelmente eles devem aparecer dessa vez". Houve quase os mesmos barulhos da noite anterior, começando por volta da meia-noite. O comandante retornou por volta das 8h da manhã, com uma expressão de desgosto no rosto. "Nada", disse ele. "A guarnição escapou sem disparar um tiro. E se eles não enviaram reforços até agora, significa que não virão mais". Ele decidiu algo realmente audacioso – atacar em plena luz do dia um posto em Thanh Trung, a apenas 2,5 quilômetros da cidade.

"Eles terão que enviar reforços de Tay Ninh desta vez", disse ele, e após engolir algumas tigelas de arroz, se afastou novamente. Mas, por incrível que pareça, ao avistarem os "vietcongues" indo em sua direção, em plena luz do dia, a guarnição de Thanh Trung fugiu para a cidade de Tay Ninh, e novamente não houve reação. Nas ações, incluindo os bombardeios noturnos, o batalhão não teve sequer uma única baixa. Cada um dos três postos controlava uma "aldeia estratégica" e, como a guarnição tinha sido dominada ou havia fugido, o povo saiu para ajudar os soldados a destruir as cercas de arame farpado e fortificações do posto. As vinte armas capturadas em Cai Xuyen foram designadas para os corpos de autodefesa estabelecidos no local e o batalhão destacou alguns homens, em cada aldeia, para ajudá-los a organizar suas defesas.

O comandante considerou as operações como "fracassadas". "O principal agora é destruir as forças do inimigo nesta área", disse. "Não temos nenhum transporte para chegar até suas principais forças rapidamente. É muito melhor aproveitarmos seus helicópteros e caminhões para trazer suas forças até nós, onde é conveniente lidar com eles. Mas nessa ocasião falhou – eles não apareceram".

Para celebrar, entretanto, no caminho de volta para a base, a unidade de caça do batalhão matou dois elefantes e dois javalis selvagens; como um elefante fornece bastante carne excelente por vários dias para um batalhão inteiro, todos estavam animados. Por vários dias depois disso, jantei sopa de javali selvagem e bifes de elefante que poderiam facilmente ser confundidos com "filé *mignon*".

A tática de "destruir postos e aniquilar reforços inimigos" permaneceu como a principal oposição do Exército de Libertação em relação à superioridade das forças de Saigon em mobilidade. A edição internacional do *New York Times*, de 16-17 de maio de 1964, por exemplo, relatou uma batalha a cerca de quarenta quilômetros ao norte de Saigon na qual metade de duas companhias de *rangers* foi desmantelada, com pelo menos 54 mortos. "Fontes confiáveis disseram que a emboscada foi realizada por quatro a oito companhias vietcongues totalizando pelo menos trezentos homens. Eles prepararam a armadilha logo após a meia-noite, com ataques simultâneos em cinco postos avançados agrupados perto de uma estrada provincial (...). Os defensores lutaram na penumbra dos sinalizadores de paraquedas lançados pelo C-123 da Força Aérea estadunidense para iluminar o campo de batalha".

"Companhias de *rangers* para substituição partiram a pé de madrugada, marchando diretamente para a armadilha vietcongue. Então, os vietcongues abriram fogo de todos os lados da estrada (...)".

"Uma fonte estadunidense descreveu a luta como um dos encontros mais sangrentos do ano. 'Cometemos os mesmos erros o tempo todo', comentou um conselheiro estadunidense. Há em média uma grande emboscada vietcongue por semana. Conselheiros estadunidenses estão concentrando grande parte dos seus esforços em tornar o sul vietnamita 'consciente de emboscadas'". E essa conta pessimista é encoberta, como de costume, pela otimista estimativa de baixas vietcongues. "Apenas três corpos rebeldes foram encontrados, mas um oficial vietnamita estimou que cem foram mortos, principalmente pela artilharia".

As companhias de *rangers* eram consideradas como a "elite", os soldados "mais preparados para combate" entre as forças de Saigon. Eles são o orgulho dos instrutores estadunidenses, especialmente treinados em táticas de guerrilha. No *Manual de "guerra especial"* capturado com os quatro prisioneiros* no campo de treinamento de "Forças Especiais" de Hiep Hoa, os *rangers* eram sempre retratados como os armadores e não os alvos finais de emboscadas. Na verdade, o Exército de Libertação destruiu uma grande porção deles em suas camas ou em operações como as relatadas pelo *New York Times*. Na primeira metade de 1964, como os *rangers* eram verdadeiramente os soldados mais combativos, a Frente concentrava sua atenção neles.

A única reação à nova tática que o comando estadunidense conseguiu encontrar é a de abandonar postos sem esperar por uma luta. Portanto, após Ngo Dinh Diem ser deposto, o general Harkins ordenou o abandono de todos os postos guarnecidos por menos de 150 homens, um total de cerca de trezentos postos, principalmente na área da rica península Ca Mau do Delta do Mekong, criando um vácuo que foi imediatamente preenchido pelas forças da Frente. Mas independente de como as "retiradas

* Ver próximo capítulo, p. 153-159. (N.E.)

planejadas" são apresentadas, elas na verdade soam como "recuo" e "derrota".

Outro desenvolvimento na tática do Exército de Libertação pode ser percebido na destruição do famoso batalhão "Tigre Negro" de Saigon, em uma batalha que durou quatro dias, começando na véspera do ano novo, em 1963, com dois batalhões do Exército de Libertação e uma companhia lutando contra dois regimentos mais dois batalhões de Saigon, o "Tigre Negro" e um batalhão da Marinha. Foi um combate surpresa que frustrou os planos de ambos os lados para outras operações e envolveu as tropas do Exército de Libertação, pela primeira vez, nos elementos de uma guerra de movimento. As companhias deles eram manobradas com grande habilidade; enquanto o corpo principal se moveu rapidamente para paralisar a força principal do adversário, duas companhias usaram um movimento de pinça para cercar o batalhão "Tigre Negro", famoso por sua crueldade na região, com um recorde obscuro de massacres, estupros e pilhagem. Enquanto as outras companhias bloqueavam as tentativas dos dois regimentos e do batalhão da Marinha para abrir caminho para o resgate, as forças de Libertação começaram a aniquilar os "Tigres". Dez toneladas de suprimentos lançados de paraquedas para eles caíram nas mãos da Frente. A resposta aos apelos por ajuda, via rádio, do desesperado comandante do batalhão era de que mais ajuda e reforços eram "inúteis", e lhe foi dito para "fazer o melhor que pudessem". O batalhão foi completamente aniquilado e seu comandante capturado. Um helicóptero foi derrubado e três foram danificados.

Assim como Ap Bac marcou uma nova fase para o ano novo de 1963, a batalha do "Tigre Negro" em 1964 também o fez. Marcou outro passo adiante na tática de ataque noturno juntamente com batalha à luz do dia em posições fixas, que é a essência da tática "destruir... e aniquilar". A batalha aconteceu na província Long An, aquela que o general Harkins anunciava que seria "pacificada" dentro de doze meses; uma variante mais modesta de "pacificação" de todo o Vietnã do Sul em dezoito meses, como o plano original Staley-Taylor* previa. Long An, que se estende da fronteira do Camboja até muito próximo a Saigon, é uma das 43 províncias do Vietnã do Sul.

* Trata-se do plano de pacificação estadunidense para o Vietnã do Sul desenvolvido por Eugene Staley e pelo general Maxwell Taylor, ambos enviados pelo presidente Kennedy para implementarem a linha da "guerra especial". (N.E.)

PATRIOTAS E MERCENÁRIOS

UM ESQUADRÃO TERRORISTA

Meu amigo jornalista-intérprete se desculpou por ter me acordado. Meu relógio marcava 22h44min; dormi profundamente na minha rede por umas boas duas horas. "Três compatriotas chegaram com uma história muito interessante", ele disse. "Isso não pode esperar até amanhã?", perguntei, e ele respondeu que de fato era uma "história excepcionalmente interessante", e os três estavam apenas descansando por uma hora antes de partir novamente.

Então pulei da rede e fui levado a uma pequena clareira onde as pequenas lanternas de garrafa tinham sido colocadas em tocos de árvores, as chamas oscilantes iluminavam os rostos de três homens que pareciam exaustos, mas triunfantes. Quase três horas antes, eles tinham explodido uma bomba de onze quilos dentro do cinema Capitólio, "exclusivo para estadunidenses", em Saigon. De acordo com a contabilidade oficial dos resultados, como ouvi na "Voz da América" na manhã seguinte, três soldados foram mortos e 57 ficaram feridos.

Dois dos três diante de mim eram anteriormente camponeses da periferia de Saigon, o terceiro era operário, e me referirei a eles como ns. 1, 2 e 3. O n. 1, o operário, foi quem planejou a ação e também organizou a fuga: "Tínhamos explodido a sede do Grupo de Ajuda e Aconselhamento Militar (Gaam)", disse. "Isso foi em julho de 1963. Outro grupo tinha tentado explodir esse cinema, mas falhou porque tentou atacá-lo pela parte de trás. E ainda outro grupo tinha explodido uma bomba em um estádio de beisebol estadunidense, na semana anterior. Nossa tarefa era ter sucesso onde os outros tinham falhado no Capitólio. Decidimos fazer isso após o período de cessar-fogo no ano novo lunar, mas quando os aviões estadunidenses bombardearam, com napalm, uma grande reunião do dia de ano novo no distrito de Cu Chi, resolvemos lhes dar uma lição. Além disso, achamos que eles deviam ser punidos pelo golpe que deram, colocando Nguyen Khanh no poder. Com isso, eles quiseram mostrar que eram os verdadeiros senhores de Saigon e nós queríamos mostrar que o povo ainda estava lá também. Então, decidimos atacar dentro do período de cessar-fogo que eles tinham violado".

Como eles descreveram, enquanto os ns. 1 e 2 criaram uma distração na entrada lateral, o n. 3, o segundo camponês com rosto exaltado de poeta, caminhou pela entrada principal com o explosivo. "Por causa do tiroteio lá fora, os estadunidenses lá dentro estavam alertas", disse o n. 3. "Dois pularam em mim, assim que entrei, e começaram a me estrangular. Como eu tinha o explosivo em meus braços, não pude me defender. Mas eu consegui puxar o detonador e com som do destravamento os estadunidenses ficaram aterrorizados e correram para as escadas. Havia apenas dez segundos até a explosão, após o detonador ser puxado. Tive tempo para colocá-la no meio dos corredores e sair, fechando as portas de aço à prova de granadas atrás de mim assim que a explosão aconteceu".

"Você pretendia se explodir junto com os dois estadunidenses?", perguntei, e ele me olhou calmamente e disse: "É claro". Olhando para ele, pensei nas descrições da literatura russa do século XIX, dos poetas e intelectuais que sacrificaram sua energia e talento, e muitas vezes, suas vidas, na tentativa de explodir os tsares. O n. 3 era dessa categoria. Imaginei o que impele as pessoas a tais atos, perscrutando seus rostos tensos tanto quanto permitia a luz das lanternas, seus perfis projetados contra a escuridão impenetrável da noite na floresta, na qual uma lua recém-nascida sequer impressionava. Houve um momento de silêncio, exceto pelo monótono grito de um entediante pássaro noturno que nunca cessava seu canto metálico de duas notas entre o anoitecer e o amanhecer.

"Há milhares de militantes como nós em Saigon", disse o n. 2, "prontos para sacrificar as próprias vidas a qualquer momento, mas queremos matar cinco ou dez estadunidenses para cada um de nós".

"Havia mulheres e crianças no cinema?", perguntei.

"Não fazemos guerra contra mulheres e crianças", inflamou-se o n. 2. "Mas eles se importam com nossas mulheres e crianças? Naquele cinema havia apenas pilotos que saem dia após dia em seus aviões e cegamente bombardeiam e metralham nossos povoados. Eles perguntam se existem mulheres e crianças dentro das casas em que jogam napalm? Eles bombardeiam e atiram em qualquer coisa viva que veem".

O n. 1 explicou que uma irmã de 12 anos de idade daquele que tinha plantado o explosivo tinha sido morta, com outras quinze crianças, no bombardeio aéreo de uma escola em Cau Xe.

Eu estava interessado em conhecer o suficiente sobre suas vidas para entender o que impelia as pessoas a tais atitudes desesperadas. O n. 1 tinha passado cinco dos nove anos anteriores em prisões diemistas: "Diante dos meus olhos, vi meus camaradas, os melhores homens que já viveram, torturados até a morte apenas por serem patriotas na luta pela independência", disse. A aldeia do n. 2 tinha sido devastada para abrir caminho para extensões do campo de pouso ao norte da cidade. Depois disso, ele tinha trabalhado como peão em uma base militar americana. "Nunca os perdoarei pelo que fizeram com nossas mulheres", disse. "Vi coisas que nenhum ser humano deveria ver. Enquanto eles permanecerem na minha terra, e eu estiver vivo, eu me vingarei. Pela minha própria irmã, pelos meus compatriotas, por nossas mulheres violentadas e pelos camaradas torturados e massacrados".

Era hora deles seguirem em frente. Enquanto colocavam suas pequenas mochilas nos ombros, perguntei para onde estavam indo. "Estamos indo para uma área de descanso", disse o n. 1, "e lá teremos que planejar algo especial para marcar o 1º de maio. Em Saigon temos a tradição de celebrar a data". Lembrei deles depois, quando o rádio relatou um audacioso golpe no qual uma aeronave de transporte americana, de quatorze mil toneladas, foi afundada em um porto de Saigon nas primeiras horas de 1º de maio e sobre uma segunda bomba que explodiu matando e ferindo estadunidenses que vieram investigar as possibilidades de salvamento. Isso aconteceu apesar das excepcionalmente rigorosas medidas de segurança, incluindo patrulhas antissabotagem americanas e vietnamitas estabelecidas após o incidente no cinema do Capitólio.

ÓDIO AOS INVASORES

Huynh Tan Phat tinha me explicado, anteriormente, que os ataques terroristas contra os estadunidenses eram parte da política da Frente. "Nós temos o apoio espontâneo da população para essas ações", disse. "Atacamos apenas cabarés, cinemas, campos desportivos, restaurantes reservados exclusivamente para o pessoal militar dos estadunidenses. Eles têm que colocar arame farpado e grades antigranada, como fizeram os franceses na época deles. Isso ajuda a mostrar sua situação real – de que eles vivem com medo mortal da população. Claro que seria impossível realizar tais ações com um punhado de terroristas isolados, individualmente, mas é possível com o apoio de toda a população que sempre encontra maneiras de protegê-los. Aconteceu diversas vezes, quando alguém está fugindo após uma ação, antes que a polícia pudesse seguir seu rastro, uma pessoa desconhecida empurra o fugitivo para dentro de sua casa ou comércio, escondendo-o; ou coloca dinheiro em sua mão e diz: 'Pegue isso e tome um táxi'".

Algumas semanas após o incidente no cinema do Capitólio, a Frente transmitiu um aviso aos estadunidenses em Saigon para que não levassem suas esposas e filhos aos locais públicos reservados para estadunidenses. Os ataques terroristas eram "exclusivamente para homens".

Na época em que a França estava envolvida em sua "guerra suja" na Indochina, não faltavam líderes estadunidenses que vissem as coisas de forma realista. Os últimos comentários do presidente Kennedy, em 6 de abril de 1954, quando ainda era senador de Massachusetts, foram suficientemente realistas: "Investir dinheiro, material e homens nas florestas da Indochina, sem ao menos uma remota perspectiva de vitória, seria perigosamente inútil e destrutivo. (...) Nenhuma quantidade de ajuda americana na Indochina pode conquistar um inimigo que está em todo lugar e ao mesmo tempo em lugar nenhum; um 'inimigo do povo' que tem a simpatia e o apoio do povo". Essa citação tornou-se mais célebre hoje, quando é mais verdadeira do que quando foi pronunciada, há dez anos. Mas havia uma observação igualmente adequada, feita um ano antes por Adlai Stevenson, publicada em Paris (*l'Intransigeant,* em 21 de maio de 1953) após sua visita à Indochina. Seguindo algumas avaliações corretamente pessimistas da situação, Stevenson, agora chefe delegado estadunidense das Nações Unidas, comentou:

"Vê-se aqui, de maneira surpreendente, uma das maiores dificuldades que os franceses enfrentam. Como persuadir os camponeses esfarrapados de que esses alemães, esses franceses, esses senegaleses e esses marroquinos estão lutando *por eles* contra os Viet Minh, que apesar de tudo, são da sua raça e de seu país?"

Era uma boa pergunta então, e é uma boa pergunta para Adlai Stevenson, Dean Rusk e o presidente Johnson refletirem hoje. Como persuadir os camponeses esfarrapados de que esses estadunidenses, esses chineses do Kuomintang,* esses filipinos e australianos e outras tropas estão lutando *por eles* contra os vietcongues que, apesar de tudo, são da sua própria raça e país? Ainda seria uma boa pergunta mesmo que houvesse vietnamitas do norte do paralelo 17 lutando lado a lado com seus compatriotas sulistas. O fato é que os camponeses esfarrapados tinham, há muito tempo, respondido essa questão em seus próprios corações, e os atos dos jovens grupos terroristas apenas salientavam isso. Eles consideram os estadunidenses como intervencionistas e agressores, não menos odiosos do que outros invasores na história vietnamita.

Deparei-me com uma história sombria enquanto eu estava em Tay Nguyen, que ilustra esse ponto. Foi relatada por H'Blong, uma jovem da tribo da minoria Rhade, agora um quadro da Frente de Libertação responsável pela comunicação em seu povoado, no distrito Lak da província de Dak Lak. "Houve muitas incursões do inimigo", disse ela, "muitas pessoas foram mortas, criações de animais foram abatidas e roubadas. Havia vários conselheiros estadunidenses nesta área. Nosso povo estava com muita raiva e começamos a resistir, inicialmente com armadilhas e estacas para impedi-los de saquear nossas casas. Mas o inimigo persistia e nossos jovens estabeleceram unidades de autodefesa. Não tínhamos armas, apenas balestras e flechas envenenadas".

* Partido Nacionalista Chinês. (N.E.)

"Uma vez, quando um ataque surpresa foi feito contra nosso povoado, todos estavam no campo, menos dois rapazes que eram muito jovens para estar na equipe de autodefesa. Eles viram uma coluna de soldados inimigos se aproximando e se esconderam no lado do povoado onde tinha um rio que os inimigos teriam que cruzar. Quando eles estavam no meio do rio, os dois atiraram suas flechas e acertaram dois estadunidenses e quatro diemistas. Eles morreram imediatamente pelas flechas envenenadas. O resto recuou e abriu fogo com suas metralhadoras do outro lado do rio. Os garotos mantiveram suas cabeças abaixadas e esperaram. As tropas inimigas voltaram a cruzar o rio e quando chegaram ao mesmo ponto, nossos garotos atiraram e mais inimigos caíram. O inimigo pensou que se tratava de uma emboscada de grande escala e fugiu. Eles temem muito as flechas envenenadas. Os mortos foram deixados para trás, então os rapazes foram até lá, os arrastaram até a margem e pegaram as armas. Os estadunidenses tinham dois punhais. Então, correram para o campo e contaram o que tinha acontecido. Nosso povo tinha ouvido os tiros, mas não podia crer que aqueles dois rapazes, considerados com pouca idade para compor os corpos de autodefesa, tinham derrotado tal força inimiga. Todos foram até o rio".

"Lá, de fato, estavam os cadáveres. Mas os dois estadunidenses tinham sido esfaqueados no coração. 'Por que vocês esfaquearam os estadunidenses quando eles já estavam mortos?', perguntamos. 'E por que somente os estadunidenses?' porque os vietnamitas são nosso povo. Eles agem errado porque são enganados', respondeu um dos garotos. 'Mas os dois estadunidenses são estrangeiros. Eles vieram de longe, cruzaram o oceano com o claro objetivo de nos fazer mal. São seus narizes enxeridos que colocam os diemistas para fazer tanto mal. Então, esfaqueamos eles com seus próprios punhais, apesar de já estarem mortos'. Agora, os dois garotos são membros de nossas unidades de autodefesa", concluiu H'Blong, "e o inimigo nunca mais atacou nosso povoado".

Concebo isso como o sentimento enraizado de que até mesmo o que parece ser a mais primitiva das mentes reconhece a fonte primária de suas misérias e age coerentemente. Quando aviões são derrubados e pedaços de crânios com cabelos loiros são esmagados sobre os campos, quando especialistas das "forças especiais" americanas dirigem o abate de búfalos e frangos, as coisas se tornam claras como cristais – como Adlai Stevenson reconheceu, quando a presença em questão ainda era a francesa e não a estadunidense.

PRISIONEIROS DE GUERRA ESTADUNIDENSES

Uma visão bem diferente da situação, tanto no que diz respeito ao moral quanto a uma compreensão sobre o que é a guerra, veio de quatro prisioneiros de guerra estadunidenses que conheci no que foi, sem dúvida, os primórdios do primeiro acampamento para prisioneiros de guerra estadunidenses fundado no sudeste da Ásia. Eles eram todos sargentos de primeira classe e foram capturados no campo de treinamento das "forças especiais" de Hiep Hoa, na noite de 23-24 de novembro de 1963, quando guerrilheiros invadiram o campo, destruiram suas instalações e recolheram armamento suficiente para equipar um batalhão numeroso da Frente de Libertação.

Considerando que esses eram os homens especialmente selecionados para treinar vietnamitas em operações antiguerrilha ou de "contrainsurgência", como seus manuais descreviam, era interessante que os quatro tenham sido capturados sem armas nas mãos; que nem um único tiro tenha sido disparado em defesa de seu centro de treinamento-chave; que dos doze estadunidenses alocados para o acampamento, apenas cinco estavam lá quando o ataque aconteceu, enquanto o restante deles estava "festejando" em Saigon.

Kenneth Roraback, um veterano da Guerra da Coreia, com quinze anos de serviço no exército estadunidense, era o único dos quatro acordado no momento do ataque, por volta da meia-noite; ele estava escrevendo uma carta para sua esposa. "O que realmente aconteceu?", perguntei. "Eles chamavam nosso local de acampamento de treinamento", disse Roraback, uma pessoa de expressão sisuda, com cabelo ralo e sobrancelha espessa. "Na verdade, como muitos outros, era apenas um alvo à espera de ser atacado a qualquer momento. Foi um ataque noturno bem planejado e bem executado, em cerca de quinze minutos". À minha pergunta sobre o que ele pessoalmente fez, respondeu: "Eu corri para as trincheiras".

"Você pegou uma arma?", perguntei.

"Não deu tempo".

"Havia qualquer resistência organizada?".

"Isso era impossível. Tudo estava pegando fogo, havia vietcongues por todos os lados, escorrendo sobre as muralhas, em volta de todos os prédios".

Os outros três – Camacho, um texano moreno; McClure, um negro especialista em demolição; e Smith, um assistente médico e operador de rádio – estavam na cama e todos deram relatos parecidos com o de Roraback. "Um ataque noturno perfeitamente organizado", disse Smith. "Eu fui acordado pelas explosões logo atrás da caserna. Havia um fogo de cobertura com morteiros. Pensei que eles estivessem usando fósforo branco. Em minutos, tudo estava em chamas. Havia explosões nos abrigos. Eu corri para as trincheiras. Em minutos os vietcongues estavam lá também. Eles amarraram meus braços e me levaram para fora da fortificação".

Nenhum dos quatro tinha levado armas consigo. Eu não podia imaginar um guerrilheiro correndo para as trincheiras sem uma arma nas mãos, assim como não podia imaginar um elefante voando. Suas armas ficam bem ao lado das redes de náilon nas quais dormem e poderiam agarrá-las automaticamente mesmo se caíssem da rede. Os quatro prisioneiros de guerra se deslocaram por meses após a captura, às vezes em sampanas, a maior parte a pé, ziguezagueando por aí, rumando para todos os pontos da bússola, até que não tivessem a menor ideia de onde estavam. Eles agora estavam em uma segura área de retaguarda.

Perguntei a Roraback se os ataques aéreos tinham incomodado muito em suas viagens. "Os aviões nos sobrevoavam logo após o ataque. Se eles fizeram bem ou não, eu não sei. O principal, graças a Deus, é que não fui atingido. Alguns dias depois um B-26, voando em baixa altitude, veio e fez doze ataques de metralhadoras. Se alguém foi atingido ou não, eu não sei. Quanto a mim, como eu disse antes, o principal é que, graças a Deus, não fui atingido". Meus pensamentos voltaram aos três que tinham atacado o cinema do Capitólio: "milhares de nós prontos para sacrificar nossas vidas a qualquer momento, mas queremos matar cinco ou dez estadunidenses para cada um de nós".

Cada um dos quatro sargentos me garantiu, em diferentes conversas, que tinham sido bem tratados e estavam surpresos quanto a isso. "Meus capturadores foram atenciosos desde o momento em que fui pego", disse Roraback. "Eu esperava ser fuzilado imediatamente e acredito que isso era visível na minha expressão facial. Como isso não aconteceu imediatamente, nem no dia seguinte, imaginei que estavam nos levando um pouco mais longe para atirar em nós".

"Por que você esperava ser morto?", perguntei, e Roraback pareceu um pouco confuso. "Bem, eu achava isso normal", disse ele após uma pausa. "Guerrilheiros não têm condições de cuidar de prisioneiros. Mas eles viram que eu estava com medo e fizeram de tudo para me acalmar".

"Como vocês se comunicavam? Vocês tinham um idioma comum?"

"Não, mas eles davam tapinhas nas minhas costas, acenavam com as mãos de forma amigável na frente do meu rosto, acariciavam meu braço e geralmente faziam sinais de que eu não deveria me preocupar".

Pode-se imaginar porque Roraback e os outros estavam preocupados, pois eles sabiam muito bem que qualquer guerrilheiro capturado é quase que invariavelmente torturado até a morte imediatamente, e as "forças especiais" às quais pertenciam estavam entre as de comportamento mais selvagem. Basta olhar fotos de prisioneiros vietcongues publicadas nas primeiras páginas dos jornais estadunidenses para saber por que esses homens estavam preocupados. Na primeira página da edição internacional do *New York Times* de 24 de maio de 1964, por exemplo, há uma foto de um vietnamita quase nu, deitado no chão, com as mãos amarradas sobre sua cabeça e preso por uma longa corda a um tanque estadunidense. Uma legenda informa resumidamente ao leitor que o vietcongue está prestes a ser arrastado pelo tanque, inclusive, através de um rio, como uma preliminar para "fazê-lo falar".

McClure foi ferido no ataque por fragmentos de morteiro. "Tive tratamento de primeiros socorros no dia seguinte e os fragmentos foram removidos quatro dias depois", disse. "Eles realmente nos tratam bem – isso é o mais importante. Não há brutalidade de nenhuma espécie. Nunca imaginei que seria tratado dessa forma, foi uma verdadeira surpresa".

"O tratamento é razoável", disse Smith, "considerando que os guerrilheiros não têm instalações adequadas para cuidar dos prisioneiros de guerra. Eles fazem o melhor que podem nas condições disponíveis". E Camacho observou: "Eles nos tratam muito bem, mas é difícil para eles nos alimentar com a comida a que estamos acostumados". Surpreendeu-me saber que os soldados estadunidenses ainda não estavam convencidos de que o homem branco não pode sobreviver de arroz em vez de pão na dieta básica, mas esse era o maior problema para os quatro prisioneiros. Depois das altas taxas de morte dos prisioneiros de guerra estadunidenses na Coreia, em comparação a praticamente nenhuma entre britânicos, franceses, turcos e outras nacionalidades, tem-se publicizado muito o fato de que todos os soldados estadunidenses destinados ao serviço asiático tinham que ser condicionados a comer arroz. Acredita-se que, principalmente tratando-se de "especialistas" em guerrilha, um pré-requisito seria a habilidade de "viver fora do país".

A política da Frente de Libertação, no passado, tinha sido a de dar aos estadunidenses capturados algumas semanas de "explicações" sobre a luta e depois soltá-los. A julgar pela forma como o pequeno acampamento onde conheci os quatro sargentos está organizado, aparentemente muitos outros prisioneiros de guerra estadunidenses podem estar ali sob custódia, e a futura libertação deve ser uma questão de negociação. Os uniformes dos quatro tinham sido levados e trocados por duas peças de camisas e calças pretas. Foram fornecidos sabonetes e escovas de dente, podiam tomar banho uma vez por semana e "quando eles queriam que nos barbeássemos, traziam-nos um kit", como Camacho relatou. Cada cabana tinha um abrigo antiaéreo e uma alta paliçada de bambu ao seu redor. Eles dormiam na cama de bambu vietnamita padrão. Autoridades do acampamento disseram-me que apesar "da melhor boa vontade do mundo, não podemos ter uma fábrica de pão na floresta", eles tentavam e variavam a dieta, em consideração ao estômago estadunidense.

A surpresa deles ao me verem saindo da floresta não poderia ter sido maior do que se eu tivesse caído de Marte. Como eles tinham estado fora do contato com o mundo exterior por meses, perguntei a cada um se tinham alguma pergunta em especial. Fiquei impressionado com a falta de interesse. Camacho assumiu um ar sério, quase trágico, quando interrogou se podia fazer uma pergunta. "Você por acaso sabe quem ganhou o campeonato mundial de boxe peso-pesado?". Por acaso, eu tinha ouvido o resultado no rádio: "Sim, Clay derrotou Sonny Liston no 7º *round* com um nocaute técnico". Um sorriso se abriu em seu rosto enquanto me agradecia e saia com uma expressão quase beatificada.

Perguntei a Roraback o que ele pensava sobre a guerra, agora que teve muitos meses para pensar a respeito. Após explicar que, como um militar, não tinha o direito de discutir questões "políticas", disse: "É tudo um mistério para mim. Não tenho ideia a que isso diz respeito. Claro, como um governo legalmente constituído, Saigon tem o direito de derrotar os guerrilheiros e nos pedir ajuda. Mas existem sempre dois lados para cada questão e os guerrilheiros também têm o direito de tentar depor o governo, se não gostarem dele. Mas sobre quem está certo e quem está errado, quem ganhará ou perderá ou a que isso diz respeito, não faço a menor ideia". Os outros responderam de forma semelhante. "Não faziam a menor ideia" a que aquela guerra dizia respeito ou por que realmente estavam ali. Todos eles insistiram em seu papel puramente de "aconselhamento".

Os interesses dos jovens soldados e quadros das forças da Libertação eram muito distintos. Questões abrangiam o mundo todo e as discussões duravam até tarde da noite. Eles estavam especialmente interessados em saber o que o mundo lá fora sabia e pensava sobre sua luta, e em saber sobre os movimentos de libertação nacional em outras partes do mundo. Eles podem ter sido, muitas vezes, inexatos com relação à geografia e à situação de muitos dos países que citavam, mas sabiam no que estavam interessados, e não era o campeonato mundial de boxe que estava no topo da lista.

Quando perguntei a Roraback como ele ocupava sua mente – os prisioneiros de guerra não tinham nada a fazer além de manter suas pequenas cabanas individuais limpas –, ele disse: "Penso em todas as coisas que farei quando voltar para casa. Construí, na minha imaginação, uma churrasqueira; coloquei prateleiras na cozinha; criei seis aviões de aeromodelo para as crianças e três rádios. É o único jeito de manter minha mente ocupada".

Era típico de como as coisas são no Vietnã do Sul que ambos, Smith e Roraback, tivessem sido feridos em uma ação em Can Tho, poucos dias após terem desembarcado no Vietnã do Sul. "Minha esposa estava louca de ansiedade quando eu parti", Roraback disse. "Tantos amigos e conhecidos nossos tinham sido mortos, seriamente feridos ou simplesmente sumiram quando foram para o Vietnã do Sul. A primeira notícia que ela teve sobre mim foi a de que eu tinha sido ferido. E quatro meses depois de que eu tinha sido capturado".

Surge a questão: por que pessoas que não têm nenhum interesse ideológico ou conhecimento sobre o motivo dessa guerra voluntariam-se para algo tão perigoso e desagradável? Para isso, deve-se olhar para o seu pagamento. O pagamento básico de Roraback, de US$335 por mês, saltou para US$858,40 por mês enquanto ele está no Vietnã do Sul, e os outros três receberam de US$450 a US$500 extras por mês para servir no Vietnã do Sul, o que deve fazer deles os mercenários mais bem pagos de todos os tempos, considerando seu posto. Seus oponentes da Frente de Libertação, de soldado a comandante regimental, ganham 40 piastres por mês – pouco mais de um dólar, na cotação oficial, e cerca de quarenta centavos na cotação real, do mercado negro. Mas a diferença entre patriotas e mercenários no campo de batalhas lembra a anedota do cão explicando por que ele havia falhado em uma corrida difícil para pegar a lebre: "aquela lebre estava correndo por sua vida e eu apenas pelo meu jantar". Os vietnamitas estão lutando por suas vidas, os estadunidenses pelos seus jantares, e isso significa a diferença entre vitória e derrota no tipo de luta que está sendo travada no Vietnã do Sul.

Pontes como esta podiam ser feitas em minutos.
Carregar bicicletas em cima delas era um problema.

Pequenas lanternas feitas com vidros de perfumes iluminavam nosso caminho em ataques noturnos.

As mochilas padrão eram feitas com sacos de trigo, "presente dos EUA".

A maioria dos camponeses carrega rifles enquanto trabalha nos campos.

Soldados da Frente de Libertação em marcha.

Laboratório em um hospital de frente de batalha da FNL.

Essa máquina portátil de raio x, fabricada nos Estados Unidos, é usada em um hospital de campanha.

Fábrica de uniformes na floresta – as costureiras trouxeram de Saigon suas máquinas de costura Singer junto com elas.

PARTE II

A ASCENSÃO DA FRENTE DE LIBERTAÇÃO

COMO A GUERRA COMEÇOU?

MÃE CARABINA E SEUS FILHOS*

"Nós a chamamos de nossa mãe carabina", disse o líder guerrilheiro, com um largo sorriso, segurando uma surrada carabina do Exército estadunidense. "Essa foi nossa primeira arma, mas em quatro anos de trabalho constante ela produziu muitas outras". Ele era um homem baixo com um sorriso convencido, belos dentes, cabelos negros e músculos salientes sob seu calção preto. Estávamos sentados do lado de fora de uma cabana camponesa com telhado de palha, sob a sombra de uma estrutura a partir da qual pendiam guirlandas de pepinos curvados e algumas abóboras. Ao súbito barulho de helicópteros se aproximando, ele se encostou num poste no canto, mascando um palito de dente e observando atentamente um par de aeronaves desajeitadas. "São HU-IA", disse. "Voando alto, seguindo para nordeste. Há uma ação acontecendo lá e parece que eles estão sofrendo baixas. Quando voam em dupla dessa forma, geralmente, é para resgatar os feridos". Depois que passaram ruidosamente sobre nossas cabeças, sem demonstrar interesse

* Esse título é uma referência à peça *Mãe coragem e seus filhos*, de 1939, de Bertolt Brecht. Há edição em português: Brecht, Bertolt. *Teatro completo*, vol. 6. Rio de Janeiro: Paz e terra, 1991. (N.E.)

no nosso pequeno canto, ele se sentou novamente, performando aquele milagre vietnamita de acomodar seu traseiro e seus pés em um banco de madeira de quinze centímetros quadrados. Entornou um pouco do amargo chá amarelo em duas minúsculas xícaras.

"Até ela chegar", disse, acariciando a carabina, "não tínhamos sequer uma única arma de fogo em nosso distrito, nem em toda Gia Dinh. Houve uma grande ação em Tua Hai, na província de Tay Ninh, no início de 1960. Muitas armas foram capturadas; dessas, seis foram enviadas para Gia Dinh, uma para cada um dos seis distritos. Foi assim que conseguimos a 'mãe'. Com ela, capturamos nosso primeiro posto e ela nos presenteou com sua primeira ninhada".

Essa conversa acontecia a menos de vinte quilômetros de Saigon. Eu estava conversando com um líder distrital do que o Ocidente chama de vietcongue, abreviação de Vietnamitas Comunistas, e o que ele e seus companheiros chamam de Giai Phong Quan, o braço militar da Frente Nacional de Libertação do Vietnã do Sul.

"Como foi possível capturar um posto com uma única carabina?", perguntei.

"Antes de tudo, a vida tinha se tornado tão desesperadora, a opressão era tão feroz, com prisões, torturas e execuções ocorrendo diariamente no nosso distrito, que as pessoas estavam prestes a se mudar. Os homens jovens, constantemente correndo da pressão das gangues diemistas, clamavam por ação. Alguns poucos de nós que tínhamos sido guerrilheiros na guerra contra os franceses nos reunimos e fizemos várias cópias de madeira da 'mãe' aqui. Em uma noite de lua cheia nós encenamos uma marcha passando pelo posto, dando alguns tiros e avisando a guarnição, através de megafones, que se eles não se comportassem melhor teriam que enfrentar as 'Forças Armadas do povo'. Eles estavam muito assustados para sair, então, voltamos ao povoado por uma rota indireta e escondemos nossas armas. Na manhã seguinte, o comandante do posto e alguns de sua confiança vieram ao mercado do povoado e começaram a questionar as pessoas. Asseguramo--nos de que as mulheres do mercado tivessem as respostas corretas. Foi mais ou menos assim:

'Quem eram todos aqueles homens armados por aqui ontem à noite?'

'Eu não sei', respondeu uma velha mulher do mercado, 'mas havia muitos deles. Levou quase uma hora para eles marcharem pelo povoado. Eu suponho que sejam aqueles vietcongues sobre os quais os jornais têm falado'.

'Que tipo de armas eles têm?'

'Têm muitas armas. Principalmente rifles, mas algumas outras que precisavam de dois ou três homens para carregá-las. Armamento que nunca vimos antes, como grandes tubos. E muitas que tinham duas ou três pernas'.

Essas respostas fizeram o comandante do posto tremer feito vara verde. Ele imaginava uma grande força equipada com bazucas e metralhadoras pesadas e a notícia logo se espalhou para oficiais e soldados do posto. As mulheres do mercado se asseguraram disso. O inimigo mandou alguns reforços dos quartéis distritais durante alguns dias, mas nada aconteceu; eles não conseguiram encontrar nenhum vietcongue, então voltaram. Algumas noites depois, nós agimos. Tínhamos comprado carboneto para lanternas de bicicleta e preparamos dúzias de tubos gigantes de bambu cheios de carboneto e água. Cercamos o posto por volta da meia-noite e começamos explodindo as bombas de bambu com carboneto, que estouraram com um barulho terrível e entre as explosões disparamos alguns tiros da 'mãe'. Com os megafones, exigimos que a guarnição se rendesse ou seriam 'destruídos até o último homem'. Eles estavam aterrorizados com as explosões por todos os lados de seu quartel e mansamente saíram e depuseram suas armas. Mantivemos nossas réplicas bem longe da vista e um dos nossos homens, com a verdadeira, verificava-os enquanto saiam. Quando o último se rendeu, nós estávamos verdadeiramente bem equipados com suas armas. E foi assim que tomamos o posto em Phu My Hung, a cerca de quatorze quilômetros de Saigon, no distrito de Cu Chi".

"Afinal, não houve nenhuma resistência?", perguntei.

"Eles nunca dispararam um tiro", respondeu. "Eles estavam completamente desmoralizados. Mas esqueci de mencionar um detalhe. Depois que pegamos a 'mãe', começamos enviando avisos aos déspotas locais, os mais cruéis dos oficiais diemistas. Ordenamos a eles que deixassem seus empregos e que se não fizessem isso após os diversos avisos, eles seriam punidos. E, de fato, executamos um deles, o chefe do distrito Cu Chi. Ele tinha sido terrivelmente brutal e, além de todas as outras mortes que tinha causado, torturou, pessoalmente, até a morte, ou simplesmente matou, mais de oitenta dos nossos camaradas que tinham participado da guerra de resistência contra os franceses. Enviamos a ele diversos avisos e como ele continuou com suas atividades terroristas, nós o capturamos uma noite, lemos a lista dos seus crimes, os nomes das suas vítimas e, então, o executamos. Deixamos uma cópia da acusação e da ordem de execução junto ao seu corpo e postamos algumas outras nos arredores do centro distrital. Ele foi o único a ser executado em Cu Chi, mas teve um ótimo efeito nos subalternos. Eles se demitiram em todos os povoados ao redor e as piores atividades terroristas cessaram quase de um dia para o outro. Claro que isso teve um grande efeito sobre o comandante do posto e na guarnição em Phu My Hung, especialmente, por termos enviado equipes de propaganda lá, de noite, avisando das terríveis consequências, caso eles se opusessem às 'Forças Armadas do povo'"

A BATALHA DE TUA HAI

Se a "mãe carabina" foi a primeira arma em Gia Dinh, parece--me que a batalha de Tua Hai deve ser a "batalha mãe" que forneceu a pista para um dos objetivos constantes da minha visita – descobrir como, onde e quando essa guerra no Vietnã do Sul começou. O líder guerrilheiro tinha apenas vagos detalhes de que um "grande número" de armas tinha sido capturado. Mais tarde, eu estava pronto para procurar o homem que tinha comandado a ação, Quyet Thang, um camponês grande e ossudo, que agora é um comandante regimental nas forças regulares do Exército de Libertação. Ele tinha sido um líder guerrilheiro em um pequeno povoado da província de Tay Ninh durante a guerra contra os franceses ou, como os guerrilheiros a chamavam, a primeira guerra de resistência.

Tua Hai é uma corruptela vietnamita da francesa "*Tour 2*", como os franceses designaram essa fortaleza, a cerca de cinco quilômetros ao norte de Tay Ninh, capital da província de mesmo nome, e cerca de 88 quilômetros a noroeste de Saigon. Era, e ainda é, uma fortaleza retangular solidamente construída e, na época em que a ação aconteceu, era o quartel-general do 32º regimento e de mais um batalhão da 21ª divisão diemista, cerca de 2 mil homens no total.

"Tivemos várias preocupações e muitos debates antes de empreender aquela ação e mesmo imediatamente depois", disse Quyet Thang. "A 'linha', até o final de 1959, era de uma luta exclusivamente legal, política e não violenta, mas diante da eliminação indiscriminada de todos os quadros da primeira resistência, isso mudou no final de 1959, permitindo o uso de armas, mas apenas para autodefesa". Perguntei quem estabeleceu a "linha" e quem a mudou. Ele me lançou um olhar irônico, ao qual já estava acostumado quando fazia esse tipo de pergunta para qualquer trabalhador da resistência. Mas a sua resposta foi mais completa e fez mais sentido do que qualquer uma que eu tinha recebido anteriormente.

"Nós tínhamos uma organização, o Viet Minh, que empreendeu a primeira guerra de resistência. Não havia nada no Acordo de Genebra* que dissesse que essa organização tinha que ser dissolvida assim que os Acordos de cessar-fogo entrassem em vigor; ou que todos os membros do Viet Minh tivessem que se retirar ao norte do paralelo 17 com as tropas do exército regular. Uma grande parte da população teria que deixar seus lares e aldeias nesse caso. Apesar dos diemistas terem feito o possível para caçar e exterminar todos os antigos membros do Viet Minh e, na verdade, qualquer um que tenha desempenhado qualquer papel, por menor que fosse, na primeira resistência, ainda há muitos de nós por aí. Encontramos maneiras de manter contato apesar dos perigos e dificuldades.

"Quanto à 'linha', isso tinha sido estabelecido pela nossa liderança, no momento em que os Acordos de cessar-fogo de Genebra foram assinados por todo o Vietnã. O respeito absoluto e rigoroso dos acordos de Genebra foi explicado em instruções detalhadas para cumprimento da disciplina; para não ir além dos limites da luta legal e política. Nós somos revolucionários. Essa era uma instrução que nosso senso de disciplina revolucionário não nos permite violar. Isso custou-nos a vida de muitos dos nossos melhores camaradas,

---

* Os acordos de cessar-fogo na Indochina, concluídos após três meses de negociações na Conferência de Genebra, foram assinados em julho de 1954 por todas as grandes potências, com exceção dos Estados Unidos. Apesar de se recusar a assinar, os Estados Unidos comprometeram-se a respeitá-los. As principais disposições incluíam a retirada das forças Viet Minh ao norte do paralelo 17, reagrupando os exércitos franceses para o sul; e uma eleição geral em julho de 1956 para unificar o país, precedida de consultas preliminares entre os dois lados, realizadas um ano antes. Os acordos também proibiam qualquer forma de represália ou discriminação contra os participantes na guerra, e criam uma Comissão de Controle Internacional (Índia, Polônia e Canadá) para verificar a aplicação dos acordos. Para mais detalhes e um contexto mais aprofundado, ver Burchett, Wilfred, *The Furtive War*, International Publishers: Nova York, 1963.

no período de 1954 a 1959. Costumamos ter uma linha definida por um período considerável. Na primeira guerra de resistência, algumas vezes levávamos até um ano apenas para que a linha fosse comunicada para todas as regiões. Um delegado do extremo sul teria que viajar por até seis meses para comparecer a uma conferência importante, então, voltar e relatar a nova linha. E nas condições sob as quais trabalhávamos, e em menor extensão agora, costumávamos trabalhar em grupos autônomos isolados, tomando nossas próprias decisões por meses, anos a fio, mas sempre nos marcos da linha estabelecida. Essa linha foi de não violência até perto do fim de 1959, e de violência para autodefesa depois disso".

Quanto à minha pergunta sobre quem mudou a linha no final de 1959, ele me deu outro daqueles longos olhares irônicos e disse: "Ainda há o suficiente de nossa antiga liderança para tomar uma decisão como essa, e também há antigos vietminh, patriotas, comunistas, antigos trabalhadores da resistência, novos recrutas da juventude que têm ido para as florestas fugindo da pressão das gangues diemistas para implementar tais decisões.

"Nossa grande preocupação era se um ataque na fortaleza Tua Hai ultrapassaria a decisão de violência 'apenas para autodefesa'. No final, após longas conversas, decidimos que mesmo para autodefesa tínhamos que ter armas; que nosso ataque proposto era, na verdade, uma ação de 'autodefesa' para pegar armas e não era uma violação formal da nossa linha. Decidimos fazer o ataque imediatamente antes do ano lunar (por volta do final de fevereiro) de 1960. A campanha terrorista do inimigo tinha chegado ao seu auge nas semanas anteriores. O regimento de Tua Hai tinha retornado de uma grande campanha militar, na qual centenas de camponeses na região de Tay Ninh tinham sido massacrados. Os comandantes filmaram os massacres e torturas, e forçaram as pessoas a assistir para deixá-las completamente aterrorizadas. As guilhotinas móveis estiveram em ação, sendo arrastadas pelo campo com os tribunais especiais estabelecidos sob a Lei 10/59. Um quadro dirigente da antiga resistência, Ut Lep, por exemplo, foi guilhotinado no centro do distrito de Chau Thanh. Sua esposa foi forçada a exibir a cabeça decepada no mercado, enquanto um operador de câmera diemista filmava tudo.

"A maior operação aconteceu no final de janeiro, não apenas para cercar qualquer membro da antiga resistência em que pudessem pôr as mãos, mas para agarrar jovens aptos para suas Forças Armadas. Eles fugiram aos milhares para as florestas. As tropas do inimigo, então, pilharam seus lares, roubando toda a comida e presentes guardados para o ano novo lunar. Nessa ocasião, o inimigo tinha o mais degenerado dos grupos de comando, que tinha prazer em arrancar olhos, cortar narinas e amputar orelhas das vítimas bem no meio do mercado, bebendo seu sangue e cumprindo, no mais extremo grau possível, suas instruções para levar o terror aos corações do povo. As pessoas estavam abatidas, desmoralizadas por tudo isso, mas por dentro estavam fervendo com a fúria reprimida".

"Era claro para nós que a nova linha estava certa. Havia apenas dois caminhos: pegar as armas e nos defendermos ou morrer como frangos. Não podíamos contar com qualquer força externa que viesse para nos salvar. Tínhamos que nos levantar ou seríamos dizimados. Alguns de nós, quadros da velha resistência, participamos da fatídica reunião onde foi tomada a decisão de atacar Tua Hai. Reunimos 260 ex-resistentes, jovens que tinham escapado do recrutamento forçado, alguns desertores do exército diemista que tinham poucas armas preciosas e alguns remanescentes das seitas religiosas armadas. Estes eram particularmente valiosos. Como eles (membros das seitas Hoa Hao, Cao Dai e Binh Xuyen) tinham feito parte das Forças Armadas francesas, naturalmente, não tinham sido obrigados a se retirar para o norte com suas armas como nossas tropas. Depois, quando Diem se voltou contra os franceses, ele se voltou contra os membros das seitas também e quase os exterminou. Mas alguns fugiram para as partes orientais do país e deram prosseguimento em ações locais de guerrilha. Alguns se juntaram ao nosso grupo de 260 e outros nos deram suas armas. Ao todo, tínhamos 170 armas de fogo, a maioria arcaica e com um limitado número de cartuchos".

"Nosso objetivo máximo", continuou Quyet Thang com sua voz calma, "era tomar trezentas armas e sua respectiva munição para equipar nossa própria unidade com armas modernas, distribuir folhetos preparados em nome das 'Forças de Autodefesa do Povo' e explicar às tropas inimigas por que estávamos partindo para a ação armada. Além da nossa força de combate, também organizamos outras quinhentas pessoas de povoados remotos – para evitar qualquer represália nos mais próximos – para chegar no final da ação e recolher nosso espólio e eventuais baixas".

O ataque foi planejado para a véspera do ano novo lunar, quando sabiam que a vigilância estaria menos rígida. Tua Hai é uma fortaleza considerável de mais ou menos mil metros de comprimento por setecentos de largura, cercado por muralhas de barro com cerca de três metros de altura, com torres de tiro com metralhadoras em cada canto, e pequenos postos de sentinelas em torno de todas as principais instalações. Graças aos combatentes da antiga resistência, Quyet Thang foi capaz de enviar batedores dias antes para estudar a disposição das instalações, o esquema das posições de tiro, o tempo de troca das sentinelas e outros dados essenciais. Havia duas companhias de soldados em guarda permanente; o restante dos doi mil combatentes dormia desarmado no quartel e suas armas ficavam trancadas no depósito de armas.

Os batedores tinham deixado minas em torno de alguns dos edifícios principais e essa explosão seria o sinal para o ataque.

Quando as minas explodiram com um estrondo terrível, lançando fogo nas instalações de rádio, postos de comando e outros edifícios, 120 guerrilheiros invadiram pelas muralhas do sul e oitenta pelas do norte, o restante deles armou uma emboscada na estrada principal de Tay Ninh, caso reforços fossem enviados. Os homens rapidamente se guarneceram com armas novas e invadiram as torres de vigia. Soldados corriam do quartel em chamas, alguns se renderam, outros correram para as trincheiras, mas a maioria deles correu para o outro lado da muralha e atirou do lado de fora, mas não se atreveram a atacar.

"Naquele depósito de armas n. 1", disse Quyet Thang com olhos marejados ao se lembrar, quatro anos depois, "havia armas por todos os lados, estojos com armas que sequer tinham sido abertos, muito mais do que podíamos carregar. Havia armas que eu nunca tinha visto, rifles de 57mm sem recuo, por exemplo. Eu não fazia ideia para que serviam, mas decidi levar cinco deles assim mesmo. Mais tarde, foram muito eficazes contra as barricadas e os tanques M-113 inimigos. Foi terrível ter que deixar todas aquelas preciosas armas lá. Mas o máximo que pudemos carregar, mesmo com alguns dos soldados inimigos que vieram até nós e ofereceram ajuda, foram cerca de mil armas, incluindo oitocentos rifles e uma boa seleção de armas automáticas. Os quinhentos carregadores tinham aparecido em segurança e, depois de 1h45min do ataque, nosso comboio seguia de volta para a floresta, todos com o peso dobrado pelas armas e munições. Poderíamos ter conseguido uniformes, tecidos e uma série de coisas, se tivéssemos como transportar".

Perguntei se as forças diemistas não tentaram seguir seus rastros e recuperar as armas. Afinal, para localizá-los, só teriam que traçar um raio de cerca de dezesseis quilômetros em torno de Tua Hai, que era o máximo que poderia ser percorrido até o amanhecer com os fardos que os guerrilheiros estavam carregando.

"Eles enviaram dois batalhões atrás de nós, mas não ousaram entrar na floresta. Descansamos todo o dia seguinte, mas tínhamos estabelecido sólidas posições de defesa. Nossos homens estavam muito cansados, porém prontos para a batalha; os carregadores também, com todas aquelas adoráveis armas novas. Esse ataque teve uma repercursão espetacular. Alguns dias depois, mais de cem fantoches de Tua Hai desertaram. Alguns poucos oficiais locais começaram a nos contatar. Os fantoches intimidadores começaram a ficar bem domados, tornaram-se quase humanos quando souberam que estávamos por aí com milhares de armas novas. Agentes diemistas começaram a conversar educadamente com as mesmas pessoas às quais tinham aterrorizado apenas alguns dias antes".

"Ficamos com armas suficientes para o batalhão que formamos imediatamente como resultado da batalha; as outras foram distribuídas por todas as outras províncias, onde eram mais necessárias. A máquina repressiva do inimigo começou a se desintegrar. Mesmo com poucas armas em suas mãos, o povo começou a se movimentar por todos os lados e o prestígio do inimigo sofreu um golpe mortal. Carabinas 'mães' apareceram em todo lugar e logo começaram a produzir filhos. Iniciou-se um estágio completamente novo na luta".

Quanto ao fato de os dirigentes considerarem que a linha foi violada, Quyet Thang respondeu com um largo sorriso: "Na verdade, ainda ficamos preocupados algumas semanas depois da batalha; mas então vieram as mensagens não apenas aprovando, mas nos parabenizando calorosamente. A situação mudou quase da noite para o dia, na realidade. Antes dessa ação, quando recebíamos cartas de outras províncias, a leitura era deprimente; cheias de pessimismo, contando da prisão ou decapitação desse ou daquele camarada. Mas após a ação que iniciamos, o teor das cartas mudou. Claro que, eventualmente, havia perdas, mas nada na mesma extensão; as cartas foram ficando quase exultantes, pois traziam notícias de sucesso em todo lugar, o moral do povo estava elevado agora que tinham armas em suas mãos e uma luta aberta de resistência tinha começado. O ano de 1960 foi a primeira vez, desde que os acordos de cessar-fogo entraram em vigor, que pudemos realmente dizer 'feliz ano novo' durante o Tet (ano novo lunar).

"A partir dessa batalha", concluiu Quyet Thang, "chegamos à conclusão de que não é o poder numérico ou de armas que conta, mas o moral e a determinação. A forma como a ação foi planejada e executada foi usada depois para ilustrar a necessidade de uma luta político-militar, com ênfase na política, para lidar com a situação especial no Vietnã do Sul. Era claro que o moral em alta dos nossos homens, que sozinhos tornaram tal ação possível, devia-se ao conjunto dos debates políticos que tivemos anteriormente e também pelo trabalho político que fomos capazes de fazer com algumas tropas dentro de Tua Hai".

Entre as armas tomadas estavam morteiros de 81mm e 60mm – armamentos favoritos dos guerrilheiros e alguns outros morteiros com alcance de noventa metros ou mais utilizados com eficiência mortal.

A ação de Tua Hai estabeleceu o padrão para muitas que se seguiram: a prévia conscientização política; o contato com os soldados dentro da área alvo; o alistamento de apoio da população local para recolher baixas e espólio, de modo que a pequena força de ataque fosse sempre 100% uma unidade de combate; mais homens do que armas no início de cada ação, mais armas do que homens no final; o súbito e veloz ataque noturno e a rápida retirada, tal como Tua Hai. Com a participação direta dos EUA, a partir do final de 1961, e do uso massivo de helicópteros, outras táticas foram desenvolvidas.

Talvez mais tarde os historiadores definam a batalha de Tua Hai como a hora e o local onde a guerra no Vietnã do Sul começou. Acredito que estariam errados por razões que logo serão descritas.

Mas ela, realmente, marcou o início da resistência armada organizada em larga escala ao regime ditatorial de Ngo Dinh Diem, que os estrategistas políticos dos EUA instalaram e mantiveram no poder em Saigon.

Mais tarde, quando me reuni com os líderes da Associação dos Jornalistas da Libertação, encontrei a batalha de Tua Hai assinalada como "primeira" em algo mais. A primeira edição do *Chien Thang* (*Vitória*), agora o periódico semanal das Forças Armadas de Nam Bo Oriental (Cochinchina), apareceu no campo de batalha de Tua Hai. O editor atual, Trung Thang, um jovem homem magro, com a pele manchada de marrom pelos anos vividos a céu aberto, contou-me como ele e uma minúscula equipe produziram sua primeira edição especialmente para a batalha de Tua Hai. Eles usaram papel arrancado de cadernos e escreveram o "jornal" à mão, usando um processo com farinha de arroz para replicar vinte cópias depois das quais tinham que reescrever. "Distribuimos as primeiras cópias enquanto as tropas rumavam para o ataque", disse, "e isso os encorajou enormemente. Eu estava com o Posto de Comando e assim que adentramos começamos a distribuí-las para os soldados inimigos capturados, deitados com o rosto virado para o chão. Alguns dos meus colegas tiveram que abandonar o trabalho e participar da batalha em alguns momentos. Na batalha de Tua Hai, iniciamos a tradição de soldados-jornalistas que lutam e escrevem ao mesmo tempo". Ele seguiu explicando como o jornal se desenvolveu, gradualmente, da forma manuscrita à datilografada, depois por estereotipia e, a partir de 1963, na sua atual forma de impressão.

"No início, a distribuição era exclusivamente entre os soldados, passando de mão em mão", explicou Trung Thang. "Agora alcança o povoado e é muito popular entre os camponeses e nas unidades locais de autodefesa".

Quanto ao porquê das carabinas "mãe", da batalha de Tua Hai e dos jornais manuscritos serem considerados necessários, isso é um assunto que diplomatas e historiadores disputarão por gerações. Posso explicar o que fui capaz de deduzir no local, preencher os detalhes de um retrato, um perfil do que tem sido gravado de forma acentuada pelos acontecimentos no Vietnã do Sul, nos últimos anos.

DIEM ASSUME

Normalmente, pode-se apontar com precisão o início de uma guerra, mesmo de uma guerra civil; os primeiros tiros disparados são registrados com hora e local. Para meu incessante questionamento sobre como e onde essa guerra no Vietnã do Sul começou, obtive tantas respostas diferentes quanto as questões feitas. As respostas estavam sempre relacionadas ao disparo em determinada aldeia, distrito ou província da pessoa questionada. A pessoa de maior autoridade para quem fiz a pergunta foi Nguyen Huu Tho, o presidente da Frente Nacional de Libertação.

Ele mesmo não era considerado de esquerda quando era advogado em Saigon e não participou da guerra contra os franceses. Mas, em março de 1950, caminhou à frente de uma manifestação contra a chegada de três navios de guerra estadunidenses em Saigon como demonstração de solidariedade com a "guerra suja" da França. Tho e algumas centenas de milhares de residentes de Saigon estavam muito bravos com isso e ele encabeçou um grupo de intelectuais que participou do protesto. No dia seguinte, os navios de guerra recolheram suas âncoras e partiram. Nguyen Huu Tho foi detido pelas autoridades francesas e aprisionado em Lai Chau, uma cidade remota ao norte de Dien Bien Phu. Foi solto alguns anos depois pelas tropas do Viet Minh. Quando os Acordos de Genebra foram assinados, ele voltou a advogar em Saigon. Então, foi para ele que fiz uma das minhas primeiras perguntas: "Como isso tudo começou? Quando e onde foram dados os primeiros tiros?".

"No que diz respeito a Saigon, tivemos nosso primeiro grande choque em 1º de agosto de 1954, doze dias depois que os acordos de cessar-fogo foram assinados. Posso lhe dizer que o povo em Saigon estava eufórico pelo êxito da Conferência de Genebra. Houve uma mistura de sentimentos sobre os dois anos de atraso da reunificação, mas o sentimento geral era de que o preço a pagar era pequeno para o retorno da paz e de uma vida normal, livre de regras estrangeiras. Em 1º de agosto, houve uma manifestação monstruosa de pessoas alegres e entusiasmadas em Saigon, sobretudo para aclamar e celebrar a assinatura dos Acordos de Genebra, mas também tomou-se a resolução de cobrar a imediata libertação de prisioneiros políticos e militares, como previsto nos acordos. A resposta veio com uma saraivada de tiros de rifle. Várias pessoas foram feridas e uma mulher grávida foi baleada no estômago. Que essa, a primeira manifestação em paz e liberdade, como pensávamos, tenha sido brutalmente reprimida, foi como um balde de água fria nos mais ardentes espíritos. No mesmo dia, criamos um Comitê de Defesa da Paz e dos Acordos de Genebra, e fui eleito presidente". Ele ficou mais conhecido no Ocidente como o Comitê de Paz Saigon-Cholon e tinha entre seus líderes a nata da vida intelectual de Saigon.

"Para nós", continuou Nguyen Huu Tho, "era um sinal de que o novo regime de Ngo Dinh Diem era apenas um governo fantoche, como aquele de Bao Dai,* e estava disposto a oprimir o povo desde o primeiro dia no poder. Não esperávamos por isso e tivemos muitos reflexos amargos naquela noite de 1º de agosto e

* O imperador fantoche da França que foi substituído como chefe de Estado por Ngo Dinh Diem, apoiado pelos estadunidenses.

nos dias seguintes. Os primeiros tiros de repressão em Saigon foram disparados doze dias após a assinatura dos acordos de cessar-fogo". O comitê tinha como objetivo agir como uma espécie de cão de guarda para ver se os acordos eram rigorosamente aplicados e para levar ao conhecimento da Comissão de Controle Internacional (composto por Índia, como presidente, Polônia e Canadá) qualquer violação.

Relatos vindos do campo começaram a pingar e logo a inundar a comissão denunciando as prisões em massa e massacres em áreas das quais as tropas do Viet Minh tinham se retirado para se reagrupar ao norte do paralelo 17, em obediência aos Acordos de Genebra. "Em poucos meses da criação do nosso comitê", disse Nguyen Huu Tho, "começamos a receber delegações das províncias, implorando-nos para que fossem criados comitês similares por todo o interior. Começamos a organizá-los quando, em 11 de novembro – quatro meses após Genebra – a polícia subitamente fez uma investida contra nós, dissolveu nosso comitê e prendeu membros líderes, incluindo a mim".*

"Não tínhamos ideia naquela época", o presidente Tho continuou, "mas formando o Comitê Saigon e suas várias ramificações tínhamos criado o embrião para a Frente Nacional de Libertação, estabelecida mais de seis anos depois".

TERROR NO INTERIOR DO PAÍS

Quanto ao que estava acontecendo no interior, alguns tímidos vestígios apareceram pelos cautelosos relatórios da Comissão Internacional. Lembrei-me de uma antiga referência ao incidente de Cho Duoc, então quando eu estava no Vietnã Central – feudo

* Visitei Saigon cerca de uma semana depois disso e assisti a polícia diemista prender pessoas conforme chegavam à sede da Comissão Internacional para relatar a prisão de amigos e parentes.

do monstro medieval Ngo Dinh Can (um irmão de Ngo Dinh Diem) – descobri todos os detalhes por meio de Dinh Chau, um membro do comitê executivo da Frente de Libertação da província Quang Nam. Um ex-camponês mediano, com um rosto alegre que parecia ter sido talhado em granito, tinha perdido uma perna em uma das suas primeiras ações militares, mas continuou a dirigir atividades de uma base secreta na montanha. Chau, como a maioria dos quadros que conheci nas províncias, tinha sido mais cético, desde o começo, do que aqueles em Saigon, sobre como os acordos seriam aplicados.

"Tomamos conhecimento deles com um misto de sentimentos aqui. Claro que seria um alívio se a paz pudesse ser restabelecida por todo o país e nós, trabalhadores da resistência, nos comprometemos, como um ato de disciplina, em fazer tudo para respeitar os acordos e fazer todo o possível para prevenir violações por amigos ou inimigos. Mas duvidamos que nossos oponentes realmente os respeitariam".

"O incidente de Cho Duoc provou que nosso ceticismo era justificado. A maior parte de Quang Nam, exceto pela base naval Tourane, tinha sido uma área livre nos últimos anos da resistência. Mas, em setembro de 1954, um regimento comandado por Le Van Kim (mais tarde membro líder da junta militar que derrubou Diem) veio para a área. Uma unidade foi enviada para Cho Duoc, na parte central da província, e sem dizer uma palavra a ninguém as tropas começaram a cortar árvores frutíferas e bambus nos quintais das propriedades particulares para construir seu quartel. O povo se reuniu e protestou contra isso. Não houve violência, nada mais do que um pedaço de pau nas mãos de alguém. O povo exigia apenas uma coisa: que sua propriedade fosse respeitada. O comandante da unidade deu uma ordem e antes que qualquer um pudesse entender o que estava acontecendo, os soldados começaram a atirar repetidamente na multidão. Choros e gritos terríveis se misturavam com as saraivadas de tiros de rifle; quando os disparos pararam, o chão estava coberto com mortos, moribundos e feridos gemendo. Quarenta foram mortos, quase todos mulheres e crianças, pois a maioria dos homens estava fora, nos campos. Mas os sobreviventes avançaram sobre os soldados como uma grande onda e eles correram".

"Todo tipo de primeiros-socorros disponível foi dado aos feridos; aqueles que podiam ser removidos foram colocados em macas rústicas, os mortos também, e uma penosa procissão seguiu até o quartel general do batalhão. A notícia se espalhou pelos vilarejos vizinhos e muito antes dos que carregavam as macas chegarem, uma grande multidão já tinha se aglomerado em torno do quartel general. O povo entrou correndo e com as mãos vazias desarmaram os soldados e colocaram areia nos canos dos rifles e nas peças de artilharia. Os que carregavam as macas chegaram e os corpos foram dispostos na praça do quartel, amigos das vítimas exigiam punição para os responsáveis, ajuda médica para os feridos e indenização para as famílias desoladas. A multidão aumentava continuamente, cercando completamente o quartel e impedindo qualquer soldado de sair".

"Por três dias houve uma multidão permanente de cerca de 15 mil acampados em volta do quartel, alguns partindo e outros chegando em um tipo de sistema espontâneo de turnos; os dos vilarejos próximos traziam arroz e cozinhavam para os outros. Faixas foram expostas com dizeres relacionados à toda sua indignação, que iam desde exigências de punição até denúncias contra o regime EUA-Diem por uma ultrajante violação dos Acordos de Genebra. O batalhão não pôde se reunir, nem se comunicar com os outros dois batalhões do regimento. As pessoas conversavam com os soldados, especialmente aqueles que não tinham participado do tiroteio, e alguns desertavam imediatamente. Os quinze mil eram disciplinados, elegeram seu porta-voz, dividiram a comida igualmente e mostraram que estavam preparados para manter o protesto indefinidamente".

"Finalmente, o comandante do batalhão teve que concordar com as exigências: enterrar os mortos à custa do governo, fornecer tratamento médico gratuito aos feridos, indenizações aos enlutados, fim à destruição das propriedades do povo e uma investigação por parte da Comissão Internacional. Uma equipe da CCI realmente veio, mas foram muito passivos e as autoridades conseguiram evitar que tivessem qualquer contato com o povo. Três meses depois, houve dois incidentes similares com soldados do mesmo regimento, nos quais trinta pessoas foram assassinadas em Chien Dan e quartenta em Cam Coc. A esperança do povo de que a paz havia chegado começava a desaparecer completamente".

Por tudo o que pude saber das províncias mais distantes, o incidente de Cho Duoc era típico para a maior parte das áreas que tinham sido completamente controladas pelos viet minh durante a guerra, "áreas livres" como eles as chamavam. A ideia parecia ter sido paralisar a população, utilizando-se do terror deliberado já nas primeiras semanas ou meses do cessar-fogo, assim que as forças e os quadros do Exército do Povo tivessem se retirado. Em conformidade com os Acordos de Genebra, 140 mil soldados e quadros, incluindo uma porção de esposas e familiares, tinham se reagrupado no norte sob o controle da Comissão Internacional, levando suas armas consigo. A repressão intensificou-se na mesma proporção que a agitação em torno da Conferência Consultiva e das eleições de julho de 1956, que o povo ainda tinha esperanças que ocorreria e aliviaria seu sofrimento atual.

Em outra área, diferente daquela onde eu tinha encontrado Dinh Chau, pude conversar com Huynh Thanh, também membro do comitê provincial da Frente em Quang Nam, um médico com um rosto aquilino sensível, que tinha deixado seu trabalho em Tourane para participar da guerra contra os franceses e, após algumas semanas de paz, tinha retornado para as montanhas. Ele falou sobre as condições no principal distrito montanhoso de Tam Ky, que inclui parte da cadeia de montanhas Annamite e faz fronteira com a província Quang Ngai ao sul.

"Avaliamos que a repressão foi ainda pior em Tam Ky do que em outros distritos, porque tinha sido uma área completamente livre", disse Huynh Tanh. "A primeira ordem do dia para o comando de Saigon foi a de eliminar qualquer um que tivesse participado da administração da resistência, e instalar uma diemista no lugar. Usaram violência para cumprir isso e a intensificaram assim que a nova administração assumiu. Tropas de fantoches que tinham sido derrotadas na guerra contra os franceses vinham agora como vitoriosas, ocupavam lares, templos e jogavam os ocupantes nas ruas".

"Assim que a administração foi estabelecida, o próximo passo foi testar e listar a população de acordo com seus papéis na resistência. Primeiro, eles queriam listar todos aqueles que tivessem participado de qualquer forma. Mas isso foi impossível, pois todo homem e mulher fisicamente apto tinha participado, e também qualquer criança grande o suficiente para carregar pacotes ou mensagens. Então, começaram a listar todos de acordo com o que consideravam importante para eles. Quadros públicos – como aqueles que ainda estavam na administração quando chegaram – foram aprisionados sem nenhuma esperança de sair novamente. Nenhum deles foi mais visto desde então. Outros tiveram que preparar malas com alimentos suficientes para três, seis ou mais meses, e partir para 'cursos de doutrinação anticomunistas'. Em média, cada família teve que empenhar oito meses de trabalho forçado sem pagamento naquele primeiro ano, construindo estradas, quartéis e outras instalações militares".

"Nos povoados, quartéis eram montados e homens e mulheres jovens eram conduzidos a cabanas separadas onde tinham que passar a noite, sujeitos a ouvir discursos intermináveis contra o Viet Minh, Ho Chi Minh e tudo relacionado ao norte. A ideia principal era desenraizar todo patriotismo, qualquer lembrança do período da resistência ou mesmo pensamento político. Não deveria sobrar nada como memória".

Huynh Thanh produziu alguns registros que ele insistiu que estavam baseados em números incompletos. Da população de 180 mil no distrito de Tam Ky – agora uma zona livre da segunda guerra de resistência – treze mil tinham "desaparecido" e outras sete mil eram mantidas em diversas prisões. Sabia-se que a esmagadora maioria dos "desaparecidos" havia sido assassinada e uma parte dos sete mil tinha certamente morrido nas celas. Uma em cada nove pessoas da população havia sido assassinada ou aprisionada por período indefinido. Vale notar que o artigo 14c, da Convenção de Genebra, estipula que:

> As partes comprometem-se a abster-se de qualquer represália ou discriminação contra pessoas ou organizações devido às suas atividades durante o conflito e a garantir suas liberdades democráticas.

Durante o primeiro ano de suas atividades, a Comissão Internacional investigou quarenta violações desse artigo no sul, uma pequena fração das que ocorreram. Algumas das violações envolviam massacres de centenas de pessoas. Dessas, dezesseis violações tinham sido confirmadas no final do primeiro ano, treze tinham sido investigadas, mas suas conclusões não foram publicadas, oito casos ainda estavam sob investigação e, em três casos, as provas foram consideradas insuficientes para uma conclusão. Nenhuma prova de violação desse artigo foi encontrada no norte. A equipe móvel n. 24 da Comissão Internacional, enviada a Quang Nam e Quang Ngai, conseguiu trabalhar quinze dias do total de oito meses em que ficou lá antes de ser retirada. Uma segunda equipe, n. 61, enviada para ajudar a primeira, ficou imobilizada por cem dias sem conseguir sequer começar o trabalho. Também foi retirada, e os massacres continuaram. O Relatório n. 4 da CCI declarou:

> Nos casos em que a investigação foi possível, verificamos 319 casos envolvendo a perda de vidas humanas. (...) A comissão não conseguiu determinar que, salvo nos casos citados, não houve outras represálias ou discriminações.

Essa é uma parte do balanço no primeiro ano de paz!

Obviamente não aconteceu nenhuma Conferência Consultiva em julho de 1955; os franceses já tinham feito as malas e se retirado do Vietnã – e das suas obrigações nos Acordos de Genebra –, permitindo-se outra desesperada aventura militar na Argélia. Diem, com a generosa ajuda dos EUA, tinha expulsado grande parte dos interesses franceses e selou o feito aniquilando as seitas religiosas armadas. Chegou julho de 1956 – e não houve eleições; ninguém, além dos mais ingênuos à época, acreditava que haveria. A campanha de terror intensificou-se depois dessa data, pois Diem esperava uma severa reação popular à esperança frustrada das eleições.

Em 1957 começou a campanha "Denuncie comunistas" começou. Nessa época, Diem informou à Comissão Internacional que não toleraria mais qualquer investigação realizada com base no artigo 14c. Em seu relatório de 4 de novembro de 1957, a CCI informou aos copresidentes da Conferência de Genebra que:

> O governo da República do Vietnã decidiu não responder mais às reclamações relativas a essa cláusula e não permitir qualquer atividade de grupos de investigação previstos nos Acordos de Genebra para realizar investigações relativas a essas reclamações.

Foi Le Quang Binh, um trabalhador veterano da resistência, e membro do comitê provincial da Frente em Quang Ngai, com cabelos acinzentados e uma pele tão esticada sobre seu rosto que parecia que os ossos podiam pular a qualquer momento, quem me deu um relato claro da campanha "Denuncie comunistas". "Ela só começou porque não demos pretexto para repressão durante as provocações anteriores na nossa área. Foi uma campanha prolongada que ceifou muitos dos nossos melhores quadros e suas famílias. Filhos dos ex-trabalhadores da resistência foram banidos da escola; esposas daqueles reagrupados ao norte foram forçadas a se divorciar e então a se casar novamente para provar que eram 'sinceras'. Terras que tinham sido distribuídas no projeto de reformas da administração da resistência foram tomadas de volta e devolvidas aos antigos proprietários, se ainda estivessem por lá, ou para algum comparsa de Ngo Can, caso não estivessem. Grupos de ajuda mútua criados para auxiliar aquelas famílias com poucas condições de subsistência foram dissolvidos. Milhares de ex-membros da resistência e camponeses que agora estavam desprovidos de terras foram capturados e enviados aos chamados 'assentamentos agrícolas' nas montanhas; projetos de irrigação construídos pelos camponeses durante os anos de guerra ou foram destruídos ou cobrava-se altas altas taxas pelo direito de utilizar a água. Como a maioria das pessoas havia participado das atividades da resistência, a repressão atingiu uma grande parte da população. Na capital provincial Quang Ngai, seis mil foram presos permanentemente, muitos foram enviados para Poulo Condor e outras prisões; novas prisões foram criadas nos distritos e povoados. Toda prisão era sinônimo de torturas bárbaras – era uma regra absoluta. Mesmo se um preso estivesse disposto a se tornar um traidor, para cooperar desde o início, ele não escaparia da tortura preliminar".

"Economicamente as coisas degringolaram. Mesmo depois de um ano da chegada dos diemistas, havia miséria e fome, especialmente nas áreas costeiras, onde as pessoas realmente morriam de fome em 1955. Com a ausência da mão de obra, terras confiscadas, sistemas de irrigação destruídos, o que se poderia esperar?

As pessoas comiam abacaxis selvagens e raízes em vez de arroz. A produção de cana-de-açúcar e de seda também foi encerrada porque os diemistas consideravam que era mais barato importar açúcar estadunidense e tecido de náilon".

Se as coisas estavam ruins para os vietnamitas, estavam dez vezes piores para as minorias. Há – ou havia – cerca de oitenta mil em Quang Ngai, a maioria Hre, mas com tribos menores de B'Nam, K'Dong e Kor.

"Temos números bastante precisos para esse período", continuou Le Quang Binh, "porque os quatro distritos montanhosos estão agora solidamente livres. Em um ano, de meados de 1955 a meados de 1956, morreram por epidemias duas mil pessoas das tribos, sem que um dedo fosse levantado pelos diemistas para ajudá-las; seiscentas foram mortas em chacinas, geralmente enterradas vivas, ou atiradas com as mãos e os pés amarrados em rios ou ribanceiras; 450 morreram nas prisões, quinhentas foram secretamente liquidadas por agentes ou desapareceram, sem deixar rastro, após serem capturadas, e outras quinhentas morreram de inanição. Em muitas aldeias, uma em cada dez pessoas morreu".

Esse foi apenas o início da agonia das minorias e isso foi-me descrito por chefes e pessoas comuns das tribos de diversas minorias diferentes – uma história de horror sem trégua que lembra o extermínio dos índios nativos nos EUA e dos aborígenes australianos nos primeiros anos da colonização branca.

Quanto à primeira pergunta que fiz para Nguyen Huu Tho, eu sabia a resposta bem antes de conhecê-lo – mas foi interessante ter a confirmação de Saigon também. A guerra no Vietnã do Sul não se iniciou em uma hora e local determinados, porque ela nunca começou. Ela nunca começou porque nunca terminou. Aconteceu que, após a retirada de 140 mil viet minh e quadros para o norte, uma guerra unilateral continuou contra um povo desarmado. Uma grande parte da mesma máquina militar construída para servir aos franceses com armas e dólares estadunidenses foi solta em vastas áreas do Vietnã do Sul para destruir a resistência política que os franceses nunca foram capazes de esmagar e, assim, suprimir, no nascimento, qualquer resistência potencial às políticas reacionárias que Diem havia se comprometido.

FAGULHAS NA ENCOSTA

A REVOLTA KOR

Meia dúzia de homens, com seus corpos bronzeados praticamente nus, exceto pelas acanhadas tangas, agachados de cócoras em volta do frágil idoso sentado em uma uma rede de tecido que quase tocava o chão, ouviam suas palavras pronunciadas de forma lenta, porém, apaixonada. Eles então se voltaram para um outro, que não era da sua etnia, vestido com largas roupas pretas de algodão de Kinh, ou de vietnamita da planície. Os cabelos brancos do velho homem estavam amarrados em um coque apertado atrás de sua cabeça, uma barba branca esparsa alcançava seu peito e sua pele, sobre sua estrutura desgastada, era da tonalidade e da textura de uma laranja murcha. O que restou dos seus dentes, reduzidos a quase tocos como manda o costume tribal, eram pretos pelo hábito de mascar bétele; suas orelhas tinham grandes buracos dos quais os adornos tinham sido removidos; no seu punho havia um bracelete de cobre. Depois que ele terminou de falar, direcionou seus olhos cegos para o Kinh e ouviu atentamente cada palavra. Por horas tinha sido assim, apenas os dois falando e os anciãos tribais ocasionalmente soltando grunhidos de aprovação ou desaprovação.

O velho era Pho Muc Gia, chefe da pequena tribo Kor, com cerca de 4.700 membros naquela época, e vivia nas encostas da montanha do distrito de Tra Bong, na província de Quang Ngai, em Trung Bo (Annam). Em sua juventude, Pho Muc Gia foi um guerreiro destemido; havia conduzido o povo da sua tribo contra os franceses antes mesmo do início da primeira guerra de resistência. Agora ele tinha metade do corpo paralisado e mais de 90 anos, idade calculada pelo número de vezes que a tribo tinha mudado seu "*ray*" (clareiras abertas das encostas e utilizadas por um número rigorosamente determinado de anos para cultivo). Mas ele ainda era o líder inconteste do seu povo. Como a maioria das pessoas da tribo, os Kor são apaixonadamente devotados à vida livre de suas florestas e montanhas e ofendem-se intensamente com qualquer interferência em seus costumes.

Uma versão resumida da conversa, com os mesmos pontos repetidos infinitamente em diferentes variantes, era algo assim, de acordo com Sao Nam, o vietnamita das planícies que tinha vivido com a tribo Quang Ngai anos antes, e falava Kor entre diversas outras línguas tribais:

"Nossa tribo será destruída como um peixe em uma lagoa seca. Nosso povo está sendo morto mais rapidamente do que os novos estão nascendo. Mais de quinhentos desde que os selvagens diemistas vieram".

"Meu coração sangra com o seu pelo sofrimento do seu povo".

"Eles violam nossas mulheres, roubam nossos búfalos e porcos, levam nossos jovens como escravos para trabalhar nas planícies. Isso não é vida, mas morte em vida".

"Nós protestamos juntos, muitas vezes, pelos feitos abomináveis deles".

"Eles nos insultam toda vez que nos veem ou quando vêm à nossa vila; menosprezam nossos costumes, não respeitam os idosos nem nossas mulheres. Tratam-nos como animais. Eles pretendem que nenhum Kor levante sua cabeça novamente".

"Assim mesmo, precisamos ser pacientes. Eu sei e meus camaradas sabem muito bem dos seus sofrimentos terríveis. É por isso que acreditamos que você deveria se mudar para outro distrito, bem longe desses demônios".

"Nosso povo nunca se muda sem uma batalha. Isso seria um insulto às sepulturas dos nossos ancestrais. E você e seus amigos que eram guerreiros tão corajosos na guerra contra os franceses, por que não se juntam a nós para lutar novamente? Ou lutamos juntos ou caímos juntos como um búfalo amarrado em uma árvore".

"Se nos defendermos, os sofrimentos serão ainda maiores. Por que não se mudam? As montanhas e florestas são as mesmas tanto lá quanto aqui; peixes nos rios, animais na floresta são abundantes. Mas será mais difícil para o inimigo oprimir e insultar vocês".

"Nós fraquejamos quando eles nos torturaram para delatar seus esconderijos? Evitamos os socos e torturas deles, quando queriam que insultássemos vocês?"

"Nunca esqueceremos como você e seu povo foram bravos e verdadeiros".

"Então não nos peça para fugir como um antílope covarde sem luta. Nunca pedirei ao meu povo Kor para fazer isso. Nunca, até florestas desaparecerem e as montanhas se despedaçarem e o céu cair. Nunca! Nunca! Nunca!"

"E nesse ponto", disse Sao Nam, "outros anciãos se juntaram com grunhidos bastante decididos de aprovação, repetindo 'nunca, nunca, nunca' com vozes que se elevaram a gritos, trazendo pessoas de toda parte para a cabana deles".

"Antes vocês eram verdadeiros guerreiros", continuou o velho homem. "Lutávamos como um só. Agora vemos que vocês não são mais lutadores da resistência. Se fossem, apoiariam-nos e não pediriam para que fugíssemos".

"Vocês são muito poucos e os inimigos são muitos. Os sofrimentos serão ainda maiores".

"Nunca fugiremos sem lutar".

"E assim continuou", disse Sao Nam, "e essa, sem dúvida, não foi a primeira vez. Os Kor tinham sido corajosos como tigres ao proteger aqueles de nós que tinham fugido da planície. Primeiro os diemistas tentaram comprar Pho Muc Gia porque sabiam de seu grande prestígio. Mas ele cuspiu neles quando percebeu que queriam que ele traísse seus camaradas da resistência. A tribo toda era firme nisso e alguns sofreram torturas severas em vez de trair os membros da antiga resistência que estavam escondidos na área. Sentimo-nos terrivelmente mal com o sofrimento deles e, em uma reunião um pouco antes dessa conversa, decidimos sugerir que se mudassem. Escolhemos um local onde sentimos que eles estariam relativamente seguros e onde as condições de vida seriam ainda melhores do que onde estavam. Fiquei encarregado de tentar persuadir o velho".

Na noite seguinte a essa conversa, houve uma reunião dos homens Kor e alguns dias depois um grande banquete foi organizado no povoado próximo ao posto Teo-Reo, que era a fonte imediata dos seus problemas. Todos da guarnição de Saigon, exceto um, compareceram, com uma postura arrogante, quando souberam que havia comida e *shum shum* – a forte bebida alcólica da montanha feita de arroz viscoso – em abundância. O povo Kor é tradicionalmente hospitaleiro e, dessa vez, foi mais do que nunca. Depois do *shum shum* fazer efeito, ao sinal do velho chefe, que tinha sido carregado até o local, os jovens da tribo avançaram sobre a guarnição, 54 no total, e mataram todos, sem exceção. Alguns homens da tribo correram de volta ao posto, mas o único sentinela já tinha fugido. As armas, entretanto, estavam lá. A tribo Kor agora tinha posse de 54 armas de fogo e de um estoque com farta munição. Essa ação aconteceu por volta do final de janeiro de 1959 e, até onde pude descobrir, foi o primeiro ato de violência do "outro" lado, em todo o Vietnã central e uma das primeiras no Vietnã do Sul como um todo.

"Ficamos apavorados quando ouvimos isso", disse Sao Nam. "Primeiro, foi uma clara violação da linha e, segundo, sabíamos que essa rebelião seria reprimida com grande ferocidade e os Kor e outras tribos talvez fossem completamente exterminadas".

A reação foi imediata e terrível. A divisão diemista n. 2 e mais 23 companhias foram enviadas ao distrito Tra Bong para destruir os Kor. Para chegar a Tra Bong, a expedição punitiva teve que passar por outros dois distritos, Tra Mi e Son Ha, queimando povoados e massacrando habitantes conforme passavam, criando um estoque de ódio – e contas a serem acertadas. Os Kor não foram pegos desprevenidos. Caçadores habilidosos, eles estavam acostumados a proteger seus lares e campos de animais selvagens, e armaram uma série de terríveis armadilhas humanas ao longo e ao redor de todas as estradas que levavam até suas aldeias. Estas eram muito rudimentares se comparadas aos elaborados sistemas integrados de armadilhas desenvolvidos depois, como resultado da troca de experiências entre as tribos, mas eram muito eficientes. O que parecia ser chão sólido, de repente desaparece sob os pés de um ou mais soldados e eles caem vários metros para serem empalados em estacas de bambu afiadas como pontas de metal. Não eram necessários muitos casos de soldados empalados para aplacar o entusiasmo do resto. Existem armadilhas especiais, desenvolvidas pelos Kor contra os elefantes saqueadores que tentavam chegar ao *ray* com plantações de milho, que são lançadas com tanta força que estacas de bambu conseguem perfurar o estômago do elefante; em outra, disparadores acionam uma avalanche de pedras quando alguém está cutucando o chão em busca de uma armadilha de trincheira.

Como todo povo de tribo, eles são mestres naturais na arte de emboscar e de desaparecer silenciosamente. Somado às armas que tomaram, também tinham as artesanais "louva-deus", uma assustadora arma com a boca em forma de sino que descarrega uma munição que consiste em pequenas bolas de ferro ou aço, e com um alcance de poucos metros, distância na qual operavam. Criadas para cobrir um pedaço de floresta, são lançados quando um guerrilheiro sacode uma corda de uma distância considerável enquanto o inimigo alcança um ponto predeterminado. Um único tiro era suficiente para tirar uma dúzia de soldados de ação. Entretanto, a arma que as tropas diemistas mais temiam era a balestra com as flechas envenenadas; o menor arranhão dessas últimas causa paralisia imediata e a morte é inevitável dentro de três a cinco minutos. O discreto estalo do gatilho da balestra torna impossível localizar de onde atiraram.

Os soldados diemistas encontraram as armadilhas e emboscadas bem antes de alcançarem o povoado Kor, mas eles raramente viam alguém da tribo. Depois de muitos serem golpeados pela floresta, com perdas diárias para um inimigo invisível, a expedição punitiva chegou ao povoado Kor e o encontrou vazio e silencioso. O velho Pho Muc Gia, honradamente satisfeito porque sua tribo tinha batalhado, guiou seu povo para uma área remota onde criaram novos lares em grutas, cravadas ao lado de ravinas, e criaram um complexo sistema permanente de armadilhas em toda a proximidade do novo local, em torno dos seus lares e trechos cultivados.

A primeira expedição punitiva foi um fracasso no que diz respeito à punição dos Kor. Após três meses do incidente de Teo-Reo, 65 operações, com contingentes sempre maiores que batalhões, tinham sido empreendidas contra eles. Diem entendia a necessidade de eliminar completamente essas primeiras faíscas nas montanhas Quang Ngai. Mas suas tropas nunca chegaram aos novos povoados Kor. Outros povos tribais, encorajados com o sucesso dos Kor e enfurecidos com a selvageria das represálias contra aldeias que não tiveram nada a ver com a rebelião, depois de anos de repressão insuportável, começaram a revidar. Tropas diemistas retornando por restos de aldeias que tinham queimado, sem reação em seu caminho de ida, subitamente encontraram-se sob disparos vindos por todos os lados.

Durantes esses primeiros três meses, os líderes Kor afirmam ter causado cerca de 1.200 baixas em seus inimigos: "Preferimos ferir e não matar", um jovem da tribo me disse. "Seus mortos, eles apenas os jogavam nas ravinas ou na floresta, mas seus feridos eles tinham que carregar. Ao longo daquelas trilhas na montanha, era necessário quatro homens para carregar cada ferido e seu equipamento. Então, se ferissemos um, tirávamos de ação cinco homens. Só era preciso machucar uma dúzia de soldados em uma companhia e ela não era mais uma força de combate".

Na verdade, isso não era sempre certo, porque depois, os diemistas, pelo menos no Vietnã Central, atiravam nos seus próprios feridos se estivessem incapazes de marchar. Ouvi isso em inúmeras ocasiões e encontrei alguns ex-diemistas feridos, atingidos por tiros e abandonados como mortos pelos seus próprios oficiais, mas encontrados ainda com vida e salvos pelos guerrilheiros.

Como não puderam destruir os Kor com ação militar, os diemistas infligiram um bloqueio econômico, cujo mais sério efeito foi o corte de suprimentos vitais de sal.

"Nós, quadros da antiga resistência, nos sentimos muito mal com o que estava acontecendo, mas maravilhados com o fato de os heroicos Kor ainda estarem resistindo", disse Sao Nam. "Realizamos uma reunião com todos os antigos quadros que pudemos encontrar na província e decidimos que devíamos organizar pelo menos uma ajuda econômica para eles. Normalmente, os Kor trocavam canela e chá por sal e remédios da planície. Decidimos ajudá-los a levar seus produtos para outros distritos e trazer de volta o que precisavam da planície. Logo, caravanas humanas deslocavam-se de noite entre as montanhas e planícies e a situação de abastecimento melhorou radicalmente para o povo Kor. Também conseguimos vários tipos de plantas medicinais que foram plantadas em torno das novas aldeias Kor. Mostramos a eles como queimar bambu e raízes de certos juncos para obter um tipo de sal; apresentamos a eles a casca de uma determinada árvore que contém grande quantidade de tanino, que também ajuda a substituir o sal. Conseguimos sementes de mandioca e os convencemos a cultivar esse valoroso tubérculo para complementar seu suprimento de arroz, já que era difícil cultivar arroz nas áreas rochosas que tinham escolhido. O velho Pho Muc Gia ficou profundamente tocado com todo aquele apoio e retomou a confiança em nós".

AS ARMAS DE PHO NIA

Nesse meio tempo, houve um novo e inesperado desenvolvimento entre a minoria Hre, uma tribo na qual os franceses tinham criado um batalhão fantoche que depois foi tomado por Diem. Um dos mais respeitados líderes dos Hre era Pho Nia, que havia sido, sob os franceses, um chefe suplente do cantão, mas que se aposentou em sua aldeia nativa, no distrito Son Ha, como um "ancião", assim que a primeira guerra de resistência começou. Depois que a administração diemista foi estabelecida, Pho Nia teve que se esconder por causa da repressão. Na sua própria aldeia a selvageria habitual foi empregada na busca por antigos membros da resistência. Muitos homens da tribo foram mortos, mulheres foram violadas e animais roubados. Quando Pho Nia soube da rebelião Kor, enviou um representante para checar o que tinha acontecido. Ele, então, decidiu que os Hre também tinham que se mudar.

A maior parte dos seus problemas vinha do batalhão fantoche Hre, subordinado a Dinh Ngo e Dinh Enh. Pessoas como Pho Nia tentaram argumentar com eles, para despertar algum sentimento de solidariedade nacional, mas como Sao Nam expressou, "eles tinham sido corrompidos por muito tempo pelos colonialistas; tinham ficado muito acostumados a matar e a saquear, e os diemistas mantiveram privilégios e recompensas especialmente altos pela deslealdade que os franceses tinham introduzido".

Pho Nia, uma figura diminuta e calma com uma cabeça que parecia a de um chefe guerreiro dos índios nativos americanos, decidiu enfrentá-los. Ele fez preparativos minuciosos, ensinou aos homens da tribo como fazer uma grande variedade de armadilhas e também o *sung van nang*, ou arma de "dez mil finalidades", uma arma de fogo primitiva com um pino de disparo acionado por correias de borracha, que podia atirar qualquer pequena bala de arma que fosse pega no campo de batalha. Como a "louva-deus", era suficientemente precisa para o tipo de alcance em que os homens da tribo as usavam. O cano era feito de metal de restos de aviões e de automóveis, aquecidos em ferrarias locais e forjados com formas perfeitamente retas, com uma vareta fina de calibre apropriado, que era queimada depois. Logo, praticamente todos os homens da aldeia tinham uma dessas.

Em julho de 1959, Pho Nia começou suas emboscadas e ataques noturnos usando flechas de fogo, atiradas com balestras, que ficavam presas aos telhados de palha do quartel do batalhão fantoche no primeiro ataque. Em três meses, o batalhão fantoche tinha sofrido graves perdas. Mais tarde, foi destruído completamente. Em seis meses desde sua primeira ação, as forças diemistas lançaram 102 operações de "varredura" ao distrito

Son Ha, de acordo com as estatísticas cuidadosas dos quadros da Frente de Libertação que agora controlam a área, mas Pho Nia os enfrentou em operações de guerrilha bem planejadas. Seus homens entraram em ação sob a palavra de ordem: "Deixe o inimigo devolver o sangue, os ossos e a propriedade que roubaram". Pho Nia era, e ainda é, um líder nato, militar e político, que agora encabeça o comitê da Frente Nacional de Libertação, no distrito de Son Ha.

"Seu nome causava terror no coração dos soldados diemistas", disse Sao Nam, "e mais tarde, quando outros líderes Hre seguiram seu exemplo, eles sempre agiam com o nome de Pho Nia. Uma lenda se espalhou de que ele tinha algum tipo de remédio mágico que protegia seus homens das balas. Na verdade, a 'mágica' eram os preparativos cuidadosos para todo combate, o excelente moral do seu povo lutando para defender suas próprias aldeias e a vingança pelos cinco anos anteriores de inigualável opressão".

Pho Nia continuou a desenvolver armas rudimentares e, em meados de 1960, já tinha trocado experiência com especialistas em armas tribais das províncias vizinhas. Já mencionei as armas "louva-deus" e a de "dez mil finalidades" que atirava qualquer calibre da bala de metralhadora Sten para baixo, com partes ajustáveis para aquelas que não cabiam exatamente no cano. Sua vantagem adicional era que podia facilmente ser construída em um cabo de enxada ou de arado, estando pronta para qualquer emergência. Se um inimigo aparecesse de repente, bastava uma sacudida no arado e lá estava uma arma mortal. Era usada por todo mundo, homens, mulheres, crianças, e os ferreiros locais passaram a produzi-las em série. Se as balas eram curtas, eles preenchiam cartuchos vazios com pólvora artesanal, preparada com esterco de morcego assado, rico em nitrato de potássio, misturado com cinzas de certo tipo de casca de árvore. Qualquer coisa, de esferas de rolamento de bicicletas para cima, foi usada para atirar.

Também havia a *bay da*, um tipo de Honest John* da Idade da Pedra muito usado na complicada área montanhosa para onde os Kor tinham se retirado. Pedras "grandes como búfalos", como um velho homem da tribo tinha expressado, eram movidas por robustos suportes de bambu, dispostos ao longo do comprimento de uma área de emboscada, de acordo com o tamanho da unidade inimiga esperada. Tantas armadilhas quanto possível eram feitas na área escolhida, os suportes eram controlados por um sistema interconectado de disparadores. Quando os soldados da vanguarda chegam na armadilha mais distante, de modo que toda a coluna está posicionada atrás, a primeira armadilha é acionada, descarregando sua própria pedra e automaticamente todas as que estavam atrás.

Examinei apenas modelos de pequena escala para demonstração do princípio, mas acredito nas palavras do velho homem da tribo de que "há um barulho estrondoso que causa pânico nos corações dos inimigos enquanto as pedras caem esmagando". O inconveniente é que depois que o *bay da* é usado, não há saque. Por causa da altura, do peso e da velocidade, tudo é esmagado e desfigurado, tanto corpos como armas.

As *ten lua,* ou flechas de fogo, são atiradas por balestras especiais com alcance de cerca de 180 metros. Elas parecem flechas normais, mas têm uma parte oca na qual enxofre, um pouco de algodão embebido em gasolina e um pavio são colocados em partes levemente separadas. Um cabo especial fixado atrás da ponta da flecha impede que ela penetre muito profundamente no alvo, geralmente um telhado de palha. O pavio, que conduz o fogo até o enxofre, é

---

* Primeiro míssil nuclear superfície-superfície do arsenal estadunidense, começou a ser utilizado no ano de 1953.

aceso antes de atirar e próximo ao momento do impacto o enxofre explode, o algodão embebido em gasolina incendeia e o telhado se torna uma massa de fogo em segundos. É a resposta dos guerrilheiros ao napalm, mas infinitamente mais seletivo e preciso. As *ten lua* são usadas principalmente contra prédios de guarnições inimigas.

Quando tropas inimigas tentaram cruzar um rio para "varredura" em uma aldeia Ngao, no distrito de Son Ha, em março de 1960, os primeiros soldados da fileira caíram repentinamente, gritando. Eles teriam se afogado se os outros não tivessem vindo ajudá-los – mas eles também logo estavam se contorcendo, tentando se escorar uns nos outros e houve uma terrível confusão no meio do rio, no único lugar de onde se podia cruzar o rio caminhando. Eles tinham encontrado o *chong giay,* ou "corda de estacas" – uma nova invenção de Pho Nia. Feitos de longos pedaços grossos de trepadeiras da floresta, estes eram cravejados com estacas de bambu de vinte a 22 centímetros com pontas muito afiadas, dispostos em séries de três, uma das extremidades de cada ficava ancorada no leito do rio. Quando se pisava neles, com a ação da corrente, enrolavam-se nas pernas dos soldados como cobras e quanto mais lutassem para se libertar, mais a *chong giay* esfaqueava e cortava, fazendo a vítima cair de joelhos. Era uma instalação natural para uma emboscada. As tropas diemistas tiveram 46 baixas e tiveram que desistir da tentativa de cruzar o rio.

A principal arma dos diemistas na tentativa de subjugar as aldeias das minorias era a destruição da safra de alimentos. Expedições regulares eram enviadas para cortar o arroz antes que estivesse maduro para a colheita, ou mesmo para arrancar as novas plantações pela raíz. Pho Nia desenvolveu a "vara com estacas" como uma resposta a isso, similar ao *chong giay*, mas as estacas eram colocadas em pedaços rígidos de bambus e plantados no fundo da lama dos campos de arroz, em séries de três, por todo o perímetro dos campos. Os ferimentos infligidos na lama dos campos de arroz eram especialmente graves por causa dos excrementos humanos e de porcos amplamente usados como adubo. Após algumas lições das "varas com estacas", os campos de arroz nos vilarejos de Pho Nia foram deixados em paz. Amputação era quase sempre a única resposta às infecções nas feridas. Uma forma bruta de luta, pode-se argumentar, mas também o eram as tentativas de matar de fome o povo das tribos ao destruir suas plantações. E os Hre e os Kor estavam apenas defendendo seus próprios campos e aldeias; se os diemistas tivessem mantido distância, não haveria problemas.

As florestas vietnamitas eram abundantes em variedades de plantas com espinhos formidáveis. Vi árvores com espinhos de cerca de quinze centímetros, maiores do que o diâmetro dos troncos, quase da espessura das agulhas de um porco-espinho, ao longo de dez metros dos troncos; constantemente topa-se com um aglomerado de arbustos, palmeiras e até mesmo bambus com espinhos impossíveis de atravessar. Esses eram usados criteriosamente pelos povos das tribos e colocados em posições camufladas e em diferentes níveis para pés, panturrilhas, coxas, estômagos e peitos, ao longo de todos os caminhos que levam até suas aldeias. Enquanto um saqueador pisava cuidadosamente para evitar um em seus pés, ficava sujeito a ser atingido no estômago, e enquanto tentava evitar um no peito, seu pé podia ser espetado. As baixas eram tão frequentes por esse motivo que os soldados simplesmente se recusavam a avançar para tais aldeias. Especialistas estadunidenses inventaram revestimentos de metal para serem encaixados em botas com solas reforçadas para proteger pelo menos as pernas. Eles naturalmente impediam os movimentos dos soldados, especialmente naqueles momentos em que precisavam se mover rapidamente. Na primeira vez que foram usados em Quang Ngai por uma coluna que avançava no território dos Hre, os revestimentos foram jogados fora após as balestras e as armas "dez mil finalidades" terem infligido grande perdas aos soldados, que tropeçavam em suas "pernas metálicas"; com isso "grande quantidade de metal útil caiu em nossas mãos", como expressou Sao Nam.

Mais tarde, quando visitei as áreas dos M'Nong (famosos caçadores de elefantes), das minorias Rhade e Jarai, deparei-me com armas rudimentares ainda mais assustadoras, incluindo uma das mais apavorantes que eu já tinha visto. Apelidei-a de "clava voadora", pois era semelhante a essa arma medieval. Eram feitas de vários tamanhos, com 22, 45, 90 ou ainda 225 quilos de argila embalada em uma cesta de tecido. Há longas lanças de bambu atravessando a cesta por todos os ângulos, afiadas como lâminas em ambas as extremidades e endurecidas pelo fogo. De acordo com o tamanho padrão, algo acima de um metro de lanças se projetava de cada lado da cesta. Séries delas são suspensas por robustos cabos aéreos, cipós da floresta, que ficam ocultos na massa impenetrável de ramos frondosos que formam um telhado pela maioria dos caminhos da floresta, até nos mais largos. As cestas são penduradas fora da vista. Quando um disparador é acionado tanto pelos soldados avançando quanto por um guerrilheiro atrás de uma árvore, as "clavas voadoras" precipitam-se rapidamente com grande força, a coisa toda girando e balançando para frente e para trás através da trilha, a cerca de vinte centímetros acima do nível do solo, no seu ponto mais baixo. É impossível para qualquer um dentro de seu alcance conseguir escapar; jogando-se no chão, suas costas serão cortadas em pedaços; pulando para fora da trilha no ponto em que a "clava voadora" estiver operando, cairá em trincheiras com estacas.

Combinado a isso existe uma série integrada de armadilhas que pode cobrir desde algumas centenas de metros até um quilômetro. Metade de uma esquadra pode operar uma seção de quase duzentos metros, um pelotão controla uma área maior. Examinei vários arremeçadores de lança que poderiam ser chamados "katyushas das florestas", como os lançadores de múltiplos foguetes soviéticos. Um tronco jovem de árvore, cortado e aparado, é firmemente fixado em uma extremidade por dois ou três dos mais fortes dos homens da tribo e envergado para trás, até a corda do arco – também de cipó da floresta, que o povo da tribo preferia a qualquer corda – atingir o padrão adequado de tensão. Um delicado mecanismo de gatilho é ajustado e cerca de uma dúzia de lanças de bambu são posicionadas, com seus cabos encaixados à corda e suas pontas descansando sobre o tronco. Este último é quase, mas não perfeitamente, paralelo ao chão, então, as lanças ficam em uma posição ligeiramente inclinada para garantir que cada uma voe em uma altura diferente – de cerca de vinte centímetros a dois metros. Eles são dispostos em intervalos espaçados de cada lado da trilha, intercalados com as "clavas voadoras", "Honest Johns" e "bombas" da floresta. As últimas são feitas de pedaços de troncos de árvores de quinze centímetros de diâmetro aos quais pedaços de bambu, em formato de punhal, tinham sido encaixados. Para aumentar o "calibre" e o peso, geralmente, três pedaços de tronco são amarrados juntos nessa arma. Eles caem das árvores somente quando o alvo encosta no disparador que indica que ele está precisamente na posição para ser atingido.

O que foi descrito anteriormente são apenas algumas das mais espetaculares armas rudimentares que eu vi, mas existe uma infinita variedade, especialmente do tipo automático, que não requer ninguém para tomar conta. "Centenas de milhares, milhões de sentinelas fiéis em guarda dia e noite, nas temporadas de seca e de chuva, sem precisar de arroz, sal ou roupas" como Ybih Aleo, o grande chefe Rhade, definiu mais tarde. Uma das coisas impressionantes era o contraste entre o aspecto desajeitado e primitivo da maioria das armadilhas com troncos grosseiramente cortados, cipós da floresta, pedras etc., e os delicados mecanismos de acionamento nos quais finas linhas de pesca de náilon e arames geralmente desempenhavam um papel, como disparadores também. Normalmente, as armadilhas eram adaptações daquelas usadas por caçadores para tudo, desde codornas, perdizes e macacos até tigres e elefantes, mas a natureza da repressão diemista, como disse Ybih Aleo, "forçou-nos a fazer adaptações também para tigres humanos".

Um jovem camponês vietnamita partidário, que tinha começado lutando contra os franceses aos 15 anos, após notar minhas reações bastante horrorizadas na primeira série realmente abrangente de armadilhas que eu tinha visto, fez um apontamento válido: "Veja, nossas armas não têm muito alcance. Algumas delas não têm nenhum. Elas não são destinadas à agressão contra os estadunidenses ou qualquer outro. O inimigo elimina a necessidade de alcance nas nossas armas quando comete agressões contra nós. Nós as colocamos em torno das nossas aldeias e lares, em torno de áreas cultivadas, árvores frutíferas e galinheiros. Se o inimigo ficar longe, ele não se machucará. Mas quando ele adentra nossos quintais para matar e roubar, irá se ferir muito. Nós os avisamos disso".

O balanço para Quang Ngai era suficientemente sombrio se mensurado em destruição material. Nas operações lançadas nos últimos seis meses de 1959, de acordo com Le Quang Binh, membro do comitê provincial da FNL, um equivalente a duas divisões de exércitos foi usado em uma área de cerca de 125 metros quadrados em campanhas "mate tudo, queime tudo, destrua tudo". Mais de duzentas aldeias foram queimadas e no distrito Pho Muc Gia de Tra Bong, três mil famílias ficaram desabrigadas, outras treze mil nos outros três distritos da montanha de Son Ha, Minh Long e Ba To. Em Tra Bong, isso significava que, na prática, toda casa foi completamente destruída, o povo teve que fugir para as florestas e comer raízes selvagens, vivendo em cavernas e abrigos temporários. A maior parte de suas criações animais foi destruída, mas "perdas humanas foram relativamente pequenas", de acordo com Le Quang Binh. "A partir daquele momento, o povo da montanha se preparou para travar uma luta violenta com armas rudimentares para proteger suas vidas e suas propriedades em uma nova vida que começaram a organizar lá longe nas montanhas e florestas. Nesse meio tempo, começamos a apoiá-los com atividades nas planícies".

ROMPENDO AS AMARRAS

AÇÃO ARMADA NAS PLANÍCIES

Na noite de 18 de maio de 1960, um grupo de oficiais do exército e seus guarda-costas entraram em um restaurante chinês no centro do distrito Mo Duc, nas planícies costeiras da província de Quang Ngai. Eles esbarravam nos clientes que engoliam suas sopas de macarrão enquanto seguiam em direção ao apartamento nos fundos. Após trocarem algumas palavras em voz baixa com um assistente e apresentarem um documento, foram conduzidos a um espaçoso escritório que parecia não condizer com as necessidades de um restaurante chinês. Sentado à mesa havia um vietnamita corpulento, com um fino bigode que caia desde o seu lábio superior, descendo pelas laterais da sua boca até o queixo. Saudações respeitosas partiram dos oficiais e, como resposta, obtiveram um grunhido de cumprimento.

Em dez minutos, o grupo partiu por um elaborado acesso dos fundos que levava até a estrada que conduzia para fora da cidade e levavam com eles o homem de trás da mesa. Depois de andarem em silêncio por um tempo, um oficial puxou um revólver e o apontou para o "proprietário do restaurante". "Em nome dos oficiais patriotas das Forças Armadas do governo", disse o oficial, com uma voz dura como aço, "você, Chau, foi sentenciado à morte por crimes contra o povo do Vietnã. A sentença será executada imediatamente". E antes que qualquer palavra pudesse ser dita, disparou uma bala na cabeça do homem. O corpo despencou no chão da estrada e foi empurrado para o lado, enquanto alguém fixava nele um pedaço de papel.

O oficial e um pequeno grupo apressaram-se de volta ao restaurante, desta vez, entrando pelos fundos. Com as chaves que retiraram do corpo, abriram um grande cofre preto, repleto de documentos, que eles olharam rapidamente e enfiaram em uma sacola de náilon. Houve um súbito murmúrio de horror quando eles abriram uma gaveta grande que estava repleta de orelhas humanas, apenas orelhas esquerdas com um nome e um recibo de 5 mil piastres grampeados a cada uma delas.

"Eram as orelhas de 432 camaradas nossos", disse Sao Nam, o "oficial" que conduziu a operação. "Chau, o tirano que executamos, era um agente especial de Ngo Dinh Can, responsável pela polícia secreta nas províncias de Quang Ngai, Quang Nam e Binh Dinh. O restaurante era uma camuflagem para suas atividades. Para cada camarada morto ele recebeu 5 mil piastres, após encaminhar a orelha direita como prova.

"Conseguimos preciosas aquisições aquela noite, todos os nomes daqueles marcados para serem presos e assassinados, além dos nomes de toda uma rede de agentes trabalhando para Chau. Pudemos alertar todos que estavam naquelas listas e prender seus agentes ou assustá-los para que parassem de agir".

A execução de agentes como Chau tinha se tornado uma política após a decisão de apoiar os povos tribais, iniciando a resistência por "grupos de propaganda armados" nas planícies. A forma "grupos de propaganda armados" tinha sido iniciada em 1944, por Vo Nguyen Giap, o "tigre" de Dien Bien Phu, e Pham Van Dong, agora primeiro ministro da República Democrática do Vietnã (Vietnã do Norte). A primeira unidade de 34 homens de então tornou-se o poderoso exército que Giap usou, com sucesso, dez anos depois, para derrotar os franceses. Essa forma foi adotada como a principal arma na luta político-militar com a qual Sao Nam e seu grupo, além de um crescente número de grupos similares em outras províncias, estavam agora comprometidos, uma vez que a resistência armada havia se generalizado.

Não foi fácil começar a resistência armada nas planícies, onde o controle do inimigo era quase completo. Apenas um punhado de quadros da resistência tinha sobrevivido ao terror de Diem, fugindo para as montanhas. Mas como a notícia da campanha de extermínio contra os povos tribais nas encostas se espalhou pelas planícies, a raiva e o ódio do povo aumentaram. Sao Nam contou-me como os quadros vietnamitas na província de Quang Ngai adotaram a nova política de resistência armada. Primeiro, no final de 1959, decidiram lançar um movimento de "não cooperação" contra a administração diemista para aliviar a pressão sobre o povo das tribos. Perto do final do ano, os diemistas planejaram uma nova campanha desmedida para esmagar a rebelião do povo da montanha de uma vez por todas, trazendo tropas e milícias das províncias vizinhas; isso foi possível porque Quang Ngai era o único lugar no Vietnã Central onde havia alguma resistência armada.

"Tivemos outra reunião, muito séria dessa vez", continuou Sao Nam. "Devido à repressão, que visava primordialmente esmagar os Kor, outras tribos e distritos tinham pegado em armas, todos os distritos das montanhas, na verdade. A política de luta pacífica tinha se desfeito em Quang Ngai porque o inimigo regularmente recorria à violência gratuita. Tínhamos feito nosso melhor para manter a linha e muitos de nós achávamos que ainda deveríamos nos ater estritamente à luta legal. Mas não pudemos fazer nada para impedir o que o próprio povo tinha espontaneamente começado. Se os vietnamitas das planícies não tivessem apoiado os povos tribais, eles poderiam ter sido exterminados. Deveríamos manter essa linha enquanto o inimigo preparava um grande massacre diante dos nossos olhos?".

"Tomamos a decisão extremamente séria de nos constituirmos como um 'comitê de resistência'; para apoiar a ação armada já iniciada pelo povo das tribos; para nos estabelecer nas montanhas, mas também tentar penetrar nas planícies a partir das nossas bases na montanha. Percebemos que isso era contra a linha como a conhecíamos até então, mas esperávamos que nossa decisão pudesse ser entendida à luz da nossa situação especial. Se não apoiássemos as tribos, que tinham nos ajudado tão magnificamente na primeira resistência e tinham nos protegido mais tarde nos nossos momentos mais difíceis, nosso prestígio e o da revolução seriam perdidos para sempre. Enviamos delegados para contatar camaradas escondidos nas províncias vizinhas e informá-los das nossas decisões".

Um historiador poderia tomar essa decisão de Sao Nam e seus camaradas como o início da "guerra bilateral". Até onde pude descobrir, essa foi a primeira tomada de decisão naquele nível, e teve repercussão generalizada. O exemplo da tribo Kor e o apoio que finalmente receberam dos quadros vietnamitas foi usado, mais tarde, como um argumento decisivo na mudança da "linha" no nível mais elevado e na generalização da resistência armada pelo Vietnã do Sul afora. Pho Muc Gia tomou sua decisão cerca de doze meses antes das bem pensadas decisões de Quyet Thanh e seu grupo quando realizaram o ataque a Tua Hai, mencionado anteriormente.

Quang Ngai, terra natal de Pham Van Dong, tem longa tradição revolucionária; o povo não abaixa a cabeça facilmente, mas os vietnamitas nas planícies pelo menos pareciam estar em completo desespero no final de 1959. Entretanto, ouvi sobre um incidente que ilustra o espírito de alguns deles. O dia 26 de outubro de 1959 foi celebrado pelos diemistas como "Dia Nacional". Uma parada militar foi organizada, com soldados em seus melhores e impecáveis uniformes, tanques, artilharia e aviões sobrevoando. O chefe militar local fez um grande discurso comparando as tropas do presidente Ngo Dinh Diem esplendidamente equipadas aos grupos de guerrilheiros vietcongues esfarrapados. Um velho homem subiu até a tribuna e, em frente ao radiante chefe militar, disse:

"O governador está correto. Eu concordo com ele. Os vietcongues são muito piores se comparados aos nacionalistas. Eles não têm nada para comer, apenas batatas e mandiocas; os nacionalistas têm arroz, pão e carne em abundância. Os vietcongues vestem farrapos. Vejam os esplêndidos uniformes dos nacionalistas. Os vietcongues sequer têm armas decentes. Vejam essas armas aqui, todas as esplêndidas armas americanas, tanques e aviões. Os nacionalistas perdem apenas pelo fato de que eles servem a um exército estrangeiro, enquanto os vietcongues lutam contra os estrangeiros que invadem nosso país. Após uma batalha, os vietcongues ajudam a população, mas os nacionalistas apenas queimam e roubam".

O chefe militar o calou a essa altura, tentando rir; e gritando: "O velho é louco", e empurrou-o para fora da tribuna. A polícia apressou-se para prendê-lo, mas a multidão avançou e conseguiu retirá-lo clandestinamente.

Mais tarde, ele tomou seu caminho para as montanhas. "Por que você fez aquilo?", perguntou um dos quadros vietnamitas. "Eu vi que todos estavam deprimidos, desmoralizados com todos aqueles tanques e armas", respondeu o velho companheiro, "então pensei que poderia colocar alguns fatos diretamente para eles. Estou velho agora. Se acontecesse algo comigo não teria muita importância, mas devemos manter o espírito do povo elevado".

Enquanto isso, os Kor não tinham ficado na defensiva. O apoio iniciado em outras áreas os animou. No final de novembro, os mais jovens decidiram atacar um posto que os diemistas tinham estabelecido como um ponto chave para fortalecer o bloqueio econômico, em Eo-Chiem. O velho, Pho Muc Gia, cujo conselho foi buscado, propôs amplo "apoio sonoro". A primeira vez que ouvi o termo foi relacionado a essa ação, mas, desde então, entendi que agora é uma "arma" padrão no arsenal guerrilheiro. Ele insistiu em ser carregado até o local para dirigir as operações. Por volta da meia-noite, toda a tribo reunida com gongos, tambores, trompetes e instrumentos de bambu gigante cercaram o posto e começaram uma tremenda algazarra. Após essa batalha psicológica, o ataque foi realizado e soldados desmoralizados se renderam após alguns tiros serem disparados. O posto foi completamente destruído e, como resultado, mais armas passaram para as mãos dos Kor e algumas foram compartilhadas com quadros vietnamitas; as caravanas de troca de produtos tiveram suas rotas encurtadas em várias horas.

SENTENÇA E EXECUÇÃO

O povo das planícies estava tão aterrorizado que, no início, não confiava em ninguém. "Quando começamos, perdemos alguns quadros", disse-me Sao Nam, "e foi quase impossível estabelecer contato com a população. Enquanto tal máquina terrorista continuasse a controlar suas atividades diárias, seria impossível fazer qualquer coisa. Decidimos que era necessário romper as amarras do inimigo; destruir os piores agentes diemistas e realizar fortes ataques contra postos selecionados. Assim que começamos a fazer isso, um novo brilho surgiu nos olhos do povo, a confiança retornou. Ficou claro quem representávamos quando atingimos o pior dos tiranos, sempre divulgando explicações sobre o porquê. Até a criação da Frente Nacional de Libertação, no final de 1960, operávamos com o nome de Grupos de Propaganda Armados das Forças de Autodefesa do Povo".

Sao Nam explicou, em resposta à minha pergunta sobre qual era a real forma de sentença e execução, que a situação em toda aldeia era primeiramente estudada cuidadosamente; as atividades dos agentes locais e a extensão dos seus crimes. "Você poderia ter certeza de que os agentes chefes escolhidos a dedo eram sempre responsáveis por múltiplos assassinatos, mas nós não os marcávamos para execução se houvesse a menor chance de mudarem suas atitudes. Os agentes, chefes de aldeia, policiais, chefes de segurança etc., geralmente viviam todos no mesmo prédio. Enviávamos um grupo de noite, com alto-falantes para explicar a política do novo movimento de resistência, para expor os crimes do regime diemista e para dizer ao povo como lutar contra ele. Por fim, dávamos um aviso severo aos agentes locais, com nossos megafones direcionados para suas casas. Geralmente disparávamos alguns tiros no ar para impressioná-los".

"Inicialmente, os agentes davam pouca atenção, ao contrário, até intensificaram o terror. Nosso grupo fazia outra visita, geralmente com duas variantes de folhetos escritos à mão. Em um deles estava escrita a biografia e os crimes dos agentes locais e a sentença de morte expedida pelo órgão local da Força de Autodefesa do Povo; o outro era similar, exceto por conter um perdão com uma advertência para não cometer mais crimes. Se encontrássemos o agente chefe em casa, nós o executávamos, deixando o papel da execução com o corpo e afixando algumas cópias. Para os outros, e caso o agente chefe estivesse fora, afixávamos o perdão e as advertências".

"Muitos daqueles que foram 'perdoados' encontraram meios de nos contatar e nos agradeceram de joelhos pelo perdão. Muitos se ofereceram para nos servir enquanto fingiam servir o inimigo. Na verdade, sabíamos que, na maioria dos casos, eles continuariam servindo o inimigo também, mas contamos com o povo exercendo um rígido controle sobre eles no futuro, então pudemos aceitar isso. Os pecadores não arrependidos, após tal visita, deixavam a aldeia e operavam do posto militar mais próximo, visitando a aldeia apenas durante o dia. Se soubéssemos que vários deles estavam em um determinado posto, nós o atacávamos; e explorar o fato de que estávamos atacando apenas porque os agentes terroristas estavam lá era muito importante – para os soldados dentro e também para a população. Nossa principal motivação, no início, era ganhar o apoio da população e elevar seu moral".

"Antes de atacar um posto, nossos megafones entravam em ação. Explicávamos aos soldados que estávamos lá para punir os agentes pelos seus crimes contra o povo. Dizíamos: 'se vocês não atirarem, nós também não atiraremos. Se atirarem, nós também o faremos e vamos destruí-los'. Frequentemente eles traziam os agentes para fora, gritando. 'Vá e responda pelos seus crimes contra o povo'. Tudo isso tinha um efeito notável no moral do povo e os subordinados dos agentes tornaram-se muito mais educados. Assim que lidávamos com um punhado de agentes em qualquer distrito, podíamos entrar e sair das aldeias quando quiséssemos, e o tipo de relação da velha resistência foi restabelecido com o povo".

Sao Nam é, sem dúvida, uma pessoa notável. Quando o conheci, era o oficial líder das forças da FNL na província Quang Ngai, um ex-camponês sem-terra, educado, como costumava dizer, "pela revolução". Ele é extraordinário, mas também típico, assim como muitos que conheci naquele nível de comandantes de companhias e de batalhões para cima. Tudo relacionado a ele reflete vigor, capacidade, confiança – um homem em quem se poderia ter confiança ilimitada na pior das situações. Seu rosto tem uma tonalidade castanha, polido por anos de vento e sol ao ar livre. Ele participou da primeira resistência quando tinha dezessete anos e está envolvido na revolução desde então. Dois dos seus irmãos morreram na primeira resistência, outro é comandante de uma companhia das forças da FNL, uma irmã é professora de uma escola em uma área controlada pela Frente. Seu pai está cumprindo uma sentença de dez anos de cadeia por atividades na antiga resistência. Sua esposa, se ainda viva, está na prisão.

"Tínhamos apenas uma semana de casados", disse ele com um raro suspiro. "Foi durante o último ano da guerra contra os franceses. Ela foi capturada pelos diemistas e torturada até que colocasse sua impressão digital em um documento de divórcio. Não sei se ela ainda está viva; praticamente não consigo lembrar seu rosto, por mais que tente. Lembro-me o quão suave e gentil ela era comigo, mas como feita de aço quando se tratava do inimigo. A vida pode ser amarga algumas vezes, mas comparada a de muitos dos meus camaradas, me considero sortudo. Conheci a beleza do amor de uma mulher por uma semana. Muitos dos meus camaradas, homens de quarenta anos ou mais, nunca conheceram essa beleza".

Sao Nam aprendeu a ler e escrever nas forças do Viet Minh, onde ele tinha alcançado o posto de comandante de companhia na época de Dien Bien Phu. Ele tinha toda conduta de um comandante militar de primeira classe e embora eu duvide que ele tenha estudado algum dia qualquer coisa sobre guerra psicológica, ele a aplicava de uma forma natural e surpreendentemente efetiva nas atividades do cotidiano, assim como tantos de seus camaradas de armas. Isso era natural para eles porque eles pertenciam ao povo com o qual trabalhavam e lutavam, conheciam profundamente seus sentimentos e o que os movia a amar, odiar e temer; o que inspirará confiança ou levantará suspeita. Apesar da pouca educação formal que recebeu nas brechas entre as atividades de resistência, Sao Nam é uma pessoa culta, com um conhecimento profundo da vida e dos costumes das minorias. Noite após noite, sentávamo-nos ao redor de uma fogueira no acampamento, comendo mandioca assada e espantando mosquitos, enquanto ele contava histórias para despertar meu interesse pela nobreza, coragem e dignidade dos povos tribais, os quais considerava seus irmãos mais próximos. Meu próprio contato com essas tribos teria sido impossível se não fosse pela confiança deles em quadros como Sao Nam, com quem tinham compartilhado suas vidas por mais de doze anos.

No final de 1960, espalhou-se a notícia para derrubar o governo diemista onde fosse possível. Como seu próprio distrito estava livre do governo diemista, Pho Nia saiu à procura de soldados inimigos nas planícies. Agora, não importava quem empreendia as operações militares em Quang Ngai, mesmo se as ordens e folhetos fossem assinados pela FNL ou outros órgãos da resistência, os soldados diemistas sempre os atribuíam ao temível Pho Nia. A resposta diemista, no final de 1960, foi começar a cercar todos as vilarejos nas planícies, devastando todas as touceiras de bambu, árvores frutíferas e pedaços de floresta para produzir muralhas de madeira e bambu para o que seriam os embriões das "aldeias estratégicas", e para evitar qualquer cobertura natural aos guerrilheiros. Mas, nas palavras de Sao Nam, "as amarras do inimigo já tinham sido rompidas" e a influência da FNL facilmente penetrou as cercas de bambu e o arame farpado adicionados posteriormente.

No decorrer de 1960, os diemistas lançaram mais de duzentas operações somente contra a área de Pho Nia, mas quanto mais eles tentavam "varrer", mais vastamente a resistência se espalhava. Parecia haver um padrão de luta definido, que operava de acordo com leis bem definidas, como confirmei em muitas áreas onde pude checar. Em 1961, os diemistas não podiam sequer tentar lançar ataques a Son Ha, o distrito natal de Pho Nia. Começando pelo seu próprio vilarejo, Son Tinh, no topo de uma montanha ao qual ele tinha retornado, e no qual os diemistas tentaram, em vão, por seis vezes, chegar, Pho Nia pouco a pouco construiu uma área completamente livre do governo diemista, na qual suas Forças Armadas não podiam penetrar. Agentes diemistas foram varridos para fora, povoado após povoado, até que o distrito de Son Ha tornou-se uma zona solidamente livre, e isso rapidamente se expandiu aos distritos vizinhos.

"Os diemistas estavam mortalmente assustados pelo que tinha acontecido nos distritos montanhosos ocidentais e agora concentravam todas as suas forças nas planícies", disse Le Quang Binh, já citado, "mas isso forçou os homens da planície a participarem também da guerrilha. Um de seus primeiros atos, a propósito, tinha sido protestar contra o massacre das tribos e tentar convencer as tropas diemistas para que parassem com tais atrocidades. Eles fizeram um trabalho esplêndido na organização de suprimentos de sal, tecidos, implementos agrícolas e outros bens extremamente necessários para as áreas montanhosas, e isso forjou novos laços de solidariedade entre os vietnamitas e os povos tribais. Eles até enviaram professores das planícies para organizar escolas e introduzir algumas noções de saúde pública".

A AÇÃO ARMADA SE ESPALHA

Ao sul de Quang Ngai fica a província Binh Dinh. Foi o comandante das tropas provinciais do Exército de Libertação, Nguyen Van Hao, um veterano da primeira guerra de resistência, com 46 anos de idade, quem deu os detalhes sobre como as faíscas que se acenderam em Quang Ngai ultrapassaram as fronteiras provinciais e caíram entre gravetos que já estavam prontos para serem incendiados. Lá, o desenrolar dos acontecimentos, até 1959, foi similar ao de outras províncias do Vietnã Central. "No início de 1959, houve uma ligeira mudança na situação", disse ele. "Até então a luta tinha sido passiva, as pessoas tentavam adiar o máximo possível as convocações para se apresentarem às autoridades para investigação. Mas, já no começo de 1959, o povo das minorias nas montanhas recusava-se categoricamente a descer às planícies para as 'convocações' da polícia. Chegou a notícia de que o povo Kor nas fronteiras tinha se rebelado. Então, os Bahnar e Hre, que eram as principais minorias na nossa província, disseram: 'Subam e venham nos buscar. Nós não desceremos para sermos surrados e torturados como os vietnamitas'".

"Nas planícies, um número considerável de vietnamitas tinha sido obrigado ao serviço militar; entendemos que eles não tiveram escolha e isso influenciou nossa atitude quando, mais tarde, estávamos armados e os encontramos. Mas as minorias recusaram-se a se apresentar para o serviço militar. 'Nós não podemos viver sem nossas famílias, nosso *ray*, nossas montanhas', disseram. Em meados de 1959, os diemistas estavam mandando unidades de pelotão, depois companhias para fazer cumprir suas ordens, mas sem sucesso. Eles nunca conseguiram colocar as mãos em qualquer indivíduo em idade militar. Tentaram capturar comunidades inteiras e concentrá-las nas planícies, mas isso também falhou; povoados inteiros desapareceram na floresta. Qualquer um que os diemistas conseguissem capturar era torturado da maneira mais brutal, e quando a notícia se espalhou, as pessoas começaram a afiar suas facas e a procurar suas balestras.

"Em setembro e outubro, houve alguns incidentes. Esses eram meses de colheita e o inimigo veio para Tao Loc e Tu Lec, povoados da tribo Bahnar no distrito Vinh Thanh, para destruir as plantações porque os homens não tinham se apresentado para o serviço militar. Nessa altura, todos sabiam do bem-sucedido levante e da resistência dos Kor. O povo da tribo de Bahnar se retirou dos povoados para a floresta, matou três soldados diemistas com flechas envenenadas e feriu mais oito com armadilhas que deixaram em torno do seu *ray*. Os diemistas enviaram aeronaves para bombardear o povoado e cobrir a retirada de suas tropas. Essa foi a primeira faísca em Binh Dinh. Parecia ter parado nisso, mas o exemplo impressionou outros povoados sobre o que podia ser feito e, apesar de tudo parecer calmo, as paixões estavam fervendo por dentro. Enquanto isso, nós, antigos quadros da resistência, tínhamos recebido notícias de nossos camaradas em Quang Ngai e isso nos deu bastante o que pensar. Após longas conversas, decidimos que era vergonhoso deixar o inimigo concentrar todas as suas forças em Quang Ngai por causa da inatividade das províncias vizinhas.

"Assim que os diemistas iniciaram sua grande ação em Quang Ngai, nós atacamos um de seus postos em Hoaui Ton, no distrito de An Lão, perto da fronteira com Quang Ngai. Não matamos ninguém, apenas amarramos soldados enquanto retirávamos suas armas. Capturamos 26 rifles, trinta granadas e mais de mil cartuchos. Isso é coisa pequena atualmente", disse com um tipo de sorriso que indicava o pensamento nas centenas de rifles e dezenas de milhares de cartuchos que conseguiam agora, "mas foi algo enorme para nós naquele momento. Isso também ajudou a incendiar nossos compatriotas além das fronteiras. Os diemistas perceberam que era perigoso deixar Binh Dinh desprotegida".

Aconteceram ações similares nas províncias de Quang Nam e Thua Thien ao norte, então, antes que a grande ação contra Quang Ngai pudesse ser completada, o comando diemista teve que recuar algumas das tropas e milícias que tinham trazido de fora. Estas foram levadas, às pressas, de volta para suas próprias bases para tentar acabar com as faíscas que já crepitavam por lá; mas elas logo atiçaram incêndios na floresta, com a notícia de que a linha tinha mudado e de que o uso de armas para autodefesa era a ordem geral do dia.

A criação da Frente Nacional de Libertação, em 20 de dezembro de 1960, seguido em cinco semanas por um malsucedido golpe de oficiais diemistas, em Saigon,* foi o principal evento que colocou as rebeliões esporádicas em uma base organizada e forneceu a estrutura política dentro da qual a luta militar geral era agora travada.

* Ver Burchett, Wilfred. *The Furtive War*, p. 80-83.

NOS PLANALTOS OCIDENTAIS

LUTA EM TORNO DE B. M. THUOT

Buon Ma Thuot é um centro estratégico na província Dak Lak, uma área importante de Tay Nguyen (Planaltos Ocidentais) ou *Hauts Plateaux,* como os franceses a chamavam. Militarmente, Tay Nguyen seria, para o Vietnã do Sul, talvez comparável à Planície de Jars em Laos, uma vasta área com platôs adequados para campos de aviação. Buon Ma Thuot é suficientemente perto das fronteiras com o Camboja e Laos para torná-la de vital importância, um fato que os militares estadunidenses em Saigon não tinham negligenciado. Buon Ma Thuot é, talvez, o segundo centro militar mais importante depois de Saigon. Também é centro da maior concentração de minorias étnicas no Vietnã do Sul, principalmente das tribos Rhade, Jarai e M'Nong.

Tranh Dinh Minh era vietnamita, mas tinha vivido em Tay Nguyen por quatorze anos, desde os quatorze anos de idade, voluntariou-se para servir lá, pois era muito jovem e pequeno para aguentar uma arma na guerra contra os franceses, embora tenha servido como um "agente de ligação" aos treze anos de idade. Ele tinha adotado completamente os costumes das tribos, sua comida, linguagem e vestimentas, tendo praticado a política dos três "com": "trabalhar com, morar com, comer com", como defendido pelo presidente Ho Chi Minh. Ele conheceu toda a área, conheceu o povo e ganhou a confiança deles. Como Sao Nam, ele era um "filho da revolução". Toda a sua família foi aniquilada na província Quang Nam nos estágios iniciais da guerra contra os franceses. Após se voluntariar para trabalhar em Dak Lak, aprendeu cinco línguas tribais e foi adotado como "filho" por várias delas. Sua noiva foi presa e morta pelos diemistas; quando o conheci, várias das tribos estavam competindo para encontrar uma parceira adequada para ele. Era o homem ideal para a tarefa em mãos – mas era uma tarefa difícil ser enviado sozinho, com uma pistola, para cercar Buon Ma Thuot com bases da FNL. Isso foi em dezembro de 1960, no mesmo mês em que a Frente Nacional foi formada.

B. M. Thuot, como o nome geralmente é escrito nos mapas, era o quartel-general para o corpo do 4º exército diemista, uma divisão e mais um regimento. Em poucos dias, Tranh Dinh Minh tinha recrutado alguns velhos amigos, três vietnamitas e quatro pessoas da tribo; cada um tinha uma faca na bainha.

"Nossa principal tarefa", ele me disse, "era nos estabelecermos nos corações do povo. Esse é o único jeito que encontramos para estabelecer uma base. Mas era difícil fazer qualquer coisa sem armas. Um dia, emboscamos um caminhão diemista, mas não havia armas, apenas uniformes. Nós carregamos tantos quanto pudemos, embora inicialmente eu estivesse muito desapontando. Então, tive uma ideia. B. M. Thuot era cercada por 'assentamentos agrícolas' para onde vietnamitas 'suspeitos' das planícies tinham sido exilados para construir plantações de seringueiras e de café para a família de Diem. Cada um deles era controlado por um posto militar estabelecido dentro do próprio 'assentamento'. Por que não tentar usar os uniformes diemistas, para nos infiltrarmos e capturarmos as armas do posto?"

Logo após o entardecer, vestidos com uniformes de oficiais diemistas, eles pararam um caminhão que tinha acabado de surgir, vindo de um dos "assentamentos agrícolas" e que seguia para B. M. Thuot. O motorista mostrou-se amigável, dizendo a eles a organização exata do posto e concordou em levá-los de volta até lá. Como estavam com uniformes diemistas, a sentinela do portão deixou-os passar. "Seguimos diretamente para o quarto do capitão", relatou Tran Dinh Minh, "e o encontramos sentado na cama, tocando violão, enquanto alguns dos seus soldados dançavam ao som de música em estilo ocidental. Suas armas estavam amontoadas num canto e nós as pegamos ao mesmo tempo que pegamos o capitão. Explicamos que éramos da FNL, ordenamos ao capitão que reunisse seus homens, fizesse com que depusessem as armas imediatamente e, então, ouvissem a declaração da política da Frente. Caso contrário, ele seria morto imediatamente. O resto do pelotão veio dos seus quartéis, amontoou suas armas e se reuniu na praça da guarnição. Nossos homens tomaram as armas e assumiram posições estratégicas, enquanto eu conversava com eles. Bem antes de eu ter terminado, os soldados já estavam do nosso lado".

Os soldados da guarnição eram camponeses conscritos, como a maioria dos soldados diemistas, e cada palavra de Tranh Dinh Minh refletia suas próprias experiências. Todos os 29 se engajaram e se ofereceram para ajudar a organizar uma reunião com os companheiros do assentamento, embora houvesse outro posto militar a apenas um quilômetro dali. Um total de 2.700 pessoas foi reunido. "Eles mal podiam acreditar em seus olhos e ouvidos, quando nos viram e ouviram", disse-me Minh. "As pessoas realmente choravam de alegria quando explicávamos quem nós éramos. Mais de quatrocentos jovens imploraram para se juntar às nossas fileiras, mas como só tínhamos trinta armas recém-capturadas, e nenhuma base ou sistema de suprimento, aceitei apenas 75 dos mais fortes e decididos. Promovi meus sete recrutas rasos a líderes de esquadrão imediatamente e coloquei os novos homens sob seus comandos.

Chegamos ao assentamento com uma força de oito homens, com uma pistola e sete facas, e saímos com 112 homens, uma submetralhadora e 28 rifles".

Nos arredores de B. M. Thuot, florestas e plantações alternavam-se como num tabuleiro de xadrez. Quando Minh começou a agir, em torno da cidade havia onze plantações francesas com cinco mil trabalhadores vietnamitas e seis "assentamentos agrícolas" com 25 mil vietnamitas das planícies. Minh conseguiu estabelecer bases em todos eles.

Os "assentamentos agrícolas", a propósito, eram parte de um plano louco elaborado por Diem e seus "conselheiros" estadunidenses. O objetivo era matar vários coelhos com uma só cajadada: primeiro, exilar "suspeitos" ou "encrenqueiros" em potencial das planícies; segundo, colocar vietnamitas e o povo tribal um contra o outro, pois os "assentamentos agrícolas" eram formados com a demolição dos povoados das minorias e expulsando o povo tribal do seu território de caça; terceiro, prover mão de obra barata para transformar as terras férteis de Tay Nguyen em plantações de café, chá e seringueiras; e quarto, especialmente no caso de B. M. Thuot, preencher as lacunas da cerca humana de proteção em torno daquele centro estratégico. Mas não demorou muito para um propagandista habilidoso como Minh provar aos vietnamitas exilados e aos povos das minorias, caso não tivessem percebido por si próprios, que suas misérias vinham de uma origem central, o regime diemista-estadunidense em Saigon. Minh e os "grupos de propaganda armados" que formou, logo desenvolveram ações conjuntas entre vietnamitas e pessoas das tribos contra um opressor comum. E não foi mais difícil organizar os agricultores do que foi com os exilados e as tribos; Minh, sendo um ótimo tático, usou seu controle sobre os seringueiros em detrimento dos fazendeiros e administradores franceses. Certamente era ele, e não Saigon, que agora, em nome da FNL, recolhia seus impostos com o acordo tácito de que, se os franceses se comportassem corretamente, não haveria problemas com a mão de obra. No final de 1961, o controle diemista tinha sido removido dos "assentamentos agrícolas" e os postos militares foram eliminados. Os internos, agora afiliados à Frente, tinham elegido comitês de autoadministração. Os seringueiros, por meio de seus sindicatos, também se filiaram à Frente.

Nessa época, os estadunidenses estavam muito preocupados com a situação; eles ainda tinham grandes planos para B. M. Thuot. Em documentos capturados pelos guerrilheiros havia até mesmo insinuações de que seria um derradeiro baluarte no caso de ameaça a Saigon. Grandes esforços tinham sido feitos na construção de depósitos subterrâneos de armas e em um complexo de instalações e fortificações. O novo plano era completar o círculo de armadura humana, concentrando o máximo que pudessem de pessoas das tribos em "aldeias estratégicas", outro muro para levar o "primeiro choque" dos ataques "vietcongues", como constava nos documentos capturados. De acordo com o plano, o controle dos "assentamentos agrícolas" deveria ser retomado, e tanto os internos quanto os povos tribais nas "aldeias estratégicas" deveriam ser armados para defenderem a si próprios contra os "vietcongues". Essas eram as novas instruções que vieram com a intervenção direta dos Estados Unidos, no final de 1961.

"NOVOS" ESTADUNIDENSES

Buon Ea Nao, um povoado a cerca de três quilômetros de B. M. Thuot, foi escolhido como o principal campo para concentrar as minorias e instruí-las para o uso de armas estadunidenses. Todo povoado deveria mandar seus anciãos para doutrinação política e dez homens aptos para treinamento militar para autoproteção contra "bestas selvagens". Ybih Aleo, o mais respeitado líder dos

37 grupos de minorias em Tay Nguyen, e ele mesmo do distrito B. M. Thuot, um grisalho militar veterano treinado pelos franceses e vice-presidente da FNL, disse-me que os diemistas, sob o específico conselho estadunidense, evitavam dizer que seriam armados contra a Frente de Libertação ou "vietcongues" porque eles sabiam que qualquer comentário depreciativo afastaria o povo das tribos. "Era principalmente um oficial estadunidense vestido de padre quem falava que as armas eram contra 'intrusos' que vinham roubar seus porcos ou frangos, mesmo se fossem 'soldados diemistas'. Foi um argumento inteligente", disse Ybih Aleo, "e levou em conta o fato de que os soldados diemistas estavam completamente desacreditados devido às suas atrocidades contra o povo".

Ouvi um relato ainda mais detalhado de um ancião de um dos povoados; nem seu nome, nem o de sua aldeia podem ser revelados, pois ele ainda está lá e seu povoado agora está sob o controle de Saigon. Uma figura agradavelmente digna que escolhia suas palavras com grande reflexão.

"Esse estadunidense falava Rhade e chamava a si mesmo de *Eay* (padre) Teo. Disse que era um 'novo' estadunidense e que estes eram contra os 'velhos' estadunidenses que ajudaram os diemistas a machucar nosso povo. 'Nós ajudaremos vocês a se tornarem realmente independentes', disse. 'Mas vocês não devem ajudar nem os diemistas, nem os vietcongues. Daremos tudo que vocês precisam e vocês virão para novos lares que ajudaremos a construir. Roupa, arroz, sal e armas para defenderem-se contra qualquer malfeitor – nós daremos tudo isso'. Ficamos confusos, pois sabíamos que os estadunidenses ajudavam Diem; agora outros vêm e dizem se opor a ele. Esse 'novo' estadunidense parecia exatamente como os 'velhos'. Ele parecia ser um militar, mas estava vestido como um padre francês. Porém, ele disse que não era padre. 'Fui enviado por Cristo para ajudá-los, mas a minha é a 'nova' religião dos 'novos' estadunidenses'".

"'Veja', disse esse *Eay* Teo, 'este é o caminho. Os 'velhos' estadunidenses e os 'diemistas' comportam-se como gatos e os vietcongues são os ratos. Se estes invadirem suas plantações de arroz, os gatos vêm para matar o rato. Mas fazendo isso, eles também estragam suas plantações de arroz. Se vocês impedirem o rato de entrar, consequentemente impedirão o gato também, logo, nenhum prejuízo causado pelo gato ou pelo rato. Daremos armas a vocês para que lidem com ambos'".

"Nosso povo conversou muito sobre isso, mas estávamos todos receosos. Não queríamos ficar concentrados e também não queríamos as armas deles. Então, dissemos não à concentração e às armas. Até agora sempre nos defendemos à moda antiga. *Eay* Teo ficou com muita raiva. 'Se vocês se recusarem a pegar as armas e os 'velhos' estadunidenses diemistas vierem para matá-los, a culpa será de vocês', disse. Em poucos dias, mais de mil soldados vieram para a nossa área. Cinco povoados foram queimados e vinte pessoas, principalmente crianças e velhos, foram mortos. O povo da nossa tribo foi obrigado a ir para B. M. Thuot novamente e a se preparar para aceitar a concentração. Éramos mais de mil reunidos e nossos corações estavam pesados. Tropas diemistas nos cercaram com armas apontadas para as nossas costas. Estavam lá *Eay* Teo, o governador da província e os chefes de todos os distritos. 'Ou vocês concordam em se concentrar imediatamente ou tropas serão enviadas contra todas as suas aldeias amanhã', disse *Eay* Teo".

"Estávamos todos tristes. Todos olhavam para o chão, pois parecia não haver mais esperança. Mas, então, o velho I Bru, do povoado Buon Dju, subiu no palanque de uma cabana e começou a falar. Ele era velho, tinha cerca de setenta anos, mas todos o conheciam: 'Nós das tribos', disse, 'sempre vivemos com nosso *ray*, nossas florestas, riachos e árvores. Agora querem nos trancar, longe de nossas árvores e florestas. Dessa forma, morreremos lentamente. Agora, vocês têm seus soldados e armas a nossa volta. Melhor puxar o gatilho agora e morreremos todos juntos'. O chefe do distrito marchou até ele: 'Se você discorda do governo, dos estadunidenses, seu velho tolo, vocês *serão* todos mortos. E se *você* continuar falando assim, você morrerá primeiro, agora mesmo'".

"'Se você morrer', gritou o velho I Bru, 'você perde sua casa de campo, sua plantação, seu bom carro e sua bela mulher. Se eu morrer, eu perco apenas isso', e arrancou sua tanga, atirou-a na cara do chefe do distrito e permaneceu lá, nu, com seu peito estufado para receber as balas. Houve uma tremenda agitação. Todos se apressaram para salvar o velho, gritando: 'Sem concentração! Sem concentração!'. Os oficiais ficaram entusiasmados e os soldados prepararam suas armas. Então *Eay* Teo falou novamente, tentando sorrir, mas seus lábios estavam tremendo. 'Por que todo esse barulho? Por que toda essa agitação?', disse. 'Convidamos vocês para ouvir suas opiniões. Agora vocês podem ir para casa'".

Naquela noite, soldados vieram de um posto nas imediações, arrastaram o velho para fora e o mataram. No dia seguinte, pessoas de vinte povoados se reuniram para honrar o homem. O povo tribal prometeu continuar a luta, assim como o velho tinha feito, e ficou acordado que apenas quando não houvesse mais floresta e os riachos estivessem secos o povo Rhade permitiria ser concentrado. Mas alguns dos povoados perto de B. M. Thuot foram cercados e se tornaram aldeias estratégicas. "Embora eles possam cercar nossos povoados, não podem cercar os nossos corações", concluiu o ancião. "Eles pertencem à revolução".

VIDA NA RESERVA

O incidente com I Bru aconteceu no final de 1961, e em fevereiro de 1962 um bloqueio econômico parcial foi imposto, suspendendo o fornecimento de sal como primeiro passo. Funcionários do governo local ordenaram ao povo tribal que parasse com a produção de arroz e cultivasse juta no lugar, os estadunidenses poderiam fornecer arroz mais barato. Nessa época, de acordo com Ybih Aleo, os diemistas começaram a plantar bombas "Gibbs" e "caneta tinteiro" nos povoados das minorias, aparentemente como represália pelas armadilhas com as quais estavam defendendo seus lares e cultivos. A primeira era uma pequena mina de pressão plana, com tamanho e forma de uma lata de pasta de dente da marca Gibbs. A segunda tinha o formato parecido com o de uma caneta tinteiro Parker. Os grupos de ataque, que encontravam as aldeias vazias quando chegavam, escondiam as bombas Gibbs por todo lado, debaixo de uma cama, de uma mesa, de uma panela ou das tiras de bambu que serviam de chão nas cabanas do povo tribal. As bombas "caneta tinteiro" eram espalhadas pela grama no entorno e se uma criança pegasse uma delas, teria sua mão arrancada. "Depois de uma invasão do inimigo e do retorno do povo aos seus lares, havia explosões, choro e lamentos até tarde da noite", disse Ybih Aleo. Desde então, entre fevereiro e março de 1962, também foi proibido tocar gongos ou tambores, pois os diemistas suspeitavam que era um sinal para os vietcongues.

Tranh Dinh Minh me disse que, durante aquele período, muitos dos homens mais jovens vieram para a sua base e se alistaram nas forças da FNL. "Povoados inteiros vieram se instalar perto de nós", disse, "mas era difícil aceitar tantos devido ao nosso próprio problema de abastecimento. A luta ficou difícil; assim que cercavam os povoados, os diemistas começavam, então, a estabelecer postos militares para 'protegê-los'. Não estávamos preparados, naquele momento, para conduzir o povo tribal em uma luta armada generalizada. Eles ficariam expostos a impiedosas represálias para as quais não poderíamos oferecer proteção. Diferente da maior parte das áreas de minorias, não havia montanhas para fugir e a força militar do inimigo lá era muitas vezes maior do que a nossa. Concentramo-nos, então, na consolidação política".

A vida para o povo tribal, gradualmente, assumiu os padrões daquelas "reservas" indígenas que os estadunidenses criaram para aqueles que sobreviveram aos grandes massacres, ocorridos no século passado. Como só era permitido que saíssem durante o dia de seus povoados fechados, era inútil tentar trabalhar seus *ray*, na verdade, só era permitido trabalhar a terra dentro de um raio de um quilômetro do povoado. Normalmente, deixavam o vilarejo a tempo de conseguir um dia completo de trabalho no *ray* entre o nascer e o pôr do sol. O novo regime foi imposto para impedir o contato com os vietcongues na floresta. Não havia lugar para a criação de gado dentro do perímetro do arame farpado que, então, foi abandonado aos tigres. Visitas entre os povoados para celebrar as festas de cada um, a mais popular forma de relação social entre os povos tribais, foram banidas. Apesar de os homens só usarem tangas e as mulheres saias na altura do tornozelo, eles eram submetidos à indignidade de serem revistados ao entrar e ao sair da paliçada. A caça foi interrompida, afinal, o que se poderia caçar dentro do raio de um quilômetro do povoado?

O paralelo com os indígenas estadunidenses é dolorosamente óbvio. Os diemistas tinham iniciado a velha forma de campanha de extermínio – e agora as reservas, como último estágio. Com a perda da terra da tribo, o fim das caçadas, os costumes pisoteados, seu modo de vida virado de cabeça para baixo, eles desapareceriam de qualquer forma! Mas o povo tribal não era tão resignado ao seu destino. Como o ancião mencionado anteriormente expressou: "O que você veria da nossa vida se você viesse ao nosso povoado agora seria como cinzas. Mas sob as cinzas estão as brasas incandescentes. Esperamos pelo dia em que o vento virá, soprará as cinzas e atiçará as brasas de volta à vida".

O controle dentro das paliçadas é exercido à luz do dia, por nativos Rhade, escolhidos há muito tempo, treinados nas Filipinas e apresentados como representantes da "nova" religião dos "novos" estadunidenses. Do que descobri sobre serviços religiosos entre o povo Rhade, eles são católicos doutrinados, mas o pastores-padres insistem que eles não são católicos; "essa era a religião dos franceses colonialistas", diziam. "Nós representamos a 'nova' religião". Eles combinam a política com suas funções religiosas, mas não ousam ficar durante a noite nas paliçadas e retornam a B. M. Thuot. "Os mais cruéis desses agentes", contou-me o ancião tribal, "sofrem acidentes na estrada. Parece que eles são pegos por tigres, pois seus corpos nunca são encontrados".

Após um grande esforço do regime diemista, em 1962, o controle nominal da área imediatamente ao redor de B. M. Thuot, incluindo os "assentamentos agrícolas", foi retomado por Saigon, mas era óbvio, de tudo que pude ver e ouvir, que a situação de "brasas incandescentes" era real.

No final de 1963, os diemistas tinham tomado de volta um perímetro de aproximadamente dez quilômetros a partir de B. M. Thuot, e a própria cidade foi convertida em um tipo de fortaleza medieval, cercada por uma série de paliçadas de mais de dois metros de altura, dezoito metros entre os muros externos e a segunda paliçada, nove metros entre o segundo e terceiro muros. Dentro, a cidade foi dividida em um grande número de subseções, cada qual também murada. Entre as paliçadas existem fossos com obstáculos de estacas e mesmo as casas são individualmente cercadas por valetas com estacas enfileiradas e uma tábua levando à entrada que deve ser recolhida à noite. A principal vítima é o próprio povo, suas crianças, cachorros e porcos. As estacas precisam ser descobertas após o pôr do sol e cobertas novamente apenas quando os gongos soam às 6h da manhã.

Isso foi, ao menos, parte de um relato detalhado dado a mim sobre a vida em B. M. Thuot por um jornalista que saiu clandestinamente da cidade especialmente para me contatar. "É uma cidade de medo e terror", disse. "As autoridades estão aterrorizadas porque sabem que a FNL tem suas Forças Armadas no entorno de toda a cidade e bases dentro dela também, apesar de toda precaução; o povo está aterrorizado porque o lugar está repleto de policiais e agentes que estão autorizados a prender ou matar qualquer suspeito vietcongue imediatamente. Se uma pessoa é presa, nunca mais temos notícias dela. As coisas chegaram a esse ponto. Se alguém, andando na rua, reconhece outro que é da FNL, mesmo que ele não possa dar o menor sinal de ter feito esse reconhecimento, se ele não for preso naquela mesma noite, fugirá com sua família para a zona livre. Por quê? Porque, com alcoviteiros e agentes por todos os lados, ele corre o risco de ser preso e morto por ter visto e não denunciado seu conhecido. Os suspeitos são todos mortos agora. Antes você era torturado, depois jogado numa cela por um tempo. Agora eles torturam para conseguir o que puderem e, então, te matam. É uma regra absoluta e reflete o estado mental do inimigo, seu medo e sua fraqueza".

Tranh Dinh Minh pode supostamente considerar que, apesar de ter se exaurido no primeiro ano, ele cumpriu sua tarefa. Cerca de 90% do território de Dak Lak e de 70 a 80% da população são controladas agora pela FNL. Ele foi bem-sucedido em estabelecer bases em torno de Buon Ma Thuot e por tudo que se pôde ver e ouvir, ele tinha sido bem-sucedido na mais importante tarefa de "estabelecer bases nos corações da população".

A REVOLTA JARAI

Os grandes centros das tribos das montanhas ocidentais são, juntamente com B. M. Thuot, a cidade de Pleiku, na província

Gia Lai, e Kon Tum, na província de mesmo nome. Até onde pude constatar, o primeiro ato de rebelião em Tay Nguyen aconteceu em novembro de 1960, entre os Jarai na província Gia Lai. Eu soube dela por Rachem H'Ban, uma garota Jarai que tinha dezessete anos de idade quando a ação ocorreu. Ela é miúda, abatida, com uma face redonda e pele em tom de oliva, além de grandes buracos nas orelhas dos quais os ornamentos tinham sido retirados. Ela vestia uma saia na altura dos tornozelos, feita de tecido rústico preto com uma bainha de quinze centímetros bordada de vermelho e branco. Seu povoado nativo é Sung So, no distrito de Le Thanh, e seu nome agora é conhecido em todo o Vietnã do Sul.

"O problema começou", disse, "quando os diemistas vieram instalar um novo chefe de cantão na nossa aldeia. Eles queriam usar o nosso povoado como centro para uma 'aldeia estratégica', para agrupar outras aldeias em nosso cantão, ao nosso redor, e então, cercar tudo. Contestamos isso. Então, os diemistas começaram uma campanha de terror não apenas contra nós, mas contra todos os Jarai em nosso distrito. Primeiro eles vieram e levaram quatro dos nossos jovens. Um foi assassinado, um segundo ficou preso, os outros dois foram soltos. Quando voltaram, nós mal os reconhecemos, pois tinham sido duramente torturados. Nós todos nos reunimos na *roong* (sala de reunião da comunidade) naquela noite para conversar sobre o que estava acontecendo. A vida estava se tornando impossível. De outros povoados chegavam notícias de nosso povo sendo morto, mulheres estupradas, casas queimadas, porcos e búfalos roubados. Decidimos que, para viver, teríamos que revidar".

Dois dias depois, uma unidade de onze soldados diemistas veio bem tarde da noite. Eles proibiram qualquer um de deixar o povoado; entraram em todas as casas, recolhendo facas e balestras, e ordenaram que todos os homens jovens se apresentassem. Quando eles saíram, oito foram capturados e amarrados. O povo revidou por horas, todos da aldeia tinham saído e formado um círculo em torno dos soldados. As pessoas não tinham armas. O chefe da unidade, um homem grande e bruto, atirou na perna de um dos jovens capturados e ele caiu, com o sangue escorrendo por sua perna. Vendo o sangue, todos ficaram furiosos. Rachem gritou instruções em jarai e as mulheres, que tinham se armado com pedaços de lenha recolhidos debaixo das cabanas, pularam nos soldados. Rachem e outras duas partiram para cima do chefe da unidade, fizeram a automática cair de sua mão com o primeiro golpe e então o estrangularam. Outros cinco já tinham sido espancados até a morte, enquanto o resto fugiu. O povo da tribo, agora, tinha cinco carabinas, uma submetralhadora, uma pistola e vários cartuchos.

Ao meio-dia toda a aldeia tinha fugido para a floresta. Pegaram tudo que puderam carregar: arroz, roupas, panelas – e também porcos e frangos, mas tiveram que deixar o gado. Logo em seguida, uma força inimiga com cerca de duzentos soldados veio e queimou o povoado, matando todos os búfalos e o gado. Eles tinham armas grandes e atiraram projéteis em direção à floresta, mas ninguém se feriu. Em dez dias, os Jarai construíram um novo povoado.

No novo povoado, as primeiras preocupações foram obviamente quanto à proteção. Como os Kor e os Hre, dezoito meses antes, em Quang Ngai, eles tinham se mudado para uma área razoavelmente inacessível, mas obviamente os diemistas logo a descobririam. Os jovens criaram um corpo de "autodefesa", armados com balestras, e passaram a maior parte do seu tempo preparando as defesas: cavando valas para estacas e preparando todo tipo de armadilhas nos acessos ao povoado. Os mais velhos eram responsáveis pela produção. Todos usavam seu tempo livre afiando estacas e os jovens gradualmente espalhavam as armadilhas cobrindo todos os acessos. Apesar de o povoado ter apenas 45 casas com uma população total de cerca de trezentas pessoas, os diemistas nunca conseguiram subjugá-lo. Vários deles foram mortos com flechas envenenadas ou feridos nas armadilhas com estacas em qualquer movimentação da coluna para atacar, o que fazia diminuir o fervor dos demais. Mas o principal era que, seguindo esse exemplo, houve uma rebelião geral dos Jarai em Le Thanh e distritos vizinhos. Era outra demonstração do fato de que quando a repressão em qualquer lugar atingia certo grau de intensidade, só era preciso uma faísca para acender o fogo da fúria.

Aquelas que tinham sido anteriormente "aldeias estratégicas" controladas pelos diemistas, agora foram transformadas em aldeias de "resistência" como a de Rachem H'Ban. Rachem é agora membro do comitê da FNL do distrito de Le Thanh, uma heroína do povo Jarai e de todo o movimento de libertação, por ter provocado fagulhas importantes com seus pedaços de lenha.

'AUTOGESTÃO'

Uma heroína em outro campo é Chi (Irmã) Kinh, uma garota roliça e muito feminina da minoria Bahnar, com uma boca macia e nariz largo, cabelos lisos cortados na altura dos ombros e um sorriso ingênuo que empresta à sua face séria uma expressão gentil. Ela é presidente do comitê provincial da Associação das Mulheres pela Libertação em Gia Lai. Os Bahnar e os Jarai são as principais minorias na província Gia Lai, e Chi Kinh é uma demonstração viva da capacidade dos membros da tribo de avançar rapidamente caso tenham um mínimo de educação, apoio e orientação. Suas respostas e suas explicações claras eram típicas de uma representante de comitê em qualquer outro lugar do mundo. Alguns anos atrás ela era uma garota de tribo analfabeta, cuja experiência de vida era limitada ao primitivo trabalho agrícola no *ray*.

Disseram-me que apesar dos seus 24 anos de idade, ela era uma das mais reconhecidas organizadoras e conhecia bastante da história de seu povo e da região. Queria ouvir seu próprio relato sobre como a administração funcionava na prática nas áreas tribais controladas pela Frente. Ela começou explicando que, antes de agosto de 1945, quando o Viet Minh tomou o poder dos japoneses, havia na verdade sistemas de administração paralelos naquela parte de Tay Nguyen, "um nomeado pelos franceses e outro secretamente eleito pelo povo". Em lugares próximos às cidades, os nomeados pelos franceses estavam no topo; nos mais longínquos, eram aqueles eleitos pelo povo.

A maior parte de Gia Lai era de áreas controladas pelo Viet Minh na época do cessar-fogo de 1954. Quando a administração diemista chegou, era comum destruir todas as administrações eleitas ainda no cargo, perseguir os trabalhadores da antiga resistência com toda a brutalidade reservada para as minorias "selvagens". Mas a resistência começou a se movimentar dentro das organizações inimigas, mudando seu caráter, capturando-os internamente, bem debaixo do nariz do inimigo. Antes deles saberem o que estava acontecendo, tudo já tinha escorrido por entre seus dedos. A FNL nessa área só foi criada no nível da província, em dezembro de 1961, mas em um ano o controle diemista foi limitado à capital da província de Pleiku e a algumas aldeias estratégicas cercadas ao longo das principais rodovias militares n. 14 e 19. O resto dessa grande província e cerca de 70% da população estava sob o controle da Frente de Libertação no final de 1962. Esse era o período sobre o qual Chi Kinh falava agora.

Como eles realmente conseguiram fazer a administração nos povoados funcionar? Disseram-me que a mãe dela era presidente do "comitê de autogestão" na aldeia nativa de Chi Kinh. Como isso aconteceu?

"É, isso está correto", disse ela. "Uma simples mulher de tribo que anteriormente não sabia nada além de cuidar dos animais e de cozinhar. Agora ela administra o povoado e tem a confiança de todas as pessoas. Ela também, em âmbito local, é vice-presidente da Associação de Mulheres pela Libertação. Como agora os homens são responsáveis principalmente pelas questões militares, são as mulheres que mantêm a produção em andamento e dirigem as diversas atividades do povoado. Minha mãe é uma mulher dinâmica, as pessoas gostaram da sua atitude para trabalhar e, por isso, a elegeram. Assim que o povoado torna-se livre e os agentes diemistas são expulsos, todas as nossas organizações secretas, para jovens, mulheres, camponeses e outros, vêm à tona. Eles tomam a iniciativa de organizar eleições nas quais todos participam para estabelecer um comitê de autogestão. Este nomeia equipes para autodefesa, segurança pública, saúde pública, educação, informação e cultura, produção agrícola e assuntos econômicos. O comitê de autogestão dirige e coordena as atividades das equipes".

Perguntei sobre educação, pois alguns dias antes eu tinha visitado uma escola em um povoado M'Nong – apenas um telhado apoiado por paredes de bambu entrelaçado em três dos lados, sendo o quarto lado aberto, com uma lousa ao ar livre. A jovem professora foi vaga sobre quem fornecia os livros didáticos e se o que ela ensinava estava alinhado com algum programa geral. Minhas perguntas eram acadêmicas: como as fileiras de crianças com rostos redondos e pés descalços em seus bancos de madeira lutavam com a variação M'Nong do alfabeto, usando bambu afiado como caneta e carvão misturado com água como tinta, copiando o que a professora laboriosamente escrevia com um pedaço de mandioca seca, usado como giz, na lousa.

Chi Kinh explicou que a questão dos livros didáticos e do programa ainda não era importante na sua província, e a principal preocupação era ensinar adultos nos cursos noturnos a ler e escrever no alfabeto Bahnar e Jarai e fornecer educação primária nas escolas, durante o dia, para crianças a partir de 6 anos de idade até a adolescência. "Não temos instalações materiais para os níveis mais elevados de escolaridade ainda", explicou, "e quase nenhuma criança formada. Não esqueça que quase todos eram analfabetos quando começamos há apenas pouco mais de dois anos. Mas nas províncias temos escolas de formação de professores". Os livros didáticos lá são fornecidos pelo comitê provincial de educação da FNL. Perguntei se esse era um corpo autônomo que desenvolvia de um programa geral para províncias e ela explicou que era baseado em um programa desenvolvido para a área de Tay Nguyen – com variações para os diferentes agrupamentos tribais – pelo subcomitê para educação da FNL, um departamento do Comitê Central para Informação, Educação e Assuntos Culturais. Esse último estabeleceu políticas educacionais para todas as áreas controladas pela Frente. Mas no caso de Tay Nguyen, esses eram desenvolvidos em conjunto com o Movimento pela Autonomia de Tay Nguyen de Ybih Aleo.

O órgão central também imprimiu livros didáticos básicos, enquanto os comitês provinciais faziam todo esforço possível para fazer cópias de material suplementar, datilografadas ou mesmo manuscritas. "Papel em algumas de nossas áreas é um grande problema", disse Chi Kinh, "temos que usar casca de bambu gigante prensada".

Equipes de saúde pública trabalhavam da mesma maneira; dentro de uma estrutura de política global estabelecida pelo Comitê Central de Saúde Pública, repassada por meio de Comitês de Saúde Pública provinciais e distritais. "Mas muitas organizações são administradas pelo próprio povo", explicou essa notável jovem. "Não temos que esperar por níveis de instrução mais elevado para organizar cursos educacionais. Qualquer um que conheça algumas letras do alfabeto pode começar a ensinar àqueles que não conhecem nenhuma, e continuar a aprender com aqueles que sabem um pouco mais. E qualquer um que tenha algumas noções de higiene, sobre a necessidade de manter as casas e as roupas limpas, de ferver a água antes de beber e de manter os banheiros fora das casas, pode começar a fazer algo pela saúde pública, sem esperar que um comitê distrital ou provincial se manifeste. Mais tarde, quando as coisas ficarem um pouco mais organizadas, enviamos alguém de cada uma das aldeias aos centros para receber treinamento em saúde pública e educação. Foi o mesmo com a segurança pública, autodefesa e incremento de produção agrícola. Essas são coisas que funcionam por si mesmas e é por isso que os nossos comitês são chamados de 'autogestionados'. Com o tempo que leva para se deslocar a pé ou mesmo a cavalo de um povoado distante até um centro distrital, qualquer outra maneira de fazer isso seria muito estúpida. Haverá tempo para isso", ela acrescentou com outro de seus sorrisos encantadores, "quando tivermos todas as cidades e estradas em nossas mãos. Nossa associação de mulheres, por exemplo, desempenha um importante papel em temas como saúde pública, assuntos econômicos, planejamento de produção agrícola e propaganda – temos que fazer isso porque os homens frequentemente estão distantes, em assuntos militares – assim como no bem-estar das crianças e em assuntos específicos de mulheres".

Chi Kinh, que aprendeu a ler e escrever apenas no final da adolescência – como autodidata – geralmente não está em seu próprio povoado. Ela está sempre em movimento, criando outros comitês de mulheres por toda a província, inclusive, dentro de aldeias estratégicas cercadas, nas quais ela entra, correndo risco de vida. Quando a conheci, ela viajava pelo interior a pé como presidente de um comitê de campanha para organizar eleições em âmbito provincial para o comitê permanente da Associação de Mulheres pela Libertação. "No momento, o nosso é apenas um comitê provisório no âmbito provincial", explicou, "mas da esfera distrital para cima, são todos comitês eleitos".

PLANEJAMENTO ECONÔMICO

Outra notável jovem de tribo era Chi Bar, da minoria Jeh na província de Kon Tum, um dos doze grupos de minoria em Kon Tum. Chi Bar é uma personagem muito importante, combinando as funções de membro do Comitê Executivo da FNL na província de Kon Tum, presidente do Comitê Provincial da Associação de Mulheres pela Libertação e membro do Comitê Executivo do Movimento pela Autonomia de Tay Nguyen. Esse último, até certo ponto, já cumpre as funções de uma administração autônoma para a região de Tay Nguyen, uma vez que a Frente já havia tomado a decisão de criar uma zona autônoma lá. Muito do que Chi Bar tinha a dizer sobre a luta em Kon Tum era similar a outros relatos já citados. Quando a conheci, cinco dos seis distritos na província já estavam sob o controle da Frente, com o controle de Saigon limitado à cidade de Kon Tum e às rodovias n. 13 e 5, sendo que esta última liga Kon Tum a Attopeu, em Laos.

Chi Bar, uma jovem mulher atarracada, com expressão séria e inteligente, que também conhecia bem a história do seu povo, começou me falando sobre a guerra de sessenta anos entre os Jeh, em Kon Tum, e os K'Tun, além das fronteiras, em Quang Nam. "Ela continuou por meio de disputas até 1952", disse. "Nosso povo costumava fazer nós em trepadeiras para cada acerto de contas que deveria ser feito. Foi apenas quando os quadros do Viet Minh vieram e organizaram reuniões de solidariedade entre as tribos que nós percebemos que apenas os colonialistas ganhavam com tais disputas, que elas deviam parar. Até então, centenas de pessoas da nossa tribo morriam todo ano por nada".

O regime de Diem, é sabido, nunca tinha sido capaz de estabelecer seu governo na maior parte de Kon Tum e a vida continuou naquelas áreas sob a administração anterior da resistência, como se o regime diemista de Saigon nunca tivesse existido. "Por exemplo", disse Chi Bar, "no meu povoado de Nong Con, ao norte da cidade de Kon Tum, decidimos imitar o Vietnã do Norte e tentar um planejamento econômico. Todos admiravam muito o 'Tio Ho' e quando ouvimos, através da rádio Hanói, o que estava acontecendo lá, nosso povo – especialmente os jovens – quis fazer a mesma coisa". Por incrível que pareça, enquanto a máquina militar e policial diemista estava rolando sobre o resto do país, um experimento em economia socialista planificada foi estabelecido no que tinha sido uma das partes mais atrasadas do país. A minoria Sedang, um dos maiores grupos, tinha saído de uma sociedade da Idade da Pedra há apenas uma geração.

"Tínhamos uma força de trabalho no total de 250 para trabalhar o *ray* e o padrão de vida era bem baixo. Em geral, cultivávamos arroz em quantidade suficiente para só quatro meses do ano, entre novembro e abril. No resto do ano, revirávamos a floresta buscando raízes e folhas comestíveis. Então, em 1956, nós iniciamos uma cooperativa; todo o *ray* se tornou propriedade comum do povoado para ser trabalhado sob um comitê de gestão eleito, a colheita seria dividida igualmente entre a força de trabalho. No primeiro ano, as coisas foram bem; houve uma colheita muito maior do que qualquer outra anterior, pois o *ray* foi muito melhor cuidado. Mas no segundo ano, o trabalho foi ruim, porque não tínhamos ninguém acostumado a dar ordens e a dirigir uma força de trabalho tão grande. O clima também não ajudou e a colheita foi realmente ruim".

"Os mais velhos queriam voltar aos métodos tradicionais, mas os jovens eram contra. Aconteceram algumas discussões ferozes entre as famílias. Nós, os mais jovens, realizamos uma reunião e comparamos nossa vida atual com a anterior. Consideramos que, mesmo a colheita tendo sido ruim, a vida era muito melhor. Nos sentíamos mais livres, a vida era mais alegre; era mais divertido trabalhar juntos, as pessoas tornaram-se mais amigáveis. Concluímos que a colheita foi ruim porque o gerenciamento não foi bom. Então, decidimos dividir a força de trabalho em cinco grupos de cinquenta pessoas cada. Cada grupo deveria eleger um líder e eles seriam o comitê de gestão de toda a cooperativa. Nossos pais queixaram-se e disseram que o jeito antigo era melhor, mas insistimos em manter o trabalho em grupo. Os mais velhos tiveram que desistir. Adotamos a palavra de ordem 'trabalhe rapidamente, trabalhe duro, trabalhe racionalmente'. Estabelecemos um sistema de controle para decidir o que deveria ser distribuído entre os membros e o que deveria ser enviado ao mercado. A colheita de 1956 foi abundante e continuamos assim até 1961, sem nunca ter uma colheita ruim. Os mais velhos estavam todos do nosso lado àquela altura".

"Em 1961, a colheita foi especialmente boa, mas nós jovens pensamos, por que nos preocupamos em dividi-la? Nós trabalhamos juntos, por que não comemos juntos? Então armazenamos o grão em grandes cestos comuns e criamos três grandes cozinhas, para sessenta, 120 e 150 pessoas, correspondendo a como as casas e o *ray* eram agrupados; nossa população total era de 350, incluindo as crianças. Os cinco grupos de trabalho foram reorganizados em três, cada um com sua própria cozinha-restaurante. Isso funciona esplendidamente até hoje, todo o povoado como uma – bem, como três – famílias. As colheitas aumentaram a cada ano, até o último, por causa da seca. Mas mesmo assim podemos contribuir com 848 quilos de arroz para a Frente. Precisamos comer o arroz misturado com mandioca, mas, ainda assim, isso é muito melhor do que o mais próspero ano de colheita de que os mais velhos podem se lembrar. Certamente temos comida o ano todo. Nossos jovens homens aprenderam a ser ferreiros e agora fazem ferramentas de ferro e aço para a produção".

"De onde vem a matéria-prima?", perguntei, sabendo que a falta de ferro, aço e de todo tipo de ferramentas agrícolas é o maior problema das áreas de minorias, além da escassez de sal.

"O povoado obviamente tem sua força guerrilheira e quando eles emboscam um caminhão, ou explodem uma ponte, trazem todo o metal que puderem carregar. A estrada n. 5, por exemplo, foi desativada, então, há bastante metal de pontes lá; grades de pontes são muito boas para arados. O que não precisamos, vendemos a preços razoáveis para os povoados mais afastados nas montanhas.

"O exemplo da nossa cooperativa Nong Con fez com que muitas outras fossem criadas", continuou, "e apesar de existirem poucas tão bem organizadas, a planificação econômica tornou-se generalizada, até além das nossas fronteiras em Quang Nam".

Desconfiei que muitas das vezes em que usou "nós", Chi Bar poderia muito bem ter usado "eu", pois sabia que ela era a força dirigente nas fases mais recentes desse movimento, difundindo-o para bem além do povoado Nong Con, como também foi importante na luta contra o analfabetismo, por uma melhor higiene pública e por tudo que era novo e progressista. É por isso que ela tinha uma posição tão elevada nas organizações da Frente e, sem dúvida, emergirá como uma líder excepcional dos povos tribais. Ela tinha feito seu primeiro contato com "a revolução", como ela expressou, cuidando de bebês em uma creche cooperativa; aprendeu a ler e a escrever sozinha, então, encarregou-se da educação de meninas mais velhas e assim por diante, até tarefas de maior responsabilidade. Conversamos até tarde da noite em uma cabana com telhado de palha, estabelecida no alto sobre estacas, com porcos e búfalos fungando e roncando bem abaixo de nós.

A lamparina esfumaçada, abastecida com um tipo de óleo não processado de alguma árvore, iluminava o rosto fino e sensível de Chi Bar e alguns de seus amigos, com rostos dignamente reflexivos e fortes como aço, mas também com algo de compaixão; rostos de pessoas que tinham sofrido por gerações e ponderado, por muito tempo, sobre as causas e remédios para seus sofrimentos. Eram rostos que eu não cansava de estudar, pois verdades essenciais estavam gravadas neles; qualidades humanas que valorizamos em teoria no Ocidente, mas que têm sido preservadas pelos povos tribais na mais pura e elementar forma. Quando o napalm queimava suas plantações e venenos químicos eram jogados por aviões em seus riachos, começava-se a mudar as concepções sobre selvagens e selvageria.

POLÍTICA DE GRUPO ÉTNICO

Havia muita coisa para conhecer e aprender sobre os costumes e maneiras dos povos tribais e eu me perguntava se pessoas com a mentalidade como a do regime de Saigon poderiam ganhar sua confiança algum dia; se elas seriam capazes de estudos tão detalhados como os que os quadros da libertação vietnamita fizeram. Acredito que é impossível, e isso vale para os conselheiros estadunidenses também. Eles teriam que reformular seus pensamentos, adotar outros critérios políticos e sociais. Os estadunidenses contavam em conquistar alguns chefes com bugigangas de bens materiais ou ofertas de poder. Mas o povo tribal é sensível, com um bom instinto sobre o que é falso e o que é real. Somente após anos de vida e trabalho conjunto é que eles começaram a abrir seus corações, mesmo para aqueles vietnamitas em quem mais acreditavam.

Foi uma tremenda vantagem para a FNL que Ho Chi Minh tenha solicitado voluntários, em 1945 e 1946, entre jovens do calibre de Tranh Dinh Minh, Nguyen Han Chung e outros que conheci, para irem para a área de Tay Nguyen preparados para passar o resto de suas vidas lá. Eles não apenas plantaram suas raízes, bem fundo, nas mentes e corações do povo tribal, mas também compilaram registros de todos os nomes de clãs e relações interclãs. Mais tarde, isso foi de grande importância para aumentar a influência da FNL em Tay Nguyen.

Uma nova era de relações entre vietnamitas e as minorias começou durante a guerra de resistência contra os franceses, pois, pela primeira vez, as tribos conheceram forasteiros que os tratavam como iguais, no âmbito da política estabelecida pelo Viet Minh. Eles sempre tinham sido tratados como "selvagens" antes e, de fato, o único termo que ouvi aplicado a eles por ocidentais foi "*moi*", que considerei ser um termo comum para todas as tribos. Mais tarde descobri que significava "selvagem" em vietnamita.

"Em geral", contou-me Nguyen Han Chung, um vietnamita que tinha passado sua vida adulta entre os povos tribais, "nós ainda não interferimos nos costumes, mas as minorias são influenciadas pela forma como vivemos; eles fazem muitas perguntas. Gradualmente muitos dos costumes mais nocivos estão desaparecendo. Nossa palavra de ordem para eles é 'antifantoches, anti-imperialistas' e nisso eles nos apoiam com todo o seu coração. Se fomos aceitos como irmãos, isso é porque aqueles de nós que viveram entre eles por anos, tentaram captar e entender seus costumes e nunca, nunca os violar".

"A única coisa é que sempre que possível tentamos mostrar a eles porque são infelizes, porque sua vida é miserável. Inicialmente eles respondiam que 'é a vontade de Deus'. Pouco a pouco mostramos a eles que não era isso. Eles argumentaram que 'Deus criou o povo tribal e ordenou que fossem infelizes, que fossem escravos'. Então eles se sujeitavam a comer todo o seu arroz em festivais após a colheita, a sacrificar seu gado em algum ritual e passar fome pelo resto do ano. 'Isso apazigua os deuses', diziam, 'e, de qualquer maneira, o coletor de impostos pegaria tudo isso da gente'".

"Explicamos que não era Deus, mas antigamente eram os franceses que os faziam dar todos os frutos de seu trabalho em impostos, ou os levavam para trabalhar sem remuneração por meses, e que agora são os fantoches estadunidenses. Talvez após algumas semanas eles voltem, tendo refletido sobre isso. Eles fazem muitas outras perguntas e chegará o dia em quem eles gritarão: 'É verdade o que você diz. Nossa terra é boa, o solo é rico e a floresta é cheia de elefantes. Existem riquezas por todos os lados, mas usamos tangas velhas e rasgadas. Poderíamos viver muito melhor'. Quando se dão conta dessa verdade, eles começam a chorar muito, inicialmente, e depois, ficam com raiva. 'Veja como eles nos enganam. Por uma xícara de sal, pagamos trinta ou quarenta quilos de arroz; por um gongo de latão damos um búfalo ou mesmo um elefante; por um mês de trabalho nas plantações, os franceses costumavam dar uma camisa velha ou um par de calças desgastadas, e os diemistas-estadunidenses dão um frasco de perfume ou um pouco de sabão por um dia duro de trabalho. Eles dão às nossas mulheres algumas contas e pedaços de náilon e levam vários porcos e búfalos em troca'".

A maior causa de suas misérias, por gerações, tem sido a quase completa falta de qualquer serviço médico ou de saúde pública. Varíola e disenteria, seus dois grandes flagelos, tinham aniquilado comunidades inteiras no passado. Quadros vietnamitas contaram diversos casos de encontrarem vilarejos abandonados onde não sobrou ninguém, sequer para enterrar os mortos. Os poucos sobreviventes tinham atirado fogo nas casas e fugido pela floresta. Conversei com pessoas das tribos Jarai, Rhade e M'Nong que choravam ao contar sobre calamidades, que eles atribuíam aos "deuses", no passado. Seus inimigos exploraram essas superstições e fizeram de tudo para estimulá-las. Inicialmente, os franceses, depois os diemistas, usaram aviões para jogar napalm nos vilarejos desobedientes. Os agentes locais disseram que era Kim Phiar, o pássaro de fogo, jogando seus excrementos, porque Deus tinha se descontentado com a desobediência da tribo. Eles acreditaram nisso até soldados da FNL começarem a derrubar alguns desses aviões e eles encontrarem não "pássaros de fogo", mas pilotos estadunidenses e vietnamitas dentro. Mas é muito difícil mudar os costumes e superstições e foi impressionante ver a forma cuidadosa com que tais assuntos eram abordados pelos quadros vietnamitas. As meticulosas instruções sobre comportamento que recebi enquanto viajava nessas áreas ilustram isso.

"Ficamos muito comovidos quando conversamos com as pessoas das tribos", disse um antigo quadro vietnamita que foi abrigado por eles durante muitos anos. "Eles são tão francos, tão puros em seus pensamentos e expressões. Se tiverem dado a sua palavra, isso é para a vida toda. São generosos, honestos e preferem morrer ou enfrentar as mais terríveis torturas a trair um amigo".

"Nossos irmãos Kinh trouxeram vida e luz à nossa escuridão", um digno chefe do povo Hre me disse. "Nunca vamos abandoná-los". Essas eram observações típicas, variantes do que ouviria frequentemente na área de Tay Nguyen. Entre 1945 e 1946, o envio de membros para viver e trabalhar em Tay Nguyen não foi apenas devido à importância estratégica de possuir bases guerrilheiras nesse paraíso natural para a guerrilha, com suas fronteiras comuns com o Camboja e Laos. Nesse caso, teria sido uma base por pouco tempo. Foi de acordo com a política de "humanismo revolucionário", como meus amigos vietnamitas se referiam a ela, levar alguns raios de vida ao atrasado viver do povo tribal. Os quadros foram bem selecionados; eram camponeses vigorosos, com estômago, nervos e ardor revolucionário duros como aço. Por anos e talvez para sempre, eles escolheram viver e trabalhar com o povo tribal, adotar seus costumes, o que significava, em alguns casos, limar seus dentes até a gengiva, vestir tangas, deixar o cabelo crescer para ser enrolado em coques no alto da cabeça, ter suas orelhas furadas para usar ornamentos enormes, adotar uma dieta que certamente arruinaria seus estômagos após alguns anos.

Entre suas atividades iniciais estava a realização de "reuniões de solidariedade" entre as tribos nas quais, com os quadros presidindo e frequentemente agindo como intérpretes, as pessoas eram encorajadas a falar de suas vidas e aflições. Tribos que estavam em guerra por gerações compareceram e, conforme cada um contava seus problemas, era fácil enxergar que se originavam da mesma fonte – não da tribo do outro lado do rio, mas de um opressor comum que os extorquia com impostos, invadia seus povoados em busca de mão de obra e jogavam as tribos umas contra as outras. Gradualmente, a solidariedade foi forjada entre elas e as desavenças morreram naturalmente. O passo seguinte foi realizar "reuniões de solidariedade" entre o povo tribal e pessoas da maioria vietnamita para forjar uma unidade em uma base ainda mais ampla.

Pouco a pouco, os quadros conseguiram introduzir elementos de saúde e educação pública, aperfeiçoaram os métodos de cultivo e de criação de gado, e um meio mais racional de combinar os frutos do solo e a caça, para evitar a fome periódica que flagelava as áreas de minorias. Com a formação da FNL, o processo foi acelerado, com sistemas de escrita desenvolvidos pela primeira vez para as principais linguagens tribais; jovens de cada aldeia frequentavam cursos de saúde e educação pública nos centros provinciais da Frente e retornavam como trabalhadores dessas áreas.

Nos últimos anos da luta de independência, as minorias étnicas, com algumas exceções sem importância, foram aliadas incondicionais das forças da resistência. Isso explica porque no período mais duro da repressão diemista, quando milhares de trabalhadores da antiga resistência fugiram das planícies para as florestas e montanhas, eles foram recebidos como irmãos e aliados pelos povos das minorias que, com seu fortíssimo vínculo com suas famílias e vilarejos, perceberam que apenas uma monstruosa calamidade poderia forçar as pessoas a tal exílio. Muitas das pessoas das planícies, que não tinham tido contato anterior com os povos tribais, ficaram espantadas com a sua recepção hospitaleira e compassiva. Não é exagero afirmar que, no auge do período de repressão, praticamente todas as forças revolucionárias, todos os futuros ativistas da Frente de Libertação no Vietnã Central, estavam concentrados nas áreas das minorias, alimentados, protegidos e escondidos quando necessário pelo povo tribal. Nunca soube de um único caso de traição.

Minhas próprias observações, frequentemente baseadas em conversas conduzidas por meio de diversos intérpretes, poderiam ser imprecisas em alguns aspectos. Mas o profundo respeito mútuo e a afeição entre os quadros vietnamitas e o povo tribal era algo muito verdadeiro. Nenhuma ajuda ou barreira de linguagem poderia falsificar isso. Se não fosse verdade, apesar dos amuletos dados a mim por chefes tribais e das complicadas instruções de comportamento, eu teria morrido em inúmeras ocasiões em diferentes áreas. Como os vietnamitas da resistência tinham "bases nos corações" do povo tribal, fui recebido em todo lugar como um irmão.

ATAQUE FRONTAL

O PROBLEMA DA TERRA NO DELTA

Para uma resposta curta sobre quem formou a Frente Nacional de Libertação podia-se dizer que foram Diem e Dulles. Eles jogaram as mais variadas forças nos braços umas das outras, em uma busca desesperada pela sobrevivência. Em um tempo extraordinariamente curto, Ngo Dinh Diem tinha conseguido alienar as principais forças religiosas, sociais, políticas, nacionais e econômicas no país. Com apoio total dos EUA para cada movimento que realizava, ele violou todas as regras. Católico, em um país predominantemente budista, ele insistiu em instalar todos os seus correligionários nos principais postos nas províncias e distritos. O poder, geralmente, é sabido, baseia-se em uma classe, mas Diem o baseou em uma fração de uma classe: senhores de terra expropriados que tinham fugido do Vietnã do Norte e seus próprios amigos íntimos do Centro, além do que sobrou da antiga classe no poder.

Todos os partidos políticos, até os mais reacionários, foram postos em clandestinidade e apenas aqueles criados pessoalmente por Diem e seu diabólico irmão, Nhu, eram permitidos. As minorias nacionais, que os franceses, na sua época, tinham realizado esforços consideráveis para trazer para o seu lado, pois ocupavam áreas estratégicas vitais para o país, foram tratadas por Diem como selvagens, excrecências raciais que deveriam ser liquidadas o mais rápido possível. A indústria e o comércio local foram desprezados e esmagados em favor de produtos importados com ajuda de dólares estadunidenses e que passavam pelas mãos da família de Ngo.

Em outras palavras, a classe na qual Diem baseou seu poder estava fora do país. Todas as forças reais internas foram impulsionadas para a oposição. Um erro, mais fatal do que todos os outros, foi tentar desfazer a reforma agrária, retomar as terras distribuídas aos camponeses durante a primeira guerra de resistência. Mesmo fazendo isso, Diem não se baseou em uma classe estabelecida. Na rica área do Delta do Mekong, por exemplo, a terra retomada não foi dada aos antigos proprietários sulistas, mas a novos proprietários do Vietnã Central ou a amigos pessoais de Diem como recompensa por "serviços prestados" nos âmbitos político, militar ou policial. Que o governo estadunidense – sempre por perto – tenha apoiado e aplaudido cada movimento, quando não os iniciou efetivamente, é apenas uma evidência da ingenuidade de todo seu envolvimento com os problemas asiáticos. O dólar e a bomba, para Diem e Dulles, eram substitutos suficientes para as formas clássicas de apoio que o governo precisava até então.

"Apesar da Frente ter sido oficialmente formada em 20 de dezembro de 1960, na verdade, ela já existia anteriormente", disse Nguyen Huu Tho, quando eu perguntei a ele sobre a efetiva criação da FNL. "Mas, no final de 1960, ela assumiu uma forma concreta com estatutos e um programa. A Frente, como ideia, existia desde 1954, quando amplas áreas da população estavam encantadas com os Acordos de Genebra e nosso comitê Saigon-Cholon foi formado como um tipo de cão de guarda para assegurar a aplicação estrita dos acordos".

"Quando Diem partiu para esmagar as seitas religiosas e vastas áreas dos subúrbios de Saigon foram incendiadas na batalha contra os Binh Xuyen,* comitês foram criados para dar socorro às vítimas. Eles representavam grande parte da população, mas foram imediatamente reprimidos por Diem, e os líderes foram presos e torturados. Assim que Diem consolidou seu poder, ele atacou todas as camadas da população, todos os partidos políticos, as seitas religiosas, as minorias e o campesinato. Este último foi o mais dinâmico na resistência e, em troca, receberam os golpes mais fortes no início. Dos quinhentos mil hectares de terra distribuídos durante a primeira resistência, tudo, menos 15%, foi retomado por Diem. As seitas e os partidos políticos que não tinham bases de massa foram rapidamente eliminados. Os principais grupos de minoria raciais, como os chineses e Khmer (cambojanos), tiveram que adotar a língua, os nomes e os costumes vietnamitas. Para os grupos amplos de minorias foi uma política de assimilação brutal; para os grupos menores, uma política de extermínio. Nenhum agrupamento de classe, religioso ou racial foi poupado".

O ataque contra o campesinato foi o erro mais grave da política diemista-estadunidense. O que aconteceu no Vietnã Central foi multiplicado em uma escala muito maior no sul, especialmente no Delta do Mekong, a mais rica e mais densamente povoada região do Vietnã do Sul. Nas treze províncias da área do Delta estavam concentradas 5,7 milhões de pessoas da população total de quatorze milhões do Vietnã do Sul. Adicionando-se aproximadamente dois milhões para a área de Saigon-Cholon, o Delta representa assim pouco mais da metade do total, com uma densidade de dezesseis pessoas por quilômetro quadrado.

---

* Uma das três mais importantes seitas religiosas armadas, responsável pelo policiamento de Saigon na época em que Diem foi colocado no poder.

O Delta era uma região de grandes propriedades, com proprietários ausentes no velho padrão europeu, que viviam com luxo em Saigon, recebendo aluguéis em suas contas bancárias dos administradores das plantações, que viajavam para o exterior e enviavam seus filhos para estudar na França. Isso era muito diferente do Centro onde, desde o tempo da guerra contra os franceses, havia apenas oito famílias que possuíam mais de cem hectares de terra; proprietários eram considerados "ricos" se tivessem dez hectares. Eles viviam da exploração e lutavam com os camponeses por cada grama de arroz pelo aluguel da terra, por cada dia de trabalho não pago.

No Delta, um proprietário era "rico" se possuísse mais de cinquenta hectares; na época da primeira resistência, havia 2.700 proprietários de mais de cem hectares, incluindo 244 proprietários com mais de quinhentos. Na outra ponta, havia 86 mil famílias camponesas com menos do que um hectare e centenas de milhares de outros que não tinham absolutamente nada. O Delta é a cesta de arroz do país e costumava alimentar a si e a Saigon, fornecer arroz para o norte em troca de carvão, e fornecer uma média de um milhão de toneladas por ano para exportação. Também tinham frutas, coqueiros, peixe e uma valiosa indústria de carvão vegetal de um milhão de toneladas por ano, a maior fonte de combustível para Saigon e para outros centros urbanos.

Durante a guerra contra os franceses, as terras de proprietários ausentes – muitos dos quais adquiriram nacionalidade francesa, como era moda naqueles dias – foram tomadas e distribuídas aos camponeses pobres e sem-terra. Nos casos em que os proprietários ficaram e não colaboraram com os franceses, os aluguéis foram reduzidos substancialmente e velhas dívidas foram canceladas. Cerca de 350 mil do total de 1,648 milhão de hectares de campos de arroz foram distribuídos. Dos grandes proprietários, apenas cerca de 5% continuou recebendo aluguel.

Diem desenvolveu um esquema sobre "reforma agrária" com o seu conselheiro estadunidense, Ladejinsky,* para obter sua terra de volta. Em uma conferência entre "proprietários e camponeses" realizada em Saigon, em setembro de 1956, os proprietários exigiram reintegração com aluguéis fixados em 33% das colheitas. O plano, aprovado posteriormente, era forçar os camponeses nas terras distribuídas a assinarem contratos nos quais pagariam quantias que variavam entre 15 e 25% das suas colheitas como aluguel, mas como o jornal *Tu Do* (*Liberdade*) de Saigon, pró-Diem, relatou em 3 de março de 1960: "Os contratos fixaram aluguéis em 25%, mas na verdade os proprietários estão cobrando de 45 a 50% como antigamente, sem nenhuma redução, mesmo quando as colheitas foram ruins". Além disso, tentaram extorquir o pagamento de todos os anos em que o aluguel não tinha sido pago e colocaram os camponeses de volta em dívidas por gerações.

Naturalmente os camponeses resistiram, recusando-se a assinar os documentos (colocando seus polegares), e mesmo quando forçados a isso, recusavam-se a pagar os aluguéis e impostos exorbitantes. Então, os cobradores dessas quantias passaram a ser escoltados por unidades da polícia e do exército. Entre outros esquemas adotados havia um para forçar proprietários a vender terras maiores que cem hectares – o que não afetou os proprietários amigos de Diem no Vietnã Central – para reunir terras disponíveis e vendê-las aos camponeses sem-terra. Mas isso a preços exorbitantes, implicando pagamentos à taxa de uma tonelada de arroz ao ano por hectare durante seis anos, o que nenhum camponês conseguiria pagar, enquanto os proprietários eram pagos em dinheiro ou em títulos do governo e encorajados a investir na indústria. Em julho de

* Wolf Ladejinsky – influente economista americano que foi conselheiro para reforma agrária em vários países asiáticos (Japão, China e Taiwan). (N.E.)

1960, quatro anos depois do decreto sobre venda forçada das propriedades acima de cem hectares ter sido assinado, apenas noventa mil hectares de terra tinham sido adquiridos por 41 mil famílias camponesas – e a imprensa de Saigon pôde anunciar que dezoito grandes fazendeiros tinham investido sete milhões de piastres em participação industrial.

Para os camponeses – se a extorsão era na forma de aluguel, pagamentos de parcelas, de juros ou de dívidas passadas – os resultados eram os mesmos. Os velhos dias ruins tinham voltado, assim como os cobradores com a polícia e o exército prontos para obedecê-los. As sementes para a clássica forma de revolta camponesa – resistência aos cobradores de aluguel e de impostos – foram plantadas pelas políticas diemista-estadunidenses para a terra e fertilizadas pela furiosa caçada para destruir qualquer um que tivesse participado na luta da resistência. Diem estimou, corretamente, que aqueles que tinham liderado a luta contra o colonialismo francês e os proprietários no Delta provavelmente liderariam uma luta contra suas políticas feudais e seus apoiadores estadunidenses.

Nguyen Tu Quang, agora membro do comitê executivo da Frente de Libertação na província An Xuyen (anteriormente Ca Mau, a ponta ao extremo sul do Delta do Mekong), deu-me alguns detalhes de como a Frente foi formada na sua área. "O povo estava desesperado em 1959. Tinham tentado todas as formas de luta legal, petições individuais à Assembleia Nacional bem como aos órgãos provinciais e distritais. Tudo foi ignorado. Como as ações individuais falharam, eles começaram a luta coletiva, delegações de aldeias ou grupos formados por elas foram às autoridades locais, mas quanto mais protestavam, mais severa era a repressão. Chegou ao ponto em que os patriotas não podiam mais permanecer em seus lares; fugiram para a floresta para encontrar outras formas de continuar lutando. Isso incluía uma grande diversidade da população – artesãos, pessoas com pequenos negócios, professores e outros intelectuais, assim como os camponeses. Nas florestas, uma frente nacional de patriotas, fugindo da perseguição, surgiu espontaneamente. Pensamos juntos sobre como revidar".

O próprio Nguyen Tu Quang era um alfaiate e também teve que fugir para a floresta.

"Em 13 de fevereiro de 1960, às 3h da manhã", continuou Quang, "juncos e sampanas começaram a convergir ao mercado do centro distrital de Cai Nouc. Estavam carregados não apenas com os porcos, frangos e cabras de costume, mas com pessoas de todo o distrito. Os gabinetes de Khue, o comissário do distrito, um homem realmente bruto, tinham uma vista do mercado, mas ele fugiu quando viu ao amanhecer que uma grande multidão tinha se reunido. O comissário de polícia mobilizou todos os policiais e, com cassetetes, mandaram a multidão dispersar. Nos recusamos – éramos cerca de quatro mil até então – e formamos um cordão quando a polícia tentou nos reprimir e nos prender. Cerca de duzentos soldados foram chamados e junto com a polícia começaram a realizar prisões. Toda a multidão, junto com as pessoas no mercado local, marchou para a cadeia com as pessoas que foram presas, chutou as portas e libertou os presos, inclusive aqueles que já estavam lá. Os soldados receberam ordens para calar as baionetas e atacar. Eles não puderam atacar porque a multidão estava muito aglomerada, mas esfaquearam as pernas das mulheres nas fileiras da frente; algumas foram seriamente feridas, mas continuaram marchando com o sangue escorrendo das suas pernas. O comissário de polícia ordenou aos soldados que atirassem na multidão, mas os soldados gritaram para nós: 'Mantenham suas cabeças abaixadas e atiraremos para o alto'. Então, nos abaixamos e eles atiraram sobre as nossas cabeças. Houve um impasse por um momento; mercadores chineses e donos de restaurantes trouxeram-nos chá e comida. Continuamos gritando nossas exigências para ver Khue e, por fim, ele teve que aparecer já que os soldados continuavam recusando as ordens de nos atacar. Extremamente furioso, Khue teve de prometer na frente de toda a multidão que encaminharia nossa petição ao governo.

"Duvidamos que ele faria isso, mas para elevar o moral do povo foi altamente exitoso. Tivemos alguns feridos, mas tínhamos libertado pessoas da prisão, humilhamos Khue e organizamos uma manifestação que logo seria conhecida por toda a província. Isso teve um grande efeito sobre os soldados. Algumas dezenas desertaram imediatamente e foram para a casa nos barcos com seu próprio povo. Isso mostrou o que podia ser feito com um pouco de ação de massas e alguns de nós começamos a pensar no que poderia ser feito caso essas ações ocorressem em escala provincial ou por todo o país. A ideia de uma grande frente nacional estava amadurecendo, não apenas em nossas mentes naquela época, mas, como soubemos mais tarde, nas mentes de todos nossos compatriotas.

"Foi o início da guerra político-militar. Se os soldados começassem a invadir, eram avisados: 'Os vietcongues vieram e plantaram armadilhas em torno das nossas casas e quintais. Fiquem longe deles'. Isso era um ato político. Se o inimigo invadisse e caísse em uma armadilha, isso era uma ação militar. 'Não os avisamos?', diriam. Isso era outro ato político. Eles, então, ajudariam a cuidar das suas feridas, lhe dariam chá, o que seria outro ato político. Quando a Frente foi formada, essa forma de luta político-militar foi amplamente desenvolvida".

AS SEITAS RELIGIOSAS

Um fator importante na formação da Frente, especialmente de seu braço militar, foi a existência de remanescentes das seitas religiosas armadas. Depois que Diem expulsou os Binh Xuyen de Saigon, ele recorreu aos caodaístas, usando pressão militar e subornos financiados pelos EUA para ganhar os chefes militares. Depois, usou o chefe geral dos caodaístas, Tran Minh The, para realizar um ataque traiçoeiro aos Binh Xuyen em seu esconderijo na floresta, depois que esses últimos tinham recusado uma oferta para unir suas forças a Diem. Durante a ação, agentes diemistas atiraram, por trás, na cabeça de The. Ba Cut e Nam Lua, os líderes militares dos Hoa Hao, concordaram em juntar-se a Diem após suas forças terem sido derrotadas em batalha. No caminho para um encontro onde acertariam isso, foram capturados por agentes diemistas e degolados. Diem pensou que tinha sido muito esperto, mas esses fatos foram grandes lições para as bases de todas as seitas. Eles não eram muito bons em política, mas traição era algo que entendiam, ainda mais uma traição hipócrita, como nesse caso. Eles não tinham sido consultados sobre a aliança com as forças de Diem, mas a maneira pela qual seus líderes os tinham traído, e também tinham sido traídos, fez com que as bases das seitas se virassem contra seus chefes tradicionais e Diem ao mesmo tempo.

Por enquanto, os remanescentes das seitas armadas estavam no Delta do Mekong; os caodaístas e Binh Xuyen na Planície dos Juncos, perto da fronteira com o Camboja, e os Hoa Hao mais ao sul. Membros da antiga resistência fizeram contato com eles. As seitas, geralmente, viviam num semi-banditismo; não tinham dinheiro e suprimentos, apenas armas, e usavam-nas para pilhar os camponeses. As pessoas da resistência começaram a ajudá-los com abrigo e comida, mais tarde com roupas, e juntaram novamente suas forças dispersas, sempre ressaltando a importância primordial de estar do lado do povo e nunca contra ele. O Exército de Libertação foi finalmente formado, baseado, em parte, na aliança com os membros das forças das três seitas, sob a liderança de confiáveis e experientes quadros da primeira guerra de resistência.

Um passo importante na formação da Frente Nacional foi a criação, no início de 1960, da Associação dos Antigos Membros da Resistência, formada por aqueles que tinham sobrevivido à máquina de extermínio diemista. A Associação tornou-se, posteriormente, o Partido Revolucionário do Povo (PRP). Pude conhecer um dos fundadores dessa Associação, um corpulento revolucionário veterano de meia idade, Tran Nam Trung, que agora é vice-presidente na FNL, secretário-geral assistente do PRP e representante do Exército de Libertação no Comitê Executivo da Frente. Na verdade, ele é o chefe militar da Frente de Libertação.

"Quando não estávamos usando da força para resistir à violência irrestrita do inimigo", disse Tran Nam Trung, "os fantoches dos EUA mostraram toda a sua ferocidade e infligiram grandes perdas a nós. Mas, assim que encontramos e utilizamos uma forma correta de luta, percebemos que eles não eram tão fortes e invencíveis quanto pareciam. Depois que tomamos a decisão de formar a Frente Nacional para levantar e revidar, nossas perdas foram menores. O inimigo era realmente terrível quando podia usar violência ilimitada contra um inimigo passivo e desarmado".

"Percebemos que tínhamos que encarar algo novo, a 'guerra especial' como foi definida pelo teórico número 1 dos EUA, general Maxwell Taylor, e logo chegamos à conclusão de que não podíamos lutar como anteriormente, apenas com meios políticos, e também não poderíamos lutar como agora, apenas com meios militares. Precisávamos de uma forma combinada de luta político-militar. No final de 1959, a maioria estava unida pelo desejo de depor o regime EUA-diemista. E enquanto a correlação de forças não nos permitia derrubar o poder central, os camponeses rebelaram-se entre 1960 e 1961 e, em luta armada, tomaram o poder dos representantes reacionários do poder central no interior do país. Houve, na verdade, uma rebelião local e parcial dos camponeses.

"Usamos a expressão 'luta armada'", disse Trung, com um sorriso fugaz em seu rosto forte e sombrio, "mas quando o povo se rebelou, não tinha armas; usavam enxadas, facas, ferramentas agrícolas, armamentos da floresta, até mesmo pedaços de madeira – mas nas mãos de um povo ardendo de ódio contra o inimigo, mesmo essas eram armas poderosas. Em 1960, contando com as armas que as seitas possuíam, havia menos de mil armas de fogo disponíveis para nós em todo o Vietnã do Sul. Mas aviões, tanques e artilharia eram insuficientes para reprimir a revolta. Apesar de os camponeses terem se rebelado, eles tiveram o apoio de outros setores da população".

"Vale notar", continuou, "embora talvez seja estranho para um ocidental entender, que nossos camponeses e trabalhadores, nossa população de base, são politicamente bastante maduros, mais do que a nossa burguesia. Isso é diferente no Ocidente, onde a burguesia é mais experiente do que as massas em termos políticos e organizacionais. No Vietnã do Sul, a burguesia ainda não é altamente organizada com uma linha política definida. Ela está dividida em vários grupos. Em ideologia e organização ela está num nível bem abaixo do das pessoas comuns. Achamos que isso não é exclusivo do Vietnã do Sul, mas também ocorre em outros países em desenvolvimento, que aprenderam por meio do sofrimento e que têm as lideranças políticas certas. Digo isso porque pode parecer estranho para você que foram os camponeses que estavam à frente da luta, e que os trabalhadores urbanos e intelectuais, mais uma parte da burguesia, apoiavam-nos. Não esqueça que, por um longo período em nosso país, houve apenas camponeses, fazendeiros e uma classe governante de mandarins formada amplamente pelos filhos dos fazendeiros. No que se refere ao poder de Estado, esse tipo de situação atualmente pode ser resolvida em dois dias. Se um país é amplamente democrático, o povo pode chegar ao topo. Caso contrário, pode degenerar para um fascismo. E se os colonialistas ou neocolonialistas intervierem, será sempre em favor da solução fascista, como temos visto aqui no Vietnã do Sul".

"Mas a mais impressionante característica da luta aqui", disse Trung, concluindo essa parte da nossa conversa, "é que os EUA estão empregando um tipo muito especial de guerra e nós estamos usando um tipo muito especial de luta para combatê-los. Talvez tenha sido infelicidade dos EUA escolherem o Vietnã do Sul para sua primeira experiência. Nós estamos em luta há vinte anos; sabemos como travar lutas políticas e, também, como combinar as lutas política e militar".

Na época em que a Associação de Membros da Antiga Resistência foi formada, inúmeras outras organizações também foram criadas – associações de camponeses, de trabalhadores e outras representando a juventude, mulheres, estudantes, escritores e trabalhadores do teatro, e assim por diante. Os budistas sofriam uma perseguição considerável nessa época, e também os camponeses católicos e pescadores que tinham sido induzidos a deixar o Norte, entre 1954 e 1955, por uma ideia criada pelos conselheiros de guerra psicológica de Diem, de que a Virgem Maria tinha abandonado o Vietnã do Norte pelo do Sul e os "infiéis" que permanecessem seriam aniquilados por bombas nucleares. Os emigrantes católicos estavam sendo mortos e aprisionados por exigirem repatriação ao Norte ou o cumprimento da promessa de fornecimento de casas e terras ou empregos. Budistas e emigrantes católicos eram apoiadores entusiastas da formação de uma frente ampla para lutar por direitos democráticos básicos, assim como as seitas religiosas, os Khmer e outros grupos de minoria étnica, além das várias associações que tinham brotado em grande quantidade.

A NATUREZA DA FRENTE

Então, uma Frente foi formada e a sua composição refletia todas as forças na sociedade no Vietnã do Sul que Diem e Dulles tinham alienado, inclusive elementos que eles poderiam estar do seu lado se tivessem mostrado um mínimo de realismo.

"A Frente", disse Nguyen Huu Tho, que ainda estava em uma cadeia diemista quando ela foi criada, "une todas as tendências políticas, todas as religiões, todas as seitas e classes da população. Os intelectuais são amplamente representados no Comitê Central. Saigon tem seus representantes secretos e exilados no exterior também". Entre os líderes que estavam com ele quando tivemos nossa primeira reunião, estavam: um padre católico, altos dignitários do budismo e das religiões Cao Dai, um arquiteto, um químico farmacêutico, um jornalista, o comandante-chefe das Forças Armadas dos Binh Xuyen e um camponês. Entre aqueles que conheci em outros lugares havia outro advogado – além de Nguyen Huu Tho –, um engenheiro de rádio, um escritor e dramaturgo, um jornalista, uma professora, um revolucionário profissional e um chefe da minoria étnica Rhade, que representava o povo tribal de Tay Nguyen. Não conheci um dos vice-presidentes, um médico que estava doente, dois representantes da comunidade Khmer que estavam viajando pelas áreas da minoria Khmer e um importante líder budista que também estava fora do país. Uma grande parte dos líderes da Frente tinha estado no Comitê Saigon-Cholon em Defesa da Paz e dos Acordos de Genebra.

O ponto comum que os unia era a determinação de derrubar o regime em Saigon e estabelecer um que acabaria com a intervenção estrangeira e garantiria o mínimo de liberdades democráticas. A tarefa imediata era coordenar as várias atividades de resistência que tinham começado espontânea e esporadicamente; organizar Forças Armadas e colocar as atividades militares sob um comando centralizado; estimular e dirigir um movimento de libertação nacional. Um programa mais detalhado foi elaborado quando a FNL realizou seu primeiro congresso, entre fevereiro e março de 1962. Esse previa independência e neutralidade em assuntos estrangeiros, relações diplomáticas com todos os Estados e ajuda estrangeira de todos que a fornecessem sem amarras, além de políticas de reforma moderada em assuntos internos.*

"Nosso programa reflete a natureza ampla da Frente e das forças representadas nela", disse Nguyen Huu Tho. "Somos a favor da terra para os camponeses, por exemplo, mas não de confisco sistemático; somos favoráveis à redução dos aluguéis, mas também pela manutenção dos atuais direitos de propriedade, exceto no caso de traidores. Fazendeiros que não apoiaram os fantoches dos EUA não têm nada a temer. Respeitamos a liberdade econômica dos empreendimentos industriais e econômicos, o direito legítimo à propriedade de estrangeiros e, até certo ponto, não nos opomos aos investimentos estrangeiros. Acima de tudo, a Frente coloca-se pelas liberdades democráticas, liberdade de expressão, de organização e de movimentos e, em nossas áreas livres, esses direitos básicos existem de fato. O povo elege aqueles em quem confia e administra seus próprios assuntos da forma mais democrática. A Frente teve apoio imediato de todas as forças patrióticas desde o momento em que foi formada".

As Forças Armadas da Frente eram de três tipos: guerrilheiros de autodefesa, guerrilheiros regionais e exército regular. Guerrilheiros de autodefesa formam as unidades locais nos povoados, geralmente, são camponeses de dia e guerrilheiros à noite. Sua tarefa principal é defender seu próprio povoado, e também empreender a destruição

---

* Para um relato detalhado do congresso e do programa, ver o capítulo 5 de Burchett, Wilfred. *The Furtive War.*

de estradas e neutralizar as forças do inimigo na vizinhança imediata de seus povoados. Eles, em geral, contam com muitas armas rudimentares, incluindo uma grande variedade de armadilhas. Os soldados regionais estão em bases mais permanentes, próximas da região, talvez uma província ou várias províncias, que são designados a defender. Seu trabalho é lidar com as forças inimigas estabelecidas na sua região; estão lá para imobilizá-las, atrapalhar ou frustrar suas operações. O exército regular era amplamente baseado, no início, na fusão dos remanescentes das seitas armadas. Depois desenvolveu-se rapidamente com "sangue novo especial", vindo do campesinato. O exército tinha de lidar com as reservas móveis do inimigo e empreender suas próprias operações militares, destruição de postos, operações "contravarredura" e assim por diante.

Como Tua Hai e outras operações mostraram, na época em que a Frente foi formada, ela já tinha o núcleo das suas Forças Armadas e líderes capazes para dirigi-los. Durante o ano de 1961, ocorreram revoltas camponesas por todo o país, principalmente visando expulsar os oficiais diemistas de seus povoados para então estabelecerem corpos administrativos locais eleitos. "O mais importante", disse Tran Nam Trung, "foi que os camponeses se rebelaram e se tornaram os verdadeiros mestres do interior do país; poderiam acabar, de uma vez por todas, com a repressão sofrida nos anos anteriores. A maior parte da autoridade de Saigon foi interrompida. Os camponeses retornaram das 'zonas de prosperidade' (antecessoras das 'aldeias estratégicas') e começaram a cultivar seus velhos campos novamente, a replantar seus pomares e, dessa vez, decidiram defender seus ganhos com armas nas mãos. Guerrilheiros foram organizados em todos os povoados, constituindo um vasto e amplo movimento guerrilheiro".

"Em 1961", continuou Trung, "antes que Diem começasse o esquema de 'aldeias estratégicas' nas áreas livres, tínhamos nos aproximado de Saigon e de outros centros urbanos; nossas forças estavam bem juntas às estradas estratégicas".

Naquela época, Diem estava em grande perigo por causa das seitas que aumentaram rapidamente depois das generosas contribuições da guerra no Vietnã do Sul nos marcos do plano Staley-Taylor. Os principais pontos do plano eram:

1) criar uma terra de ninguém ao longo do paralelo 17 e das fronteiras com Laos e Camboja por meio da destruição de todos os povoados da região e da pulverização de produtos químicos para destruir a floresta, e então, isolar as áreas livres do mundo exterior;

2) estabelecer dezesseis mil "aldeias estratégicas" nas quais dois terços da população total do Sul estariam concentrados. Com isso, eles calculavam isolar todas as forças de resistência da população;

3) assim que as duas medidas anteriores fossem completadas, haveria uma ofensiva militar geral para aniquilar todas as forças organizadas de resistência.

A primeira parte do plano deveria ter sido completada no final de 1962, mas as coisas não ocorreram como previsto, apesar do estabelecimento de um comando militar estadunidense em Saigon, dirigido pelo general Paul Harkins, e do acúmulo gradual de 25 mil "conselheiros" e "instrutores" militares estadunidenses no Vietnã do Sul.

CABO DE GUERRA

Se 1961 foi o "ano da Frente" – em termos de ganho de território e da população –, 1962, entretanto, deve ser amplamente creditado a Saigon. Com ajuda dos EUA no fornecimento de homens e materiais desde o final de 1961, um grande esforço foi feito para destruir e isolar as Forças Armadas da Frente, para afastar sua influência das portas de Saigon e de outras capitais provinciais, e para reinstalar o poder diemista no interior. O uso de helicópteros e tanques anfíbios, para aumentar a velocidade de movimentação e para evitar as emboscadas devastadoras nas quais os soldados diemistas caíam constantemente ao passar por rios e estradas, desestabilizou os guerrilheiros, num primeiro momento. Alta mobilidade era algo novo na guerrilha – a única inovação tática da "guerra especial" dos estadunidenses. A campanha para estabelecimento das "aldeias estratégicas" também foi um problema para os organizadores da FNL e uma dificuldade adicional para a população.

Criada sob as armas de postos militares, cercada por diversas filas de arame farpado ou paliçadas de bambu, com fossos cheios de minas entre elas e um fantástico sistema de espionagem e controles internos, a "aldeia estratégica" representou a máxima esperança de Diem para impor novamente seu controle no interior. Esse foi um esquema que teve total apoio dos EUA, e bilhões de dólares foram gastos. Parecia uma luta desigual e impossível, com soldados saltando de helicópteros para cercar pequenos grupos de partidários dos quais, geralmente, apenas metade ou até menos tinham armas de fogo; comboios de tropas pesadamente armadas em tanques anfíbios ou embarcações escoltadas por canhoneiras ao longo dos rios e canais do Delta do Mekong para arrastar as pessoas como peixes em uma rede e jogá-las em "aldeias estratégicas"; estabelecimento de postos de guarnição a poucos quilômetros um do outro para controlá-las; aviões sobrevoando o tempo todo procurando alvos para suas bombas e metralhadoras, ou grupos de camponeses que tinham escapado do arame farpado e poderiam ser alvos para os soldados a bordo dos helicópteros.

O esquema de "aldeias estratégicas" parecia muito eficiente no papel, como um meio para impedir o contato entre aldeões e líderes da resistência. Uma fragilidade fatal foi que isso colocou mesmo os mais passivos e resignados da população contra Saigon. As pessoas foram forçadas a abandonar povoados e a terra que cultivavam há gerações, a abandonar os túmulos dos seus ancestrais – algo muito sério na Ásia. Eles tiveram que assistir as tropas diemistas derrubarem seus pomares, aterrarem seus tanques de peixes e queimarem suas casas, se não saíssem voluntariamente ou suficientemente rápido para os complexos dos campos de concentração. A liberdade de movimento acabou; camponeses só podiam sair do arame farpado para cultivar os campos imediatamente em torno do perímetro dos complexos e apenas à luz do dia; controlados e revistados assim que deixavam o portão extremamente vigiado, estavam sempre à mercê de criminosos armados.

Apesar de ser difícil de os organizadores da Frente entrarem, as "aldeias estratégicas" eram um solo rico para plantar as sementes da resistência uma vez que o contato era feito; era um solo fertilizado pelo ódio total de seus habitantes com relação ao regime diemista e seus protetores estadunidenses. Em todo lugar o povo lutou contra o confinamento, e quando foram confinados, lutaram para sair.

Desde o início de 1962, os camponeses, em todo o Vietnã do Sul, estavam conscientes de que a resistência armada de larga escala estava bem encaminhada e esse era um negócio do qual entendiam. Uma luta de cabo de guerra desenvolveu-se entre o principal esforço de Saigon, direcionado para o estabelecimento de dezesseis mil "aldeias estratégicas", como foram chamadas pelo plano Staley-Taylor, e o principal esforço da Frente, que era frustrar esse plano e ajudar o povo a desmantelar aquelas que Saigon tinha conseguido criar.

Uma das primeiras "aldeias estratégicas" no Vietnã Central foi criada em Ky Lo, no distrito de Dong Xuan, na província de Phu Yen. Le Van Chien, um grande quadro da FNL, membro do comitê executivo de todo Vietnã Central, disse-me que a Frente deu grande importância para desmantelar essa aldeia em particular, pelo efeito que causaria no moral "do inimigo e no nosso", como ele colocou.

"A dificuldade era como entrar", disse Chien, um atarracado e grisalho veterano, já com sessenta anos, um dos membros mais velhos da Frente que conheci. "Não tínhamos base guerrilheira naquele distrito que era, excepcionalmente, bem fortificado e vigiado. Por ser um projeto-piloto, os diemistas também tinham selecionado os mais duros e violentos criminosos para administrá-lo. Sabíamos que o portão abria às 7h da manhã e os búfalos eram levados para fora primeiro, com garotos montados neles, da forma tradicional. Após levar os animais para o pasto, os garotos retornavam para o complexo para sua refeição matinal. Nós selecionamos, entre nossos rapazes, aqueles que pareciam mais jovens e quando os garotos com os búfalos saíram, nós os persuadimos a trocar de roupas e foram nossos rapazes que voltaram no lugar deles, em grupos de dez. Os guardas sonolentos não prestaram atenção; nossos rapazes foram direto às sedes administrativas, onde os figurões diemistas ainda estavam sonolentos, e os renderam; conseguimos um dossiê razoavelmente completo com cada um deles. Eles foram realmente um grande prêmio, treze no total. As pessoas começaram a sair das suas casas e mal podiam acreditar quando viam seus opressores, lamentando-se, amarrados e muito dóceis, implorando pela chance de se desculpar com o povo e pedir por sua misericórdia".

"O povo nos abraçava e nos beijava, com lágrimas rolando, e uma grande reunião foi feita imediatamente. Antes de mais nada, eles começaram a denunciar os crimes dos diemistas. Eles tinham listas de aldeões que tinham sido mortos e torturados e dos agentes responsáveis, que coincidiam quase exatamente com nossos próprios dossiês. Eles queriam matar todos os treze, mas na verdade executamos quatro; outros cinco nós sentenciamos à pena de prisão e quatro, que livre e imediatamente assumiram seus crimes e juraram arrependimento, nós libertamos. A guarnição diemista local, que não tinha a mínima vontade de lutar, rendeu-se e pegamos suas armas. Com a ajuda de alguns membros nomeados pelo povo na reunião pública, elaboramos um documento de reforma agrária, em nome da FNL, e acordamos sobre quantos hectares estavam disponíveis para distribuição. Deixamos que eles decidissem sobre como a distribuição seria feita, um comitê especial foi eleito com esse propósito. Mas, no documento, ficou estipulado que os camponeses sem-terra e pobres deveriam ter prioridade. Em conversas entre camponeses e proprietários, estabelecemos uma escala justa de aluguéis. Impostos e débitos passados foram abolidos. Uma unidade de autodefesa foi eleita e repassamos as armas capturadas para eles".

"Nossos cálculos estavam corretos e as notícias logo se espalharam. As pessoas em outras treze 'aldeias estratégicas' no mesmo distrito rebelaram-se sem nenhuma ajuda nossa, destruíram o arame farpado e as paliçadas, voltaram aos seus povoados originais e criaram unidades de autodefesa. Isso foi no início de 1962. Em março desse ano, os diemistas lançaram sua primeira famosa operação Andorinha do Mar, com uma divisão completa, e vangloriaram-se de que poderiam aniquilar os 'vietcongues' em um mês. Eles de fato conseguiram conduzir o povo de volta em algumas aldeias, mas o povo as destruiu novamente assim que eles se retiraram".

"Em novembro de 1963", concluiu com um largo sorriso, "o comando de Saigon lançou a campanha n. 55, ou seja, a quinquagésima quinta desde a operação Andorinha do Mar. Não conseguiram nada. E desde que eles lançaram a primeira delas, estabelecemos uma sólida base guerrilheira na área costeira e outras por todo o distrito, em toda a província. Todas as suas vias de comunicação de norte a sul, estradas e trilhos, passam através da nossa base. Poderíamos explodir seus trens à vontade, mas atacamos apenas aqueles carregando soldados ou material de guerra".

A luta não podia se desenvolver em todo lugar como em Phu Yen. Embora tivesse as condições mais desfavoráveis para a guerrilha no Vietnã Central, era um paraíso se comparado ao plano Delta do Mekong, sem montanhas e com florestas apenas nos despovoados pântanos de mangue margeando as áreas costeiras. Durante 1962, tropas de desembarque por helicóptero causaram grandes baixas nos combatentes da resistência e houve um período no qual a liderança da Frente quase concluiu que o preço era muito alto, que a resistência no Delta deveria ser suspensa e que as Forças Armadas regulares da Frente deveriam se retirar para as bases nas montanhas. "Mas quando discutimos isso", contou-me um dos líderes militares, "percebemos, do fundo dos nossos corações, que a retirada do Delta significaria que nunca retornaríamos. Isso significaria abandonar a região mais revolucionária, porta de entrada da primeira rebelião contra os franceses em novembro de 1940 e da primeira guerra de resistência, em 1945. Milhões de camponeses do Delta tinham depositado sua confiança em nós e abandoná-los seria uma derrota terrível".

É evidente que a situação no final de 1962 era de certa forma crítica para a Frente. Diem não tinha conseguido criar suas dezesseis mil aldeias estratégicas, mas tinha criado alguns milhares e tinha restabelecido algum tipo de controle nominal em regiões que, um ano antes, eram solidamente controladas pela Frente. Números precisos são difíceis de se obter, mas parece que Diem foi capaz de estabelecer cerca de oito mil aldeias estratégicas, porém nunca mais de quatro mil existiram ao mesmo tempo. A luta "cabo de guerra" nunca cessou. Algumas vezes, as fortificações externas nunca foram finalizadas, outras vezes, foram destruídas pelos próprios camponeses na mesma noite em que foram concluídas; a culpa sempre recaía sobre os "vietcongues" juntamente com uma reclamação às autoridades diemistas locais: "Por que vocês não estavam aqui para nos proteger?". Soube de casos em que aldeias tinham sido destruídas dez ou quinze vezes, os camponeses trabalhavam vagarosamente para reconstruir as cercas e fortificações, mas trabalhavam com muita velocidade para destruí-las e ganhar alguns dias ou semanas de liberdade. Em termos de território e população, Diem teve um retorno considerável em 1962; em termos de ganho de apoio popular, ele perdeu enormemente. Em termos estritamente militares, as forças Diem-EUA registraram inúmeros sucessos e mantiveram a iniciativa estratégica e tática. Mas essa situação foi dramaticamente revertida logo nos primeiros dias de 1963.

Ao planejar suas táticas "anti-insurgentes", o comando estadunidense em Saigon foi capaz de reunir experiências de operações antiguerrilha do mundo todo, desde a Segunda Guerra Mundial – das experiências do general Van Fleet, na Grécia em 1946, até aquelas dos conselheiros estadunidenses nas Filipinas contra o Hukbalahap; dos britânicos no Quênia e na Malásia; do Kuomintang na China, para não citar as dos franceses na Indochina e na Argélia, onde helicópteros foram usados em operações antiguerrilha pela primeira vez. Mas a Frente de Libertação, através dos representantes que foi capaz de conseguir no exterior, em um tempo extremamente curto, também foi capaz de aproveitar a experiência de China, Coreia, Cuba e Argélia. Se as experiências britânicas com vilarejos de campos de concentração na Malásia e a utilização francesa de *centres de regroupement* [centros de reagrupamentos] e tropas transportadas por helicópteros na Argélia foram valiosas para o comando estadunidense, o desenvolvimento de táticas anti-helicópteros pela FNL, na Argélia, não foi menos valioso para a Frente de Libertação. Então, uma junção de experiências mundiais em guerrilha e antiguerrilha entrou em ação nessa guerra tão especial no Vietnã do Sul.

Se 1961 podia ser considerado um "ano da Frente" e 1962 um "ano de Diem" no cabo de guerra pelo poder, a batalha de Ap Bac foi uma boa broca para a Frente, assim como o ano de 1963. Essa batalha, descrita em detalhe no capítulo "Arsenais e hospitais", provou ser um ponto de inflexão; quando 1963 acabou, pela forma como as coisas se desenrolaram, já não existia mais um regime diemista.

Em pequenas escolas, crianças como estas da etnia M'Nong aprendem o alfabeto; textos escritos para os povos tribais foram criados pela FNL.

Uma escola de treinamento para membros da Frente de Libertação no Departamento de Educação da Comissão para Cultura, Informação e Educação, de fato o embrião de um ministério.

Na loja de impressão do Departamento de Educação.

Parte da banda da Frente de Libertação Central.

Locutores na Rádio Libertação; o jovem é filho de Nguyen Huu Tho.

Clava voadora, uma das armas fabricadas pela resistência vietnamita.

Foto disponível em: https://www.flickr.com/photos/13476480@N07/23797978856/sizes/l/

PARTE III

CRISE EM SAIGON

GUERRA MUITO ESPECIAL

POLÍTICA PARA OS SOLDADOS INIMIGOS

Eu estava admirando a imagem da lua quase cheia, emoldurada pelo delicado perfil de folhas de bambu, cintilando no escuro onde a luz da lua as tocava, tudo brilhante e reluzente como uma pintura vietnamita envernizada. De repente, houve um sinal de alerta do nosso guia; o motor de popa da nossa pequena sampana foi desligado e, subitamente, demos uma guinada em direção a uma moita de bambu na margem do rio.

Havia o som de muitos outros motores de popa vindo da direção oposta e isso era perturbador. Supostamente estávamos em território "seguro". Os cigarros foram apagados e foi ordenado silêncio absoluto. Em alguns minutos, as duas primeiras de duas longas fileiras de sampanas apareceram em uma curva, a cerca de 450 metros de distância. Eles continuaram fazendo a curva até que os primeiros estavam a apenas trinta metros de nosso esconderijo. Mas, bem antes disso, ouvimos o som de vozes femininas e conforme aumentavam e se aproximavam, vislumbramos, através das folhas, sampanas repletas de mulheres e garotas. Cada uma segurava uma vara com cartazes nos quais havia palavras de ordem escritas em vermelho e preto; em alguns, as palavras de ordem estavam escritas em faixas de tecido esticadas entre duas varas na parte da frente dos barcos.

Nossa sampana deslizou novamente para o meio do rio e saudações animadas foram trocadas, enquanto o motor de popa era ligado, e seguimos pelo comboio. Pela forma como a conversavam uns com os outros e pelas risadas em seguida, ficou claro que estávamos realmente em território "seguro". "Elas estão indo para o centro do distrito para uma manifestação", explicou o intérprete. "Cerca de meia dúzia de povoados estão representados aqui, mas há outros comboios seguindo por rio e estrada vindos de diferentes direções".

"A essa hora da noite?"

"Eles têm que viajar de noite para evitar aviões e querem chegar à cidade bem antes do amanhecer, antes de as autoridades estarem por lá para dar ordens".

Perguntei do que se tratava a manifestação e, depois de mais algumas conversas entre os barcos, ele explicou que alguns dias antes um povoado no distrito tinha sido bombardeado e uma escola e uma biblioteca nova tinham sido destruídas. Ninguém tinha morrido, mas elas estavam indo protestar contra a destruição de propriedade pública, já que a escola e a biblioteca tinham sido construídas pelos próprios aldeões. Os outros vinham "em solidariedade" e para protestar contra os bombardeios em geral. A meu pedido, ele traduziu algumas das palavras de ordem: além das que exigiam o fim da destruição de "propriedades públicas, governamentais e do povo", havia outras como: "Melhores salários para nossos filhos no exército"; "Licença regular para os homens do exército"; "Pensão para soldados feridos"; "Compensação para mães e esposas dos soldados feridos e mortos em ação"; "Fim dos espancamentos no exército".

"Mas essas pessoas são de áreas da Frente de Libertação?", perguntei.

"Sim", concordou Huynh, meu bem informado jornalista-intérprete.

"E eles estão pedindo melhores salários para os soldados que vêm atirar neles e queimar seus povoados?"

"Isso mesmo", respondeu. "Antes de tudo, a população nunca admite ser 'vietcongue'. Eles todos alegam ser leais a Saigon com direito à proteção pelo 'governo legal'. Se há 'vietcongues' por perto, isso acontece apenas porque o governo 'legal' fugiu. Isso também é uma política da Frente para ganhar a simpatia dos soldados fantoches. Tais palavras de ordem também davam a eles a ideia de que deveriam lutar por melhores condições. Mas como meio de luta também é muito eficaz, pois os soldados acham difícil reprimir uma manifestação em que metade das exigências é de melhores condições para eles".

"Isso é mais do que apenas uma tática. A Frente tem toda uma política para essas coisas. Em casos onde há famílias em nossas áreas cujos filhos e maridos morreram enquanto serviam às forças inimigas, nós as ajudamos materialmente. Há uma organização especial que visita famílias em luto e aconselha sobre qual a forma da ajuda material ser obtida".

Tínhamos deixado a última das sampanas para trás, naquela altura, e tínhamos o rio e a lua para nós novamente. Sondei Huynh para mais informações sobre as estratégias e táticas políticas e sobre a luta político-militar combinada.

"Em muitas áreas", ele continuou, "há postos que nós poderíamos destruir facilmente. Se os soldados não começarem a atirar e pilhar, mas ouvirem as explicações dadas pelo povo, nós não atiramos. Se eles atiram, nós atiramos e vencemos. Quase toda a população, exceto as Forças Armadas, participa das explicações. Isso acontece dia e noite. Em teoria, os soldados de Saigon são proibidos de ter qualquer contato com a população local, mesmo seus próprios parentes. Na prática, há contato o tempo todo. Nos últimos anos, o alto escalão está tão preocupado com o nível de insatisfação que as guarnições são trocadas a cada três meses. Mas isso não ajuda porque se eles deixam uma área por outra, as pessoas de lá continuarão o bom trabalho iniciado no posto que eles tinham acabado de deixar".

"Nosso povo vive entre o inimigo; eles fizeram a reforma agrária e trabalham para si próprios. Os soldados inimigos são camponeses conscritos. Quando eles veem essa vida em liberdade acontecendo ao redor deles, você acha que isso não os afeta? Especialmente quando isso é martelado em suas cabeças, dia e noite, por companheiros camponeses, trabalhando nos campos próximos aos portões de seus postos. Algumas vezes, nossas áreas livres estão a cerca de noventa metros de um posto e a guarnição depende de suprimentos lançados por aviões que acabam caindo nas nossas áreas. Podíamos impedi-los de pegar esse suprimento, bloqueá-los completamente se quiséssemos, mas nós permitimos que dois ou três deles saiam e peguem, apesar de frequentemente nós mesmos pegarmos os paraquedas. Os soldados apreciam essa atitude. Nós sempre deixamos claro que somos contra vietnamitas matando vietnamitas e, então, eles adotam nossa atitude: viva e deixe viver. Nós sabemos que eles são conscritos, que praticamente não têm outra escolha a não ser servir a Diem, mas que também não querem morrer por serem forçados, nos combater".

Quando há feriados, pessoas do povoado visitam os soldados, Huynh me disse. Eles não são muito cordiais, mas explicam coisas a eles educadamente. "Eles podem até levar alguns pequenos presentes, frutas ou bolos. Dirão a eles que se eles vierem ao povoado, e se aterem às principais 'pistas de tráfego' e vierem sem atirar ou pilhar, tudo estará bem, serão bem recebidos e lhes será dado chá. Mas se eles deixarem as trilhas principais e forem sem convite em direção às casas, chiqueiros, galinheiros, pomares etc., então terão problemas com as armadilhas. E se começarem a atirar terão problemas ainda maiores, se não nessa ocasião específica, certamente da próxima vez em que saírem do posto. Os soldados sabem, por experiências amargas, que isso é verdade".

"O chefe da guarnição geralmente sabe quem são os 'ativistas' em qualquer povoado. Os postos são sempre construídos em uma elevação; ele tem binóculos bons e pode ver quem cola cartazes ou escreve palavras de ordem na parede, ou dirige reuniões. Mas se ele tiver condições de enviar uma patrulha para interrogar o povo, eles responderão: 'Claro, existem alguns "vietcongues" aqui. Venham prendê-los se quiserem, mas, na verdade, eles não fazem nenhum mal e se as balas começarem a voar pessoas inocentes poderão se machucar. Você também pode se machucar, pois parece que eles têm bom treinamento militar'. Se os soldados realmente vêm e matam alguém, o corpo será levado ao posto e todo o povoado fará uma grande manifestação em protesto. Eles farão com que os soldados saibam que realmente terão problemas da próxima vez que saírem. Mas a população é bem instruída pela Frente para não arriscar seu pescoço, nunca provocar problemas, sempre ser discreta. Os moradores fazem contribuições à Frente, geralmente, de arroz. Mas para tudo que eles fornecem nós damos a eles um recibo que eles levarão ao posto e mostrarão aos soldados. 'Veja, o 'vietcongue' cobrou uma taxa na noite passada. Eles nos fizeram pagar. Disseram que é necessário para a libertação do país; para colocar os estadunidenses para fora. Tivemos que pagar, não pudemos impedi-los'. Outra pequena flechada certeira".

"Essas são táticas importantes", continuou Huynh, "mas só são possíveis porque, embora o povo se oponha às posições administrativas, políticas e ideológicas do regime de Saigon, ele ainda está tecnicamente em território controlado pelo inimigo; ele tem que manter uma posição legal correta para sobreviver. Então, nós os encorajamos a dizer aos oficiais nos postos todo tipo de coisa.

'Sim', eles dirão, 'nós temos guerrilheiros no nosso povoado. Meu marido é um guerrilheiro. Meu filho é guerrilheiro. Sim, eles têm armas'. Mas quando são perguntados sobre qual é a força da unidade, onde as armas estão escondidas, isso eles 'não sabem'. Antes as pessoas teriam sido mortas por admitir tais coisas, mas como os piores tiranos já tinham recebido o devido tratamento, isso era possível. Então, encorajamos os moradores a passar adiante certos fatos – isto é boa propaganda – mas nunca revelar a força das unidades ou onde estavam as armas".

"Quando a resistência armada iniciou, as pessoas dos vilarejos encorajaram seus filhos a fugir e a se juntar aos guerrilheiros. O inimigo então começou a atirar nos pais cujos filhos tinham desaparecido. Nós respondemos a isso com protestos, alegando que os próprios diemistas tinham matado ou sequestrado os filhos. Uma mãe passaria boa parte da noite acordada preparando as roupas do seu rapaz e comida para alguns dias de viagens para as montanhas; despacharia-o nas primeiras horas da manhã; e algumas horas depois ela conduziria uma delegação de mulheres chorosas até o chefe do distrito exigindo o retorno do seu filho que devia ter sido 'preso'. Ou reclamaria sobre a falta de segurança no povoado quando os 'vietcongues' poderiam vir e 'sequestrar' jovens rapazes, exigindo que o comandante do posto enviasse uma patrulha para 'resgatá-lo'. A iniciativa e engenhosidade do povo em tais assuntos não tinham limites", disse Huynh e continuou explicando que em praticamente todo povoado, incluindo aqueles controlados por Saigon, havia grupos especiais de propaganda e eles trocavam experiências sobre as maneiras mais eficazes para avançar a "linha" com o mínimo de perigo, da maneira mais desarmada possível.

"O inimigo sabia, por exemplo", continuou, enquanto estávamos deitados sob o céu estrelado, com a água correndo e o motor de popa suavemente seguindo adiante, "que praticamente todo mundo no povoado participa da preparação de armadilhas. Quando são acusados disso, dirão: 'Sim, os 'vietcongues' nos obrigaram a fazer isso. Tivemos que fazê-las'. Se são questionados sobre onde elas estão, mostrarão uma ou duas, mas não as principais. Mostrarão algumas estacas, por exemplo. 'Esses foram rejeitados', diriam, 'os 'vietcongues' recusaram-se a pagar por eles. Todas as melhores eles levaram'. Eles podem responder dessa forma por causa da nossa força agora. Mas mesmo antes, quando havia todo tipo de ato de selvageria, de matança indiscriminada à pilhagem e atos de vandalismo, o povo se aproveitou de sua posição legal e se baseou no que foi declarado como política oficial. Eles podiam ir aos chefes distritais e acusar seus subordinados de agir de forma 'contrária à política de Saigon' e exigir que as reclamações fossem encaminhadas para a Assembleia Nacional e até mesmo aos ministros do governo. Vários oficiais tiveram que se retirar por causa disso, além de também ter causado um efeito disciplinador nos outros. Mas o verdadeiro avanço veio quando o próprio povo começou a punir os piores tiranos.

"Esse tipo de trabalho nunca cessa", disse Huynh, "e isso ajuda a compensar bastante a esmagadora superioridade de armamentos do inimigo". Ele recordou que, antes da resistência armada tornar-se generalizada, tinha trabalhado por um tempo na área das planícies costeiras do Vietnã Central. "Naquela época não tínhamos nenhuma arma", disse, "mas sabíamos que os povos tribais nos morros tinham começado a se defender. Expedições punitivas costumavam passar pelas nossas áreas a caminho das montanhas e o povo costumava trabalhar com os soldados, alertando-os da maneira mais cuidadosa possível a não cometer atrocidades contra o povo tribal: 'Nós os conhecemos', algum velho camarada diria. 'São pessoas orgulhosas e corajosas; se vocês fizerem qualquer coisa errada, certamente irão matá-los. Elas têm armadilhas terríveis, cheias de estacas, e flechas envenenadas que fazem você sofrer terrivelmente por alguns minutos e depois morrer. Uma pena para jovens legais como vocês. Apenas estamos lhes dando um aviso amigável porque nós somos vietnamitas'. E quando eles voltavam, carregando seus feridos, e muitos deles sequer voltavam, nosso povo, cheio de simpatia, cuidava de seus feridos, dava chá a eles e faziam vários comentários: 'O que dissemos a vocês? Melhor nunca ir àquele lugar. Fiquem longe dos povoados deles ou vocês todos morrerão. Essa era a melhor forma de propaganda", concluiu Huynh, "porque era a verdade" enquanto nossa sampana dirigia-se para uma pequena enseada.

MACACOS E ABELHAS

A pergunta sobre as formas de propaganda originais e engenhosas era uma das que surgiam o tempo todo. Em uma ocasião, eu estava conversando com algumas pessoas da tribo sobre seus métodos de caça e Kpy Plui, um famoso caçador Jarai da província Kon Tum, após um empolgante relato de como seu povo caçava tigres e elefantes, chegou ao negócio menos perigoso, o da caça de macacos. Assim que uma colônia de macacos é descoberta, geralmente, em um denso aglomerado de bambus em declive, grandes faixas convergentes de bambu são cortadas de cada lado, levando até a parte de baixo, aí os macacos ficam concentrados em um pedaço de forma triangular. Outra porção é cortada na ponta do triângulo: enquanto os "caçadores" começam a abrir caminho dentro do próprio triângulo, avançando vagarosamente de cima para baixo, o resto do povoado vem com gongos e tambores, começam a subir a partir da base do triângulo; os macacos, aterrorizados, com um número cada vez menor de talos e ramos de bambus para se balançar, ficam concentrados em um espaço cada vez menor. "Eles quebram pedaços de galhos para revidar, chiando e pulando", disse

Kpy Plui, uma figura compacta e musculosa, com as maçãs do rosto altas e com um tufo de barba preta, "mas o barulho continua vindo da parte de baixo e o bambu e a vegetação rasteira sendo decepados a partir do topo. Por fim, o ancião da tribo desce para terra e isso significa que toda a tribo está rendida. Todo o resto, então, desce e podemos pegá-los como quisermos, de quinhentos a mais de mil". Imagino o que eles faziam com tamanha quantidade de macacos.

"Nós os mantemos em jaulas", disse Kpy Plui, que fala um pouco de francês por ter servido no exército francês por um breve período, "e os comemos conforme a necessidade. Os ossos são fervidos para fazer remédios. Mas os maiores, nós entregamos aos quadros para seus grupos de propaganda". Um quadro vietnamita que estava presente explicou que remédios contra anemia e fraqueza eram desenvolvidos a partir dos ossos dos macacos.

"E com relação à propaganda?", perguntei.

"Escolhemos os maiores, com cerca de treze a vinte quilos. Nós os vestimos com calças e camisas pretas, pintamos um pouco suas caras para fazê-los parecer caricaturas de Diem na sua época – ou poderia ser Harkins –, desenhamos mais caricaturas nas costas das suas camisas, amarramos palavras de ordem em suas pernas e os levamos clandestinamente para Saigon e outras capitais provinciais. Deixamos os animais soltos pelo mercado bem cedo, ou nos centros, quando as pessoas estão indo trabalhar. Os macacos ficam um pouco confusos no início, mas então eles começam a pular com suas palavras de ordem. As pessoas ficam encantadas, como sempre ficam com macacos, e a polícia não sabe o que fazer. É constrangedor atirar neles, porque é como atirar no presidente ou em Harkins. De qualquer forma, seria ridículo atirar neles. Eles começam a correr tentando pegar os macacos e arrancar as palavras de ordem e quanto mais eles os perseguem mais o povo aprecia o espetáculo.

"É uma boa forma de propaganda, mas é útil para outras coisas também. Nos mercados, não mais do que três pessoas podem se reunir normalmente. A polícia irá prendê-los, mesmo se estiverem reunidos apenas para uma discussão ou pechincha. Mas quando os macacos estão pulando e a polícia está atrás deles, as pessoas podem se reunir e nossos grupos de propaganda podem entrar em ação. Algumas vezes fazemos a mesma coisa com cachorros, mas eles são muito mais fáceis de pegar. Também preparamos pequenas balsas feitas com troncos de palmeiras entrelaçados, com caricaturas e palavras de ordem presas em pequenos mastros e lançamos centenas delas flutuando pelos rios que passam pelos centros provinciais e distritais. A polícia tem que fazer esforços extraordinários para cercá-las, então, o povo tinha um duplo entretenimento, novamente".

Até mesmo criaturas menores do que cachorros e macacos figuram no fantástico arsenal de armas que o povo do Vietnã do Sul usa – e não apenas para propaganda – nessa era de guerra nuclear. Há povoados controlados pela frente – no distrito de Mo Gay, da província Ben Tre, por exemplo – em que a defesa é principalmente confiada às abelhas. Chi Nguyet (Irmã Luar), outras daquelas impecáveis belas garotas de Ben Tre, explicou como, de 1960 em diante, os diemistas tentaram converter seu povoado em uma aldeia estratégica. "Muitas de nós, mulheres e garotas, viemos protestar na capital provincial, mas fomos todas presas", disse ela. "Então todas as mulheres do povoado vieram a Ben Tre com seus filhos, exigindo que nos soltassem. Elas criaram tanta confusão que o governador ficou contente em se livrar de nós todas. Os soldados diemistas continuaram vindo para o nosso povoado, roubando porcos e galinhas e sempre tentando nos forçar a construir cercas e a cavar valas. Nós nos recusávamos".

"Em nossa área, como em muitas outras, existe um tipo de abelha especialmente grande e feroz. Elas têm mais que o dobro do tamanho de abelhas comuns; não armazenam mel, mas sua picada é terrivelmente dolorosa e a picada de meia dúzia delas pode ser fatal. Estudamos os hábitos dessas abelhas muito cuidadosamente. Elas sempre têm quatro sentinelas permanentemente a postos e se estas forem perturbadas, chamam toda a colmeia para atacar o que quer que as esteja perturbando. Então, colocamos algumas dessas colmeias nas árvores, ao longo da estrada que levava do posto diemista até nosso povoado. Nós as cobrimos com papel adesivo, dos quais cordas levavam até uma armadilha de bambu que armamos na estrada. Da próxima vez que uma patrulha inimiga veio, eles acionaram a armadilha e o papel foi rasgado, liberando a colmeia. As abelhas atacaram imediatamente; os soldados correram como búfalos enlouquecidos e começaram a cair nas nossas armadilhas com estacas. Eles voltaram carregando e arrastando seus feridos".

"Do posto eles devem ter pedido ajuda pelo rádio, pois o chefe do distrito enviou uma companhia por estrada, vinda de outro posto, e mais algumas de helicóptero. Naquela altura, já tínhamos armado mais algumas colmeias. Quando o inimigo veio, viram montes de terra que pareciam armadilhas cavadas recentemente e o oficial ordenou que os soldados retirassem a terra e descobrissem as armadilhas. Mas as colmeias estavam escondidas sob a terra e houve um tumulto terrível quando elas foram perturbadas de maneira tão bruta. Elas atacaram, milhares delas, e logo trinta soldados inimigos estavam fora de ação. Eles tiveram que se retirar novamente".

"Nós nos encorajamos muito com isso e começamos a criar abelhas especialmente para nossas defesas. Quando eu saí", ela concluiu, "tínhamos mais de duzentas colmeias e o inimigo não ousou se aproximar de nós por um longo tempo".

Quando conheci a Irmã Luar ela estava longe da sua aldeia nativa, participando de uma conferência regional onde experiências desse tipo estavam sendo trocadas, para ver até que ponto poderiam ser aplicadas em outras áreas. O uso dos macacos propagandistas e guarnições de abelhas são exemplos do que uma "guerra do povo" diz respeito. Duvido que qualquer comando no mundo, incluindo o da Frente de Libertação, poderia planejar, do topo, o emprego de tais armas. É a natureza da luta do povo no Vietnã do Sul que as produz, mas assim que elas são desenvolvidas e usadas com sucesso, a notícia é rapidamente passada adiante e elas são amplamente usadas.

Os aspectos políticos e militares da luta seguem de mãos dadas em todos os níveis. Escritores, jornalistas e artistas, por exemplo, participam de atividades militares e políticas quase simultaneamente. Após uma apresentação retratando de forma realista a técnica de desmantelar uma aldeia estratégica, os atores retiram-se com o público – vindo ilegalmente de um povoado controlado pelo inimigo – e reencenam na vida real o que eles tinham representado no palco, ajudando os habitantes a destruir as cercas e o arame farpado. Se houver oposição armada, eles deixam seus figurinos pelas armas; se não houver eles provavelmente encenarão uma nova apresentação durante a pausa no trabalho sobre como uma aldeia estratégica é transformada em uma fortificada.

Encontrei esses grupos, muitas vezes, em minhas viagens; com seus figurinos nas costas, homens e mulheres jovens e alegres, todos eles armados, algumas vezes carregando membros doentes da trupe com eles. Sua primeira função, ao chegar em qualquer lugar para uma performance, é cavar trincheiras para sua própria proteção. Eles participam de operações militares, frequentemente, apresentando-se pouco antes do início delas para levantar o moral; então, partem para a luta com suas armas. Tran Huu Trang, presidente da Associação dos Escritores e Trabalhadores do Teatro, ele próprio um conhecido escritor e dramaturgo, além de membro do Comitê Central da Frente de Libertação, contou que membros da Associação, com armas em punho, participaram em todos os principais ataques e que: "seu primeiro trabalho, assim que um posto for invadido, é buscar pelo suprimento de papel e carregar tanto quanto possível. A escassez de papel é um problema importante e constante para nós".

Jornalistas também colecionam suas histórias de operações militares das quais realmente participam e trabalham quase literalmente "com uma caneta em uma mão e um rifle na outra". Uma garota de tranças que foi apresentada a mim como Irmã Thien – que não é seu nome verdadeiro, pois sua família ainda está em Saigon e ela mesma vai para lá de tempos em tempos – contou-me algo sobre as dificuldades de um jornal estudantil que ela ajuda a editar. "Por muito tempo nós imprimíamos secretamente no próprio centro de Saigon", disse, "bem nas lojas de impressão diemistas. Mas as coisas esquentaram muito, então nós compramos uma máquina de impressão e a contrabandeamos de Saigon para a floresta".

"Vocês contrabandearam de Saigon?", perguntei, sabendo que esta é provavelmente a cidade mais firmemente controlada no mundo hoje, com patrulhas militares e policiais em serviço o tempo todo e polícia secreta em quase toda esquina.

"Sim", ela disse com um sorriso animado, "nós trouxemos a coisa toda em pedaços. Os tipos foram trazidos nas costas de várias 'mulheres do mercado' – na verdade éramos nós, estudantes – em cestas cobertas com frutas e vegetais não vendidos. Os rolos deram um pouco mais de trabalho, mas nós os lubrificamos bem e fixamos na parte de baixo de sampanas. Fizeram uma longa viagem na água, mas depois funcionaram bem. Embarcamos tudo bem debaixo dos narizes dos policiais. Nosso problema antes era imprimir em Saigon e enviar cópias clandestinamente para o interior. Agora é o contrário; imprimimos fora e levamos clandestinamente as cópias para dentro da cidade. Publicamos cinco mil exemplares e assim que são deixadas em nossas 'caixas de correspondência', nossos contatos, são distribuídos e passam de mão em mão até que praticamente todo estudante tenha lido. É um jornal muito popular e nossos principais correspondentes são os próprios estudantes que clandestinamente enviam artigos pela mesma rede que usamos para clandestinamente passar o jornal para dentro. Obviamente nós fazemos mudanças nos canais de comunicação para o caso de algum erro, mas até agora não houve nenhum".

GUERRA NAS PLANTAÇÕES

Um dos meios inventados pelo comando estadunidense para sua "guerra especial" é o uso de produtos químicos pulverizados nas plantações – para destruir onde não podem controlar. Eu vi inúmeras evidências disso – pomares inteiros onde as árvores estavam sem folhas ou frutas enquanto nos vilarejos vizinhos estavam florescendo e carregados de frutos; de mamoeiros, por exemplo, que eram meros talos secos com frutos murchos do tamanho de nozes pendendo ao redor de troncos desfolhados; de abacaxis reduzidos ao tamanho de pequenas laranjas enquanto nos quintais da vizinhança estavam completamente maduros e prontos para serem colhidos. De qualquer maneira, nunca presenciei qualquer ataque nem estive naquelas áreas do Delta do Mekong onde eram mais frequentes. Mas pude entrevistar uma cientista sul-vietnamita, dra. Thuy Ba, membro do Comitê Executivo da Associação das Mulheres pela Libertação no Vietnã do Sul, chefe de um grande hospital e a Secretária Geral da Associação para Defesa de Mães e Filhos. Ela tinha feito um estudo especial do problema da guerra química, sobretudo para tomar medidas preventivas.

"Apesar de esses venenos serem destinados primeiramente às plantações e criações de animais", disse dra. Thuy Ba, uma jovem mulher de rosto sensível, que como muitos outros colegas tinha trocado seu lar confortável e seu emprego em Saigon pelas condições rudimentares na floresta, "eles também afetam seriamente os seres humanos, especialmente crianças e idosos. Três mil crianças foram afetadas na área de Ca Mau só nos dois primeiros meses de 1964. Os principais sintomas são queimaduras na pele, diarreia e problemas pulmonares. Desde o começo do ano, o inimigo tem intensificado sua campanha por praticamente todo o Delta do Mekong.

"Nosso Comitê de Saúde Pública desenvolveu algumas contramedidas", ela continuou. "Não temos máscara de gás, mas usamos lenços embebidos em água e os colocamos sobre o nariz e a boca para reduzir e filtrar a quantidade inalada. Usamos suco de limão nas queimaduras de pele. Crianças menores são enroladas em lençóis de náilon quando um ataque começa e as outras são instruídas a correr contra o vento das áreas borrifadas. O inimigo finge estar jogando inseticidas ou apenas agentes 'desfolhantes', mas, na verdade, eles estão lá para destruir as plantações nas áreas que não podem controlar. Em Ca Mau, por exemplo, depois que eles se retiraram de um grande número de postos após o golpe contra Diem, começaram a destruição sistemática das plantações de arroz e pomares em toda a área de onde se retiraram. Essa atividade é intensificada a cada dia, ainda mais após Nguyen Kanh assumir. Provavelmente", concluiu a dra. Thay Ba, "porque eles achavam cada vez mais difícil dar prosseguimento à guerra por meios normais, agora que os soldados fantoches tinham perdido toda a vontade de lutar".

Esporadicamente, a cortina de segredos com a qual os estadunidenses encobrem as suas atividades mais desumanas é rasgada e o mundo exterior tem um breve vislumbre da verdade. Assim, em 19 de março de 1964, tropas de Saigon, com "conselheiros" estadunidenses dirigindo a operação, atacaram o povoado cambojano de Chantrea. Após um bombardeio preliminar de napalm, no qual muitas crianças foram queimadas até a morte, doze tanques avançaram lentamente, esmagando sob suas rodas qualquer um que não escapasse a tempo. Treze habitantes do vilarejo foram esmagados, baleados ou queimados até a morte. "Desculpe, nós pensamos que vocês fossem vietnamitas", foi a imediata desculpa lacônica dos estadunidenses, enquanto o Departamento de Estado dos EUA tentava negar que houvesse algum estadunidense envolvido. Mais tarde, o Departamento de Estado teve que admitir a "presença", mas não a participação de estadunidenses.

Ainda mais aterrorizante e significativa foi a confirmação das acusações de guerra química feitas pela dra. Thuy Ba. O ministro cambojano para assuntos estrangeiros, M. Huot Sambath, revelou que, entre 13 de junho e 23 de julho de 1964, aviões dos EUA tinham jogado "pó tóxico" em seis povoados na província cambojana de Ratanakiri, matando 76 pessoas, muitas delas, crianças. O Departamento de Estado respondeu que tinha usado apenas "desfolhante" e que os vilarejos cambojanos tinham sido borrifados por engano.

A última informação que consegui obter, antes de deixar as áreas livres, foi que novos métodos de destruição de plantações estavam sendo testados, incluindo o lançamento de ovos de certos tipos de insetos que atacavam o arroz na água e o uso de fósforo branco em recipientes de napalm, pois este, muitas vezes, tinha pouco efeito nos campos de arroz que permanecem encharcados de água, mesmo durante o período da colheita.

A opinião asiática ficará chocada com o espetáculo dos EUA participando solenemente de conferências mundiais sobre como aumentar a produção de alimentos em países subdesenvolvidos, enquanto seus chefes militares em Saigon estão dando seu melhor para envenenar e queimar plantações de arroz, em uma das maiores áreas produtoras de alimento no mundo.

E assim continua. Uma batalha travada, incessante e impiedosamente, pelas mentes de todos, de soldados a estudantes; de camponeses a oficiais do governo e oficiais de carreira militar, sem que nenhum artifício deixe de ser usado. E essa batalha, a Frente está vencendo facilmente. O regime de Saigon tem pouco a oferecer em troca e nenhum meio real de contra-ataque.

GOLPES EM SAIGON

O FIM DO REGIME DE DIEM

Foi a série contínua de derrotas militares, desde Ap Bac, que anunciaram a destruição do regime diemista, não a repressão a budistas e estudantes. Por mais de doze meses, a imprensa estadunidense era cada vez mais declaradamente crítica à falta de habilidade de Diem em lidar com a guerra, de sua resistência às estratégias e táticas dos EUA. A mistura de métodos policiais medievais e fascistas que ele usava para reprimir a todos que considerava seus oponentes, na maior parte, passou despercebida na imprensa estadunidense, ou foi relatado com aprovação. Mas ele estava perdendo a guerra e isso era um verdadeiro crime. "Podemos vencer com Diem?" era o título de um editorial angustiado no *New York Times,* insinuando o que estava por vir. Os jornais estavam cheios de discussões entre os altos oficiais militares de Harkins e a resistência de Diem com relação aos estadunidenses assumirem completamente os assuntos militares. Essas eram as verdadeiras questões.

A repressão aos budistas teria passado despercebida – isso vinha acontecendo há anos – se não fosse pela insatisfação dos oficiais dos EUA com Diem, além do fato de a organização da Frente de Libertação em Saigon ter entrado em ação. Essa última estendeu a demanda por mais liberdade religiosa para uma demanda por liberdades democráticas como um todo, e convocou seus apoiadores para manifestações massivas que terminaram em ferozes batalhas de rua contra a polícia. O tamanho das manifestações, a energia e a militância das multidões foram um grande choque para o comando estadunidense em Saigon. Os "vietcongues" estavam bem no meio deles, na própria Saigon, em várias dezenas de milhares, lutando contra a tropa de choque diemista.

Diem não estava apenas perdendo a batalha no campo; ele estava perdendo na própria Saigon. Ele tinha que sair. Mas a opinião oficial dos EUA não era unânime sobre isso. O Pentágono queria Diem disciplinado, mas não fora e morto. Harkins, na verdade, era contra o golpe. Sua discussão com Diem era sobre dois pontos principais.

Harkins queria reduzir as perdas; acabar com centenas de postos cercados. Ele corretamente os considerava como "pontos de suprimento de armas" para as forças da Libertação; eles diminuíram dezenas de seus helicópteros em operações diárias de fornecimento de suprimentos. Mas Diem se opunha a isso, pois significava abandonar o controle, mesmo que nominal, em muitas das partes mais ricas do país, porque era exatamente das áreas do Delta do Mekong que Harkins propunha a retirada. Mesmo a promessa de Harkins de ganhá-las de volta, mais tarde, com as reservas móveis acumuladas pelas guarnições "desempregadas", não impressionou Diem. Ele também resistiu a outra demanda de Harkins, de que oficiais estadunidenses deveriam ter controle operacional completo, no nível das companhias, e controle administrativo no nível distrital – praticamente o limite extremo para o qual a "guerra especial" poderia ser levada. Harkins estava confiante de que com pressão suficiente, Diem desistiria. Ele era contra o golpe e nisso ele foi apoiado por um brigadeiro medíocre, Nguyen Khanh, que tinha sido rapidamente promovido por Diem, depois de desempenhar um papel vital ao salvá-lo do golpe dos oficiais, em novembro de

1960. Nguyen Khanh era o amigo mais próximo de Harkins entre os oficiais diemistas.

Entretanto, o Departamento de Estado exigiu o golpe, e era papel do embaixador Cabot Lodge* estar em seu novo posto a tempo para organizá-lo. O Departamento de Estado estava convencido de que "não podemos vencer com Diem"; além disso, a repressão aos budistase a prisão de milhares de estudantes de "respeitáveis" famílias de Saigon estavam ferindo as relações dos EUA com outros Estados budistas. Mais embaraçoso ainda, e decisivo para o Departamento de Estado, foi que o problema da perseguição aos budistas foi antes da Organização das Nações Unidas; por muito pouco, oficiais estadunidenses na ONU evitaram votar e a questão foi temporariamente arquivada. Mas uma missão de investigação da ONU já estava em Saigon. O Departamento de Estado queria – na verdade precisava desesperadamente – que Diem fosse deposto e, com isso, liquidaria meia dúzia de problemas embaraçosos com um só golpe. Então, a crise budista, embora não tenha causado a queda de Diem, provavelmente marcou a data. Os "dois homens" de Cabot Lodge em Saigon eram os generais Duong Van Minh e Tran Van Don, ambos sulistas, ao contrário dos centrais como Diem e outros, sob os quais os postos de liderança no exército e na administração estavam ocupados.

A CIA, geralmente tão entusiasta em relação a golpes, estava dividida sobre este. O chefe da CIA em Saigon era contra o golpe e, logo em seguida, foi mandado de volta para casa por Cabot Lodge. Muitos homens do alto escalão da CIA achavam que Diem era "muito bom para perder" e, do ponto de vista deles, estavam certos. Os agentes da CIA em Saigon favoráveis ao golpe tinham

---

* Trata-se de Henry Cabot Lodge Jr., nomeado embaixador do Vietnã pelo presidente Kennedy em 1963. (N.E.)

como representante o major-general Ton That Dinh, um feudalista do centro como Diem, anticomunista feroz e, como chefe interino do Estado-Maior de Diem, em uma posição que poderia mudar as divisões a esse respeito.

Como o golpe foi conduzido e Ngo Dinh Diem e seu notável irmão Nhu foram assassinados, é história passada e melhor conhecida do que seu contexto, embora rapidamente tenha desaparecido das manchetes mundiais após outro presidente, mais importante, ter sido assassinado com um tiro apenas dez dias depois.*

No mês seguinte ao assassinato dos irmãos Ngo, os guerrilheiros destruíram grandes trechos de todas as estradas que levam de Saigon em direção ao Delta do Mekong, transformando algumas partes novamente em campos encharcados de arroz. Eles explodiram pontes ferroviárias e construíram barragens nos canais, plantando bananeiras e arbustos no topo delas; cortaram ou bloquearam todas as comunicações por estradas, trilhos e rios, e lançaram uma grande campanha para destruir postos e desmantelar aldeias estratégicas. Praticamente todos os postos no Delta tornaram-se dependentes de suprimentos entregues por helicóptero ou lançados por paraquedas.

Quando algumas comunicações foram restabelecidas, um grande número de antigas aldeias estratégicas foi convertido em "aldeias fortificadas"; postos que costumavam controlá-las eram agora controlados por elas, com armas apontadas para eles de todas as direções. Todas as belas previsões depois da queda de Diem de que "a ação militar será imediatamente intensificada" estavam corretas, mas de forma diferente da pretendida. A iniciativa foi da Frente. Várias operações foram lançadas por Saigon, verdade, mas todas

---

* A referência aqui é do presidente dos EUA John F. Kennedy assassinado em 22 de novembro de 1963. (N.E.)

falharam. Do início do mês até 25 de novembro de 1963, as forças de Saigon-EUA lançaram 180 operações, muitas delas envolvendo de três a sete batalhões nas províncias Tan An e Cholon, uma das principais portas de entrada para Saigon. Em contra-ataques, os guerrilheiros destruíram dezenas de postos – outros vinte tiveram que ser abandonados; 82 aldeias estratégicas ou foram desmanteladas, e os camponeses voltaram para seus vilarejos originais, ou foram convertidas em aldeias de "resistência".

"Naquele mês de novembro", disse o presidente Nguyen Huu Tho, "as Forças Armadas de Libertação e a população destruíram 1.662 aldeias estratégicas; destruíram centenas de postos; só na Cochinchina destruímos ou forçamos o inimigo a abandonar 401 postos, incluindo alguns muito importantes nas províncias My Tho, Long An, Ben Tre e Ca Mau. Nesse mesmo mês, nossos compatriotas e soldados mataram 5.495 soldados e oficiais, incluindo 31 estadunidenses; feriram 2.849, incluindo 15 estadunidenses; capturaram 990, dos quais 4 eram estadunidenses; tomaram 2.172 armas de todos os tipos, incluindo 16 morteiros, 47 metralhadoras e rifles automáticos; derrubaram 32 aviões e helicópteros e danificaram outros 30. Além disso, 6.358 soldados e oficiais inimigos desertaram". E ele continuou a listar algumas batalhas importantes nas quais a Frente tinha tido sucesso.

Aquelas felizes vozes estadunidenses, depois da queda de Diem, começaram a cantar em outro tom. "Durante os próximos seis meses", comentou o *New York Times*, em 9 de dezembro, apenas cinco semanas após o golpe, "o novo governo enfrenta uma árdua luta para recuperar a iniciativa". A junta militar nunca a recuperou, nem a luta durou apenas seis meses. O general Harkins e Nguyen Khanh estavam trabalhando silenciosamente nos bastidores. Ambos poderiam dizer "eu avisei" para Cabot Lodge, enquanto os reveses militares se acumulavam. No interior da junta, formada principalmente por Minh, Dinh e Don, estava ocorrendo uma briga pelo poder; como eram todos da mesma patente e nenhum tinha mais prestígio do que o outro havia um impasse completo.

Cabot Lodge tentava persuadir os políticos dos velhos tempos – alguns retornaram do exílio na França, outros, como dr. Pham Quan Dan e Hu Huu Thong, das prisões diemistas – a entrar no jogo. Nas primeiras semanas depois do golpe, Cabot Lodge tentou desesperadamente vender a eles a ideia de um sistema de dois partidos, "como nossos partidos republicano e democrático, com bipartidarismo nas principais questões". Todos eles recusaram, pois cada um queria ter seu próprio partido, liderado por si próprio, "na tradição francesa". Os poucos políticos conhecidos no país que Lodge foi capaz de arrebanhar recusaram tanto o sistema de bipartidarismo estadunidense quanto o sistema unipartidário diemista, e, de todo modo, se recusaram a colaborar enquanto o poder estivesse nas mãos de uma junta. Lodge também era contra ela. Sua ideia era colocar um substituto para Diem, como primeiro ministro, de forma que o poder militar e civil pudesse ser dividido. A escolha dos estadunidenses foi Nguyen Ton Hoan, discretamente preparado para o trabalho por um arcebispo católico estadunidense, assim como Diem, na sua época, foi preparado sob a tutela pessoal do cardeal Spellman. Hoan encabeçou a principal facção do partido Dai Viet (Vietnã Maior), de extrema direta, composto de antigos mandarins, grandes fazendeiros e oportunistas políticos. Duong Van Minh, que liderava os generais da junta, tinha prometido indicar Hoan como premiê, mas voltou atrás com sua palavra assim que teve o poder em suas mãos.

O GOLPE DE KHANH

Nguyen Khanh e Harkins estavam, agora, conspirando para derrubar a junta de generais e Khanh prometeu que daria a Hoan o cargo de premiê. Então, os preparativos para um novo golpe seguiram adiante; seu codinome deveria ter sido "Vingança de Harkins". Khanh estava preparado para aceitar aquilo a que a junta ainda resistia, um plano-piloto sob o qual oficiais estadunidenses assumiriam o controle operacional e administrativo completo em 28 distritos, com oficiais e soldados de Saigon incondicionalmente à sua disposição, e com Nguyen Ton Hoan como primeiro ministro.

Robert McNamara, secretário de Defesa estadunidense veio a Saigon no final do ano, e a revista *Newsweek* de 5 de janeiro de 1964 citou-o, dizendo aos generais da junta: "A estação seca começou, e perseguir o inimigo está mais fácil do que nunca. Esqueçam sua preocupação com as baixas e lutem essa guerra como se fosse sua última chance – pois ela pode ser". E assim foi!

Em 17 de janeiro, o "maior ataque de helicópteros da história militar", segundo a *United Press International*, foi lançado em Thanh Phu, na província de Ben Tre. Cinquenta helicópteros, três mil soldados, 26 tanques M-113, 26 embarcações navais e dezenas de aviões foram empregados contra o que foi descrito como uma "base guerrilheira". Esta seria a justificativa suprema para a tática "retirar, concentrar e reocupar" de Harkins. A "força de ataque" móvel foi derrubada junto com a retirada das guarnições. As forças da Libertação permitiram que as primeiras quatro ondas de helicópteros entrassem, então abriram fogo na quinta onda, derrubando dois e danificando quinze. Se quisessem evitar o combate, claro, poderiam ter aberto fogo na primeira onda, e com tais perdas de helicópteros, a batalha seria finalizada naquele momento e local. "Um dos piores dias de guerra em operações com helicópteros dos EUA", relatou a *Associated Press*.

Como as ondas de ataque se movimentavam, os defensores esperaram até que os oficiais, encorajando os soldados por trás com armas prontas para atirar em qualquer um que hesitasse, também estivessem dentro do alcance. Os defensores, então, abriram fogo e a onda de ataques cessou. Isso iniciou o modelo clássico: mais bombardeios aéreos e de artilharia; ataques vindos do centro, do flanco direito, do flanco esquerdo; dos extremos dos flancos direito e esquerdo juntos, e bombardeio aéreo e de artilharia para cobertura entre eles. A ação durou dois dias antes de ser desmantelada pelas forças de Saigon. Relatórios dos EUA chamaram os resultados – além de "o pior dia em perdas de helicópteros" – de "escassos e decepcionantes". Na verdade, foi uma derrota avassaladora. A junta tinha obedecido às instruções de McNamara para esquecer sua "preocupação com baixas". As forças de Saigon tiveram cerca de seiscentos mortos e feridos, de acordo com os números da Frente de Libertação. O chefe do Estado-Maior da junta, Le Van Kim, que pessoalmente comandou a ação, voltou a Saigon para refletir sobre os fatos com seus colegas membros da junta. Isso significava que eles tinham perdido sua última chance?

Cerca de dez dias depois do desastre de Thanh Phu, houve uma sessão tempestuosa na junta militar. Enquanto isso, o presidente francês Charles de Gaulle tinha lançado sua "bomba" de neutralidade no sudeste da Ásia, incluindo o Vietnã do Sul. Meia dúzia de jornais de Saigon tinham simplesmente sido fechados por mencionar a possibilidade de uma solução neutra. Mas os chefes da junta, todos eles treinados pelos franceses, discutiram a impossível situação militar e a inevitabilidade de uma solução negociada com base em alguma forma de neutralidade. Não que eles concordassem com isso; alguns, como Nguyen Khanh, opuseram-se furiosamente à ideia, mas Minh, Don, Dinh e Kim a apoiavam em diversos graus. Isso foi suficiente para que Harkins derrubasse qualquer resistência que o embaixador Lodge ainda tivesse para um tipo de golpe de "volta ao diemismo" – volta à ditadura de um só homem forte em vez da ditadura confusa da junta e do flerte com o neutralismo. Khanh seria o novo chefe militar, pronto para aceitar, sem qualquer restrição, a direção estadunidense para a guerra em todos os níveis; Nguyen Ton Hoan se tornaria premiê e algum tipo de máquina política seria trazida de volta à cena.

Então, enquanto Harkins estava convenientemente "fora da cidade", o golpe foi realizado. Ninguém disparou um único tiro em defesa da junta. Os principais generais da junta foram todos presos. Eles "tinham tido a sua chance" e falharam. Nguyen Khanh, entretanto, já no poder, provou ser um fantoche relutante em uma questão. O consentimento de Lodge tinha sido obtido em troca da promessa de um suposto regime civil. Harkins provavelmente não se importava nem um pouco com isso, então, Nguyen Khanh recusou. Ele não dividiria o poder. Ele seria o chefe militar e civil, já que é essa última função que propicia as ricas recompensas financeiras resultantes do trato com dólares estadunidenses para ajuda. Entretanto, ele cedeu à pressão e libertou da prisão domiciliar Duong Van Minh, antigo chefe da junta, e fez dele um "chefe de estado" testa de ferro, sem nenhum poder.

AVALIAÇÃO DA FRENTE DE LIBERTAÇÃO

Depois de um mês ou mais com Khanh no poder, perguntei ao presidente Nguyen Huu Tho se ele poderia resumir, do ponto de vista da Frente de Libertação, o resultado dos dois golpes.

"Eles foram presentes do céu para nós", ele disse. "Nosso inimigo ficou seriamente enfraquecido de todos os pontos de vista, militar, político e administrativo. Suas Forças Armadas sofreram perdas substanciais no campo de batalha e com as deserções. As tropas de choque especiais, que eram um apoio essencial para o regime de Diem, tinham sido eliminadas. O comando militar foi virado de cabeça para baixo e enfraquecido por expurgos".

"Pelas mesmas razões, o aparato coercivo, estabelecido através dos anos com grande cuidado por Diem, está completamente destruído, especialmente na base. Os principais chefes da segurança e a polícia secreta, dos quais dependia principalmente a proteção do regime e a repressão ao movimento revolucionário, tinham sido eliminados, expurgados".

"Soldados, oficiais e autoridades do exército e da administração estão completamente perdidos; eles não confiam mais em seus chefes e não fazem ideia a quem devem ser leais. Seu moral, já abatido antes mesmo desses eventos, por causa das vitórias frequentes das forças patrióticas, caiu ainda mais".

"Do ponto de vista político, a fraqueza do nosso adversário é ainda mais clara. Organizações políticas reacionárias como o partido do Trabalho e Personalismo, o Movimento Nacional Revolucionário, os Jovens Republicanos, o movimento pela Solidariedade das Mulheres e outros que constituíam um apoio significativo para o regime foram dissolvidos e eliminados. (...) Em todo caso, o regime de Nguyen Khanh, colocado no poder por causa da intervenção dos EUA nos assuntos internos do Vietnã do Sul, é desqualificado desde o surgimento; ele enfrenta um isolamento total, dentro e fora do país".

Quando perguntei a Tran Nam Trung, do Partido Revolucionário do Povo, o que ele achava dos resultados dos golpes, ele foi ainda mais direto. "Os estadunidenses acusavam Diem e Nhu de serem responsáveis pelas derrotas; Diem e Nhu acusavam os estadunidenses. Os estadunidenses exigiam que eles adotassem políticas mais atualizadas visando iludir o povo; eles queriam controlar o moral decadente e também entregar fantoches mais dóceis. Então, escolheram o recurso perigoso de 'trocar os cavalos no meio do caminho'".

"Mas na verdade", disse esse revolucionário veterano, "eles procurarão em vão por um cavalo mais eficiente do que Diem. Com todas as suas falhas e estupidez criminosa, em nove anos, Diem teve sucesso em estabelecer e manter um exército, uma administração e algum tipo de máquina política, com todas as rédeas do poder em suas mãos. Uma ideia estadunidense – provavelmente também de Lodge – era de que seria suficiente livrar-se do irmão Nhu e que isso poderia tornar Diem mais dócil. Nhu, embora um campeão anticomunista, era considerado um 'cabeça dura', 'um osso duro de roer' que obstinadamente se recusou a ser dócil o suficiente na execução das ordens de Washington, especialmente perto do fim. Mas o primeiro golpe foi um pouco contrário às expectativas de Washington. Foram os militares que o fizeram e eliminaram tanto Diem quanto Nhu".

"Houve motivações de vingança pessoal nisso; e também de medo de como Diem reagiria se permanecesse vivo e de como enfrentar a fúria do povo se dessem um golpe contra Diem, mas não acabassem com ele. Por essas mesmas razões, a nova junta decidiu liquidar todo o sistema com o qual Diem mantinha o poder, e que temiam que pudesse se virar contra eles com pró diemistas buscando retomar o poder. Mais de cem dirigentes, até o posto de coronel, foram expulsos do exército. Nos níveis provinciais e distritais, muitos oficiais fiéis a Diem foram eliminados. Todo o aparato da polícia secreta foi dissolvido – não que, fazendo isso, a junta estivesse agindo por qualquer simpatia pelas pessoas contra as quais essa máquina tinha sido usada com tanta ferocidade no passado, mas porque eles temiam que ela poderia ser usada contra eles".

"Cada um dos três grupos, entre os generais da junta, tinha seus próprios satélites lutando por eles dentro do exército e da administração, e é por isso que houve confusão lá e uma total falta de confiança no poder no Centro. Isso também explica como fomos capazes de explorar a situação para atividades em larga escala no campo e na própria Saigon. Muitas centenas de 'aldeias estratégicas' foram libertadas em grupos de dez e vinte por vez e nós acumulamos vitórias militares em todas as frentes. Nas fábricas, universidade e escolas de Saigon houve uma grande explosão de atividades de trabalhadores, especialmente os do setor têxtil, professores e estudantes, lutando por melhores condições econômicas, liberdades democráticas e a expulsão dos espiões da polícia em suas organizações".

"Um novo e importante desenvolvimento é o fortíssimo movimento pela 'paz e neutralidade' entre diferentes segmentos da população urbana. Esse movimento, na verdade, começou há muitos anos, mas na crise que se seguiu aos dois golpes, foi possível transformá-lo em um movimento massivo muito forte. Há grande espaço agora para atividades radicais nas cidades, baseadas na luta por liberdades democráticas e por melhorias nas condições de vida. A imprensa já está levantando sua voz nesse sentido, exigindo o fim da censura, entre outras coisas. O inimigo foi incapaz de estabilizar a situação após o primeiro golpe; em todos os campos, mas especialmente no militar, as coisas rapidamente mudaram para pior. Essa foi a razão para o segundo golpe, além do fato de que os estadunidenses queriam um servo mais dócil, um fantoche mais eficiente, livre de suspeita de inclinações em prol dos franceses".

Outro aspecto levantado pelos líderes da Frente foi que o prestígio dos EUA entre alguns segmentos da população aumentou ligeiramente após o golpe contra Diem, porque Diem era tão odiado que "nada poderia ser pior". Do mesmo modo, Duong Van Minh ganhou certo prestígio porque ele tinha se livrado de Diem. Então, o sentimento popular foi contra Nguyen Khanh desde o início, especialmente quando ele prendeu Minh e matou o guarda-costas dele, porque foi ele quem executou Diem e Nhu. A raiva contra os EUA, então, elevou-se a novos patamares porque ficou claro para todos que tinha sido um autêntico golpe "*made in USA*" (fabricado nos EUA).

"Tivemos pouca dificuldade para convencer o povo sobre isso", disse Nguyen Huu Tho, "mas o maior presente para nós foi quando McNamara viajou pelo campo, segurando o braço de Nguyen Khanh e gritando: 'Esse é nosso homem'. Isso poupou grandes esforços dos nossos quadros de propaganda". McNamara sentiu que era necessário vir e "vender" Nguyen Khanh para a população; para garantir a eles, com dezenas de variantes, que Khanh tinha o completo apoio dos EUA, justamente porque Washington sabia que ele não tinha apoio popular em seu país. Mas ele era o único general preparado para continuar "matando comunistas" em termos estadunidenses. "Ele não precisa do seu apoio, ele tem o nosso", era o que McNamara estava dizendo, de fato, ao povo sul-vietnamita. Entretanto, quando os soldados de Khanh recusaram-se a entrar em ação e, apesar de algum dinheiro sujo extra, a taxa de deserções foi fortemente intensificada, Washington provavelmente percebeu que era necessário algo mais do que apenas o seu apoio.

O vácuo político criado pelo desmantelamento de todas as organizações diemistas não foi preenchido, nem poderia ser dentro de um curto período. Washington está consciente da fraqueza desesperadora que resulta disso e os estadunidenses no local têm se debatido para tentar preencher o vazio. Imediatamente após Khanh assumir, correspondentes estadunidenses escreveram que ele era o homem que reuniria as seitas, e dentro de alguns dias anunciaram que este ou aquele líder caodaísta ou Hoa Hao tinha se juntado a Khanh. Como anteriormente as seitas tinham sido esmagadas por Diem, com armamentos e aprovação oficial dos estadunidenses, as novas esperanças exalavam cinismo. Mas sete dias após ter assumido, a força aérea de Khanh pilotada por estadunidenses lançou sessenta toneladas de bombas em Ben Can, o segundo maior centro de Cao Dai depois de Tay Ninh – em território controlado por Saigon – queimando mil casas, matando 84 e ferindo duzentas pessoas.

Houve uma explosão de fúria tão grande que Khanh, Cabot Lodge e Harkins apressaram-se a ir a Tay Ninh e prometeram pagar duas mil piastres para cada adulto e mil para cada criança que tivessem sido mortos, enquanto fotógrafos tiravam fotos de Khanh distribuindo doces para crianças de Tay Ninh. Como o clamor continuava, até mesmo nas atividades públicas em que Khanh participava, o preço por cadáveres sul-vietnamitas subiu para cinco mil por adulto e dois mil por criança. E como um presente extra, Khanh indicou um general Cao Dai sem credibilidade, Le Van Tat, como governador da província de Tay Ninh. A área sob seu controle, a partir de abril de 1964, terminou alguns quilômetros fora da cidade de Tay Ninh.

Khanh conseguiu comprar alguns líderes Cao Dai e Hoa Hao, mas eles eram os mesmos que tinham sido comprados e vendidos, através dos anos, pelos japoneses, franceses e agora pelos estadunidenses. Se esses líderes poderiam carregar com eles suas bases e, com isso, criar algum tipo de apoio político para Khanh – ou para quem quer que Washington escolha para suceder Khanh – é outro assunto. Essa foi uma das perguntas que fiz a Tran Nam Trung:

"O povo Cao Dai e Hoa Hao", ele respondeu, "tinha tido anos de experiência com seus chefes trocando de lado de acordo com quem pagasse mais. E cada troca de lado significava mais mortes e sofrimento, mais explorações para as massas das populações Cao Dai e Hoa Hao. Eles sofreram grandes desastres no passado enquanto o lucro ia para os líderes. Nos dias de maior sofrimento, Le Van Tat nunca estava lá para compartilhar suas aflições ou ajudar o povo a superá-las. Os povos Cao Dai e Hoa Hao são camponeses que agora têm sua própria terra graças à Frente. Eles defenderão essa terra como outros camponeses o fazem. O fato de eles serem camponeses vem primeiro, a questão da fidelidade à sua seita é secundária. Muitos daqueles líderes Cao Dai que realmente ajudaram seu povo tinham se juntado à nossa Frente, os outros a apoiam. O mesmo se passa com os Hoa Hao. Com relação aos Binh Xuyen, eles são filiados à Frente. Khanh e os estadunidenses adorariam ganhar as seitas, mas isso é impossível".

A outra força política, na qual as esperanças dos EUA estavam baseadas, era o partido Dai Viet, já citado. Um partido minúsculo, sem qualquer apoio popular – "caçadores de dólares por excelência", Trung definiu –, o Dai Viet já está rachado em diversas facções, cada uma tem sua indicação para um futuro premiê. Um deles, Nguyen Chanh Thi, que ajudou a organizar o golpe dos oficiais em novembro de 1960, tentou sua sorte novamente em 10 de fevereiro de 1964, contra Khanh, onze dias depois dele ter assumido. Sem dúvida, estava encorajado pela facilidade com a qual Khanh tinha feito o trabalho, mas falhou novamente. No entanto, mesmo que o golpe Dai Viet tivesse sucesso, não preencheria a lacuna causada pelo desmantelamento das organizações diemistas, nem poderia fingir representar uma classe na sociedade vietnamita. Enquanto ir contra a Frente seria como "tentar empurrar de volta o oceano com uma mangueira de incêndio", como disse um dos líderes de Frente de Libertação, em Saigon.

A principal dificuldade para um punhado de generais e políticos que desejavam desempenhar qualquer papel por dividendos em dólares é saber a "qual" EUA devem ser "leais". Por causa das diversas lutas entre facções e da incerteza do futuro, Washington tem interesse em toda facção e apoiará qualquer grupo idealizador de golpe que tiver uma chance de sucesso, certificando-se de que eles garantam eficiência e simpatia. Mas embaixada, comando militar e CIA têm avaliações diferentes ao julgar o potencial de eficiência e simpatia. Mesmo o mais zeloso fantoche se depara com uma agonizante escolha sobre com qual dos três deveria jogar. Ao realizar a escolha errada, e por mais que se trabalhe lealmente, não importa o quão generosa seja a recompensa pelo fiel serviço, pode-

-se acabar numa poça de sangue como Diem e Nhu, ou pode-se ser entregue por um cônsul estadunidense para ser guilhotinado, como seu terceiro irmão, Can; ou ainda ser enfileirados pelos esquadrões de execução, como foram muitos da "Força Especial" do também executado coronel Le Quang Tung, apesar de ter sido criação particular da CIA. Essa foi a recompensa pela lealdade ao serviço errado.

E a junta de generais? Todos presos por três meses por terem atrelado suas estrelas ao Departamento de Estado e alguns deles tiveram muita sorte por terem tido apenas seus subordinados imediatos executados, e não eles próprios. E Nguyen Khanh? Teria ele se sentido muito seguro quando seu chefe partidário, colega de armas e coconspirador foi retirado de seu comando em Saigon em maio de 1964? Khanh sabia o porquê! Porque ele, general Nguyen Khanh, que tinha feito os discursos mais inflamados sobre "esmagar comunistas", sofreu derrotas mais rapidamente do que qualquer um dos seus antecessores. Se Khanh não percebeu que, em meados de 1964, os especialistas da CIA estavam folheando os dossiês dos generais e coronéis para a próxima escolha, ele deve ter sido extremamente ingênuo. A CIA, a propósito, ainda não tinha dado seu golpe.

Se Washington estava tendo dificuldade em persuadir uma nova figura fazer uma tentativa, o dilema daqueles, mesmo os ávidos pelo poder a qualquer preço, deve ser reconhecido.

O principal esforço para coordenar as políticas do Departamento de Estado e do Pentágono foi a nomeação, em junho de 1964, do general Maxwell Taylor, presidente do Estado-Maior Conjunto dos EUA e principal ideólogo da "guerra especial", como um tipo de superembaixador em Saigon para substituir Cabot Lodge. Maxwell Taylor, portanto, tinha questões militares e civis em suas mãos: um paralelo notável com o que o governo francês tinha feito há apenas dez anos, quando mandaram seu chefe do Estado-Maior, general Paul Ely, a Saigon, para assumir as autoridades civil e militar.

Enviando o general Taylor como embaixador, o presidente Johnson estava dizendo a ele: "Você nos colocou nessa confusão, agora nos tire dela". Assim como a "guerra especial" foi uma criação de Taylor, a principal estratégia para ganhá-la – o plano Staley--Taylor de 1961 – também foi cocriada por ele. Ambas falharam. O general Taylor é, sem dúvida, um bom general; o francês Lattre de Tassigny também o era, mas ele foi enviado a uma missão sem esperança. As estratégias e táticas mais brilhantes não surtiriam efeito quando Washington já tinha perdido a batalha pelas mentes do povo do Vietnã do Sul.

COMO ISTO TERMINARÁ?

EXTENSÃO DO CONTROLE DA FRENTE DE LIBERTAÇÃO

Quanto essa guerra durará e como terminará? Estas eram questões que eu, obviamente, debatia longamente com os mais responsáveis líderes militares e políticos da Frente de Libertação. As respostas variavam. "Durará tanto quanto necessário até que os estadunidenses se retirem ou sejam expulsos e um governo realmente independente, baseado em paz e neutralidade, seja formado" foi a primeira resposta de Nguyen Huu Tho. "Nós somos capazes de lutar durante muito tempo". Ybih Aleo, o líder das minorias étnicas, enfatizou o mesmo ponto. "Se nossa geração não puder concluir o trabalho, então, nossos filhos ou netos certamente o farão".

É claro que os planos do Comitê de Assuntos Militares da Frente são baseados em muitos anos mais de lutas. Mas eles estão completamente confiantes de que ganharão. E a mudança de cores nos mapas militares, mesmo durante o período no qual tive acesso a eles, com a expansão gradual do vermelho e o consequente encolhimento dos pedaços verdes, certamente, justifica sua confiança. Assim como tudo o mais que pude ver e ouvir durante minha visita.

A Frente alega controlar dois terços do território e mais da metade da população, isso no início de 1964. Ela é um governo em tudo, exceto no nome, com Comitês de Assuntos Militares, de Assuntos Externos, Saúde Pública, Cultura, Informação e Educação, Correio e Telecomunicações, Economia e outros funcionando como ministérios, com seus vários departamentos e subdepartamentos. O Comitê de Assuntos Externos já tem seus "embaixadores" no exterior – no Cairo, Havana, Argélia, Jacarta, Berlim, Praga – e a criação de mais birôs da FNL no exterior só é limitada pela ausência de quadros. A maior parte deles também tem representantes da *Imprensa da Libertação*, a agência especial de notícias, que funciona como assessoria de imprensa.

A questão de transformar o Comitê Central da Frente em governo provisório é, obviamente, apenas uma questão de tempo. Isso estava em fase de estudo quando estive no quartel-general de Nguyen Huu Tho. "Já existe em forma embrionária", ele disse. "Nós temos nossos próprios órgãos administrativos. Estamos começando a trabalhar em certos problemas econômicos, melhorando o nível técnico da agricultura, desbravando terras intocadas. Tudo em bases absolutamente democráticas. Onde as condições permitem, e é quase uma regra geral hoje, os habitantes elegem seus próprios comitês de autogestão. Os métodos para garantir segurança pública e colocar a vida econômica e cultural em uma base sólida melhoram a cada dia. Uma grande questão para nós, agora, é organizar a vida nas zonas livres como ela deveria ser – nós estamos começando a ter um plano para isso. Os comitês de autogestão estão alinhados com tradições da velha resistência e representam uma transição para uma forma mais racional de administração. Os problemas essenciais de ordem pública e segurança já foram resolvidos; a vida econômica e social está sendo organizada em bases sistemáticas".

"Bem mais de um terço da terra arável em todo o país foi afetada por nossas medidas de reforma agrária – distribuição de terras comuns e de fazendeiros ausentes que se tornaram traidores, redução do pagamento de renda e outras medidas. Nós começamos a construir escolas, especialmente na área do Delta do Mekong, além de clínicas e hospitais. Faltam meios materiais, mas esse trabalho de reconstrução também está começando a ter um perfil claro. A formação de um governo provisório, agora, está na agenda, mas é um assunto que deve ser cuidadosamente estudado".

Na verdade, na maior parte do país há uma administração estável nas mãos do povo sul-vietnamita, com a reconstrução social e econômica já encaminhada. Os assuntos nas áreas controladas pela Frente de Libertação continuarão se desenvolvendo dessa forma, mesmo enquanto a guerra continua. A grande dúvida, entretanto, é o que os EUA pretendem fazer.

A "guerra especial" tem sido levada ao extremo e tem falhado. O plano original exigia o uso de onze mil "conselheiros estadunidenses", mas, em 1964, estes chegavam a mais de 25 mil e estavam operando no nível de companhias, e em alguns casos, de pelotões. O equivalente a duas divisões aéreas estava sendo empregado: o pessoal dos EUA estava gerindo transportes e comunicações. Dar um passo adiante, empregar tropas de combate seria ir além da "guerra especial" e empreender a "guerra limitada" com tropas terrestres estadunidenses. Mas de quantas tropas eles precisam? E como poderiam garantir que a guerra seria "limitada"?

Na Argélia, os franceses empregaram oitocentos mil soldados contra uma população de dez milhões – e tiveram que negociar uma retirada. A população do Vietnã do Sul é de quatorze milhões, muito mais experiente na guerra do que os argelinos e com condições geográficas infinitamente mais favoráveis, com montanhas e florestas cobrindo dois terços do país. A experiência da Coreia ainda está fresca no coração de cada estadunidense; 54.246 deles morreram ali e outros 103.284 foram feridos, de acordo com os números do Departamento de Defesa dos EUA; as mortes incluíam 5.884

membros da força aérea. O resultado foi um acordo negociado ao longo do paralelo 38, onde a guerra começou. O terreno da Coreia era infinitamente mais favorável para as tropas das Nações Unidas do que as florestas do Vietnã do Sul.

Existem outros dezesseis milhões de vietnamitas no Norte, incluindo a nata das forças de combate vindas do Sul. E não havia nada nos Acordos de Genebra que os impedisse de continuar seu treinamento em técnicas militares modernas depois que se reagrupassem no Norte! Vale notar que, no programa adotado pelo congresso da FNL, no início de 1962, existe o seguinte parágrafo:

> O Congresso afirma que (...) se os imperialistas dos EUA e seus agentes intensificarem ainda mais suas agressões sanguinárias (...) o povo do Vietnã do Sul e a FNL usarão todo tipo de luta, tomarão todas as medidas para lutar determinadamente até o fim para salvar a si próprios e ao seu país – para libertar o Vietnã do Sul, para defender a independência e a democracia, e derrubar ditadores traiçoeiros. Caso necessário, o povo do Vietnã do Sul e a FNL usarão seu legítimo e efetivo direito de apelar ao povo e ao governo do Vietnã do Norte, a pessoas e governos amantes da paz e da democracia em todo o mundo (...) pedindo que um apoio ativo, incluindo apoio material e humano, em apoio à luta justa do povo do Vietnã do Sul. Os imperialistas estadunidenses e seus agentes devem arcar com a total responsabilidade por qualquer consequência desastrosa.

Dificilmente se duvida de que, no caso de mudança de "guerra especial" para "guerra limitada", esse parágrafo seria invocado e, então, os Estados Unidos estariam envolvidos em uma guerra com trinta milhões de vietnamitas, no mínimo!

INTERVENÇÃO DO NORTE?

A partir do momento em que as grandes derrotas militares começaram, os estadunidenses acusaram oficialmente que elas aconteceram devido à agressão ou intervenção do Norte e, no momento em que esse livro vai para a impressão, estão aumentando as ameaças para "levar a guerra para o Norte". Até então, não havia a menor evidência para a acusação de intervenção do Norte. Existem algumas evidências que demonstram que isso é absurdo.

Se a principal atividade militar estivesse nas partes altas do Vietnã do Sul, próximas ao paralelo 17 ou ainda mais perto das regiões fronteiriças de Laos, onde o outro lado da fronteira é controlado pelo Pathet Lao, então, a suspeita poderia ser justificada. Militarmente, isso poderia ser mostrado pelos pontos vermelhos nos mapas aparecendo primeiro lá e se espalhando em direção ao sul. Mas nunca foi assim; ao contrário, o movimento acontecia na direção oposta. E existem apenas duas estradas levando ao sul a partir da área do paralelo 17, ambas solidamente controladas pelas forças de Saigon, exceto por emboscadas ocasionais. A principal atividade militar, desde o início, tinha sido bem ao sul; esse tinha sido o principal cenário das grandes derrotas para Saigon. A primeira área livre, na verdade, foi a península de Ca Mau, a faixa mais ao sul do Vietnã do Sul. Essa foi a área das grandes varreduras militares feitas pelas forças diemistas, muito antes da resistência armada ter começado, e a principal parte da luta acontece lá desde então, apesar do fato de ficar perto da maior concentração da força militar estadunidense em Saigon. Não existem estradas, exceto aquelas nas mãos de Saigon-EUA, que ligam o Delta do Mekong com o Vietnã do Norte. E uma parte importante das atividades dos guerrilheiros é cortar e destruir tais estradas. Uma tática estranha se eles dependem delas para suprimentos! Os guerrilheiros travam uma guerra incessante para cortar toda a comunicação com as suas áreas porque suas operações são essencialmente defensivas – na defesa de seus próprios lares e povoados. A tendência, desde o início, era de que as marcas vermelhas se espalhassem do sul para o norte e não o contrário.

Talvez as armas venham do norte? Todos os relatos da imprensa ocidental concordam que, no início, as armas dos guerrilheiros eram do tipo mais primitivo. Tanto que o governo diemista ordenou uma exposição especial das armas "vietcongues" em Saigon para mostrar aos seus próprios soldados, magnificamente equipados, que eles nada tinham a temer. (Certamente Diem omitiu a declaração de que aquelas eram armas abandonadas pelos guerrilheiros assim que as novas armas dos EUA caíram em suas mãos, mas isso não vem ao caso). Todos os relatos da imprensa ocidental também enfatizavam que aqueles soldados "magnificamente equipados" tinham, voluntária ou involuntariamente, passado, com suas armas, para as forças da Frente, num ritmo cada vez mais rápido.

Em um comentário sobre a batalha de Loc Ninh, citada anteriormente, David Halberstam do *New York Times*, em um relato datado de 27 de outubro de 1963, referia-se às "pequenas derrotas" sofridas pelas forças Saigon-EUA. Atacando o otimismo oficial dos EUA, ele comentou:

> Existe muita dependência de estatísticas artificiais. (...) Há dois meses, a proporção de captura de armas tem aumentado contra o governo em uma alarmante proporção, cerca de dois para um. Ainda hoje foi anunciado que, na semana passada, os vietcongues tomaram 225 armas do governo, enquanto o governo capturou 100 dos vietcongues.

Halberstam conclui:

> Qualquer um que saiba o que os guerrilheiros podem fazer com 125 armas, ou que tenha tentado tomar 125 armas dos comunistas, saberá por que há um sentimento inquietante. Se há uma luz no fim do túnel (expressão do presidente Kennedy), é difícil dizer se ela já está acesa.

Quando perguntei a Nguyen Huu Tho sobre as acusações feitas pelo secretário de Estado Dean Rusk alguns dias antes, sobre a "intervenção" do norte, incluindo fornecimento de armas, ele respondeu: "De acordo com estatísticas publicadas recentemente pelo Pentágono, durante os últimos três meses de 1963 nossas Forças

Armadas tomaram uma média de 234 armas a cada semana. Essa estimativa, em conjunto com a nossa produção própria de armas, é mais do que suficiente para equipar as forças de Libertação. Além disso, os estadunidenses nunca forneceram a menor evidência real de suas acusações".

É óbvio que, no caso de suprimentos de armas, mesmo se fosse possível transportá-las em quantidade suficiente, nenhum comando militar poderia basear operações em suprimentos carregados nas costas humanas através de uma linha de abastecimento de mais de novecentos quilômetros de floresta e trilhas íngremes nas montanhas, conduzindo através da formidável cordilheira Annamite. De qualquer forma, as forças da Frente precisam de armas para as quais exista um suprimento constante de munição no local. "Nossos principais arsenais estão justamente nos Estados Unidos; nossa logística depende dos seus caminhões, helicópteros e paraquedas", um dos líderes militares da Frente me disse. "Eles entregam armas excelentes e munições adequadas bem na nossa porta, bem onde precisamos delas". A principal razão dada pelo general Harkins para evacuar tantos postos no Delta do Mekong era porque eles eram a principal fonte de fornecimento de armas para a Frente. Varrer todo o Vietnã do Norte da face da terra não mudaria a situação, no que se refere a suprimentos de armas.

A inspiração, liderança e conhecimento técnico, pelo menos isso, vem do norte? Essa é a única pergunta que talvez devesse ser feita. Mão de obra claramente não é necessária; o Delta do Mekong é uma das áreas mais densamente povoadas no mundo e, em geral, não há falta de mão de obra nas zonas controladas pela Frente. A maioria dos soldados que vi – e havia muitos – estavam no final da adolescência e início dos vinte anos; dos oficiais até os comandantes de batalhão estavam no final dos vinte e início dos trinta anos. Os soldados tinham sido formados em forças regulares das suas unidades de autodefesa; comandantes tinham se formado durante a guerra atual e como líderes guerrilheiros na guerra contra os franceses. Mas há outro lado da questão de inspiração e liderança.

O Delta do Mekong, sobretudo as províncias de My Tho e Ben Tre, são as áreas mais revolucionárias em todo o Vietnã, Norte ou Sul. Foi aqui que se iniciou, em novembro de 1940, a primeira revolta importante contra os franceses. Os camponeses se aproveitaram da retirada de algumas tropas francesas do Delta para o Camboja (para conter uma ameaça japonesa e tailandesa aos franceses na Indochina) começando uma revolta contra o recrutamento e impostos insuportáveis. A bandeira vermelha com a estrela amarela da atual República Democrática do Vietnã nasceu durante essa revolta armada (os povoados que estiveram no centro daquela revolta estavam entre os primeiros a iniciar a resistência armada contra o regime de Diem). Naquela época, assim como agora, a mancha vermelha nos mapas militares apareceu primeiramente no Sul, não no Norte.

A primeira guerra de resistência contra os franceses também começou no Delta do Mekong, em setembro de 1945, um ano antes de começar no Norte. E a primeira ação armada contra o regime de Diem também se espalhou para o Delta depois de Diem ter esmagado as seitas religiosas armadas, em 1955. A revolta não foi exportada do Norte no passado, mas começou espontaneamente, onde as condições estavam maturadas. Foi Diem quem começou uma guerra de larga escala contra as seitas que, como notado anteriormente, retiraram-se para o Delta e continuaram a executar ataques guerrilheiros esporádicos até unirem suas Forças Armadas com as da Frente, em 1960.

Quanto ao conhecimento técnico, os camponeses do Delta vinham empreendendo uma guerra quase contínua há cerca de um quarto de século. Eles são os mais experientes e, provavelmente, os melhores guerrilheiros que o mundo já conheceu. Toda uma gama de generais e marechais franceses, incluindo o maior de todos, de Lattre de Tassigny, não tinham dúvidas disso, mesmo nos seus dias. Mas hoje, seu conhecimento de técnicas militares está num nível muito mais elevado. Por minhas próprias observações, estou convencido de que cada unidade armada é capaz de lidar com qualquer tipo de arma que cair em suas mãos. Uma unidade guerrilheira "vietcongue" é infinitamente mais sofisticada do que seu irmão mais velho viet minh. E estes não eram ruins! A diferença deve-se às instruções do Norte? Acredito que não, e não encontrei evidências disso.

O conhecimento técnico superior é outro produto da "guerra especial". Se você vai lutar usando um exército local, você tem que desenvolver oficiais locais, oficiais não comissionados locais e técnicos em todos os ramos, muitas especialidades que, nos velhos tempos, permaneceriam como exclusividade dos Corpos Expedicionários. Os franceses, em outras palavras, não tinham interesse em ensinar os vietnamitas a manusear metralhadoras, bazucas, morteiros, artilharia e assim por diante. Eles poderiam se voltar contra eles. Mas os requisitos da "guerra especial" forçaram os estadunidenses a treinar técnicos militares locais aos milhares. Conforme o tempo passava, uma proporção cada vez maior dos alunos passava para as forças da Frente; mesmo se não pudessem trazer seu complexo armamento com eles, traziam seu conhecimento. São usados como instrutores nos cursos de treinamento da Frente e em um tempo surpreendentemente curto os conselheiros estadunidenses estavam reclamando da precisão assombrosa com a qual projéteis de morteiros eram arremessados em suas posições, o uso eficiente de bazucas e a disposição tecnicamente excelente das posições de tiro. Na verdade, o conhecimento técnico veio da mesma fonte que as armas e munições.

O general Harkins, que tem a distinção de ser o primeiro general no mundo a ser derrotado em uma "guerra especial", foi demitido em maio de 1964. Se ele se pôr a filosofar, pode se consolar com o seguinte: ele foi derrotado pelos melhores guerrilheiros do mundo, armados com as maravilhosas armas dos EUA, treinados – mesmo que indiretamente – por instrutores estadunidenses para o manuseio. E, além disso, uma lista de ilustres generais franceses teve a mesma experiência – nenhum deles, entretanto, ficou tanto tempo somando tantas derrotas como o general Harkins. Finalmente, ele pode estar certo de que não será o último general estadunidense a perder sua reputação nas florestas do Vietnã do Sul. Seu substituto, general Westmoreland, teve sorte de escapar, com vida, no dia anterior ao anúncio da sua nomeação. Três oficiais sentados ao lado dele foram feridos quando seu avião foi alvejado por tiros vindos do chão, ainda com chance de terem vindo de tropas que o general estava prestes a comandar.

Até que alguma evidência concreta seja fornecida sobre a "ajuda do Norte", pode-se considerar as acusações como desculpas para as constrangedoras e inexplicáveis derrotas. Afinal, o comando dos EUA em Saigon tem monopólio total dos aviões, helicópteros, tanques, artilharia (exceto aquelas peças que podem ser carregadas nas costas de um homem), poder naval e transporte motorizado. As forças da Libertação não tinham nada disso, nem mesmo um único caminhão, até onde pude observar. O comando estadunidense tem uma superioridade esmagadora em efetivos. Ainda assim, eles têm sido empurrados de volta aos portões de Saigon. É muito constrangedor, mas a resposta não será encontrada culpando ou bombardeando Hanói, ou com ataques aéreos dos EUA no golfo de Tonkin. Não há redes ferroviárias, pontes, fábricas ou qualquer outra coisa para bombardear nas áreas controladas pela Frente. Se os estadunidenses realmente querem bombardear as fontes de suprimentos da Frente, eles teriam que bombardear suas próprias fábricas de armas; mas seria muito mais eficaz se deixassem o Vietnã do Sul e levassem suas armas com eles.

Embora não tenha havido nenhum caso de um soldado do Norte ter sido encontrado no Sul, houve numerosos casos ao contrário. Em sete meses, entre junho de 1963 e final de janeiro de 1964, treze comandos e grupos de sabotagem treinados pelos EUA, lançados de paraquedas por aviões ou desembarcados em solo, foram presos no Vietnã do Norte e julgados por tribunais militares. Em uma ocasião, um avião dos EUA foi derrubado ao norte do paralelo 17, com seu grupo de comando e paraquedistas completo. O general Vo Nguyen Giap, ministro da defesa do Vietnã do Norte e comandante em chefe das Forças Armadas, disse-me que essas atividades tinham sido intensificadas desde que Nguyen Khanh assumiu em Saigon. Ele disse que, em geral, eles são enviados em grupos do tamanho de esquadrões, adicionando:

"Posso lhe assegurar que todos os grupos de sabotagem foram eliminados; na grande maioria dos casos, nossa própria população civil ou forças locais de autodefesa lidaram com eles. Eles objetivam sabotar, coletar informações militares, mas, também, organizar 'elementos descontentes' que existiam apenas na imaginação daqueles que os enviaram". O general Giap disse que Saigon estava planejando usar agentes do Kuomintang e também alguns de Laos, mas ele acreditava que eles também teriam pouca confiança. Na maioria dos casos os grupos foram capturados em questão de horas.

A ameaça dos EUA de estender a guerra ao Norte, entretanto, estava sendo levada a sério em Hanói. Os incidentes no golfo de Tonkin e os ataques aéreos dos EUA contra os depósitos de armazenamento de petróleo e instalações costeiras, na primeira semana de agosto de 1964, demonstraram boas justificativas para Hanói levar tais ameaças a sério. Isso também mostrou quão longe Washington estava disposto a ir para testar a política de ampliação da guerra. Como meio de afetar a luta no Sul, entretanto, o efeito foi contrário ao pretendido. A primeira reação direta foi um grande surto de ira popular que culminou na onda de manifestações estudantis em Saigon, Hue e outras cidades que forçaram Nguyen Khanh a desistir, mesmo que apenas temporariamente. A dimensão e o vigor dessas manifestações nas principais cidades, coordenadas como se fossem operações militares da Frente de Libertação, sinalizaram que a luta tinha atingido um novo patamar. A partir de então, era possível esperar que trabalhadores urbanos e intelectuais desempenhassem um papel muito mais direto que anteriormente.

Se os EUA tomam a iniciativa de "unificar" a guerra, de criar uma única frente militar estendendo a guerra para o Norte, parece que a primeira consequência lógica seria a unificação militar do país, mas certamente não nos termos de Washington ou de Saigon! E na medida em que aviões dos Estados Unidos baseados em Laos participassem de ataques no Vietnã do Norte, os estadunidenses teriam tomado a iniciativa para a criação de uma frente única de guerra na Indochina.

PERSPECTIVAS PARA A PAZ NEGOCIADA

Em resumo, uma vez que a "guerra especial" falhou, Washington tem que decidir sobre os próximos passos. A série de conferências de alto escalão que ocorreu na primeira metade de 1964 era evidência de que Washington estava tendo dificuldade em tomar essa decisão. E eles não tinham tantas escolhas assim. Vozes do alto escalão nos Estados Unidos estavam se levantando, alertando que nenhuma segurança dos EUA, ou qualquer outro interesse, poderia justificar uma "segunda Coreia" no Vietnã do Sul, que era o que poderia significar o encaminhamento da "guerra especial" ao estágio de "guerra limitada". E como garantir que a "guerra limitada" não levaria automaticamente ao estágio de guerra "nuclear global"? Em conversas com líderes da Frente de Libertação, eu estava interessado em saber até que ponto eles estavam preparados para "facilitar" a saída dos estadunidenses, sem muita perda de prestígio. Também queria saber até que ponto eles sentiam que a guerra poderia ser encurtada por algum tipo de golpe em Saigon que, apesar de não engendrado pela Frente, trouxesse ao poder um regime com o qual eles pudessem negociar. Quais seriam as bases de negociação? Que papel uma conferência internacional desempenharia para se chegar a uma solução?

Nguyen Huu Tho disse que pela forma que as coisas estavam se desenvolvendo em Saigon – a desmoralização do exército, as contradições entre os generais, a insatisfação geral da população e a facilidade com a qual Khanh deu seu próprio golpe –, a possibilidade de outro, ou mesmo de uma série de golpes, não poderia ser descartada, mesmo incluindo um que não fosse do gosto de Washington.

"No que se refere à Frente", ele disse, "estamos preparados para negociar com todos os partidos, grupos, seitas, patriotas, sem considerar suas tendências políticas ou suas atividades passadas, desde que possamos encontrar uma solução pacífica baseada na independência nacional, democracia e neutralidade. Mas consideramos que os assuntos internos do Vietnã do Sul devem ser resolvidos pelos próprios sul-vietnamitas, sem qualquer interferência estrangeira. A base de qualquer acordo eventual deve ser a retirada de todas as tropas americanas, com todas as suas armas e equipamentos. A Frente não se opõe a uma conferência internacional para ajudar a encontrar uma solução, mas o papel dos poderes estrangeiros participantes deve ser limitado à apresentação de propostas, ao registro de qualquer acordo alcançado entre os partidos sul-vietnamitas interessados e a garantir a execução de tais acordos".

Ele explicou que, sob a Aliança para Unidade de Ação que estava sendo desenvolvida, a Frente estava preparada para trabalhar com todos os grupos, incluindo aqueles que eram hostis a várias partes desse programa. "Nós não reivindicamos o direito exclusivo nem de ganhar a guerra nem de formar o governo posteriormente", ele disse. "Nós estamos preparados para esquecer o passado e mesmo o presente. Dizemos: 'É suficiente que você queira o fim da guerra e da intervenção estrangeira. Marcharemos ombro a ombro com você'. E o que nós dizemos, nós fazemos. Quando definimos uma política, nós a aplicamos. Não é apenas propaganda enganosa. Aos oficiais servindo agora nas Forças Armadas de Saigon-EUA, dizemos: 'Mesmo que você tenha matado seus compatriotas, mesmo que você tenha cometido crimes, se você se arrepender e retornar ao caminho patriótico, nós o aceitaremos'". Nguyen Huu Tho prosseguiu explicando que a Frente reconhecia que aqueles que engrossavam as fileiras do adversário estavam lá por diversas razões. Os soldados rasos eram principalmente conscritos à força. Muitos oficiais foram forçados por razões financeiras a entrar no exército quando todos os outros meios de ganhar a vida estavam deliberadamente fechados para eles, tornando o exército a única saída.

"A Frente dedica-se muito para tentar ganhar esses elementos de volta para o lado do povo", continuou, "individualmente ou em grupos. Quando unidades inimigas estão preparadas para romper com o comando de Saigon, estamos a postos para apoiá-los. Se eles precisarem de ajuda material, nós forneceremos. Eles podem manter suas próprias formações, operar independentemente; eles não precisam ingressar na Frente. Eles podem manter suas tendências políticas, ideológicas, não vamos interferir. Nossa única condição é que eles se oponham aos intervencionistas estadunidenses e seus fantoches em Saigon. Quanto aos oficiais administrativos de alto escalão, nos opomos apenas àqueles cujas mãos estão verdadeiramente encharcadas de sangue dos nossos compatriotas, mas existem apenas alguns desses. Com os outros, estamos preparados para cooperar. Essa política recebeu amplo apoio de elementos dentro do exército e da administração de Saigon, de soldados rasos a oficiais de alto escalão".

Ele revelou que, enquanto as vitórias militares se acumulavam e o prestígio da Frente crescia, muitos na administração de Saigon sentiram a direção em que o vento soprava e começaram a fazer ajustes de acordo. Ele disse que tentativas, "num nível tanto quanto elevado", de se descobrir como contatar a Frente eram constantes. Ele me deu como exemplo o fato de que a Frente realizava cursos para educar funcionários públicos, declaradamente para formar pessoal da administração pública em suas próprias zonas. "Mas oficiais agora servindo a administração de Saigon encontram meios e maneiras de comparecer a esses cursos secretamente. Eles estão de olho no futuro".

Perguntei se alguma unidade de exército tinha, de fato, rompido e aceitado apoio da Frente para operar independentemente. Ele se referiu a uma força Cao Dai como exemplo. "É uma grande unidade", disse, "não afiliada à Frente, ela tem seu próprio comando, luta sob sua própria bandeira, mas tem nosso apoio material, coordena suas atividades militares com as da Frente. Outra unidade, um pelotão no povoado Can Long, na província Tra Vinh, recentemente matou seus oficiais, desertaram e apelaram por nossa ajuda. Nós os apoiamos e eles seguiram em atividades independentes; à medida que se tornam uma unidade maior, continuamos a dar-lhes apoio. Existem inúmeros outros casos e isso se desenvolverá em um grande movimento assim que nossa política 'Aliança por ação' tornar-se mais conhecida. É um desenvolvimento bastante novo".

O comandante em chefe das forças Binh Xuyen, o tenente--coronel Vo Van Mon, várias vezes tido como morto por Saigon, por acaso estava com Nguyen Huu Tho durante essa conversa. Perguntei a ele sobre as relações entre suas forças e as da Frente. "Após as forças diemistas nos darem uma boa surra devido à traição", disse, "o que sobrou de nós foi reagrupado e continuou a lutar independentemente até que a Frente foi formada. Então, nos afiliamos a eles. A máquina de propaganda inimiga nos advertia de que seria impossível permanecer independente, que seríamos engolidos pelos comunistas. Na verdade, nós ainda temos nossa própria organização, nossos próprios quadros em todos os níveis, mas lutamos sob o comando unificado da Frente. Após muitos anos de cooperação com essas pessoas (e ele apontou Nguyen Huu Tho e alguns outros membros do Comitê Executivo que estavam por lá), eu estava convencido de que eles estavam no caminho certo. Tivemos uma reunião e decidimos nos afiliar à Frente. Mas ainda mantemos nosso caráter independente e entendemos que não passava de uma grande mentira a ideia de que seríamos engolidos pelos comunistas. A verdade é que a Frente cresce em força e apoio popular todos os dias".

Eu levei a conversa de volta à questão de como terminar a guerra e fazer com que não seja tão difícil para os estadunidenses baterem em retirada sem perder sua reputação. Era claro que a Frente atraiu apoio de uma ampla variedade da população e suas antenas estavam sondando bem além do corpo principal de sua influência. Não seria possível que uma personalidade desconhecida pudesse emergir dos golpes e contragolpes qualquer dia, possivelmente em Saigon, com um programa que a Frente pudesse apoiar? Eles colocariam em ação sua máquina de Saigon para tal acontecimento?

A resposta foi que eles certamente o fariam; que a liderança da Frente trabalhava dia e noite para criar condições favoráveis para tal eventualidade, e estava em posição para dar apoio efetivo e imediato a qualquer "golpe favorável". Mas também explicaram que o planejamento político e militar de longo prazo não poderia ser baseado nessa possibilidade, mas apenas na "correlação de forças". Eles tinham que pensar em termos de uma luta político-militar de longo prazo, possivelmente, uma revolta militar em um nível político mais alto do que qualquer outro até então. Mas se os estadunidenses quisessem sair com reputação, eles já tinham forjado dois golpes, então, por que não um terceiro, com alguém preparado para negociar nas bases de paz, democracia, independência e neutralidade? O último foi descartado como uma brincadeira, mas Washington poderia ter feito pior do que pensar isso. Em geral, Nguyen Huu Tho pensava que Washington provavelmente tentaria algumas outras personalidades e teria que sofrer mais algumas derrotas antes que estivessem dispostos a permitir negociações em bases realistas.

Perguntei sobre as ideias do presidente De Gaulle para neutralizar o sudeste da Ásia, incluindo o Vietnã do Sul. Nguyen Huu Tho destacou que a Frente já tinha aprovado a sugestão do chefe do Estado cambojano, príncipe Norodom Sihanouk, "para a formação de uma zona neutra, incluindo Camboja, Laos e Vietnã do Sul. As recentes opiniões expressas pelo presidente De Gaulle", continuou, "parecem realistas para nós, a FNL as aceita de bom grado". E sobre o desenvolvimento futuro das relações entre um Vietnã do Sul independente e a França, ele disse: "Boas relações entre Vietnã do Sul e França, especialmente, nos campos econômico e cultural, existem há bastante tempo. A Frente anseia desenvolver, no futuro, tais relações em bases de igualdade e vantagens mútuas. Esperamos que a França ocupe sempre uma posição privilegiada entre os países amigáveis ao Vietnã do Sul. Tudo depende, é claro, da atitude da França em relação à atual luta do povo vietnamita contra a agressão estadunidense, por nossa libertação e independência nacional".

"Nesse sentido, nós seguimos com grande interesse os passos e esforços recentes do governo francês em ajudar a encontrar uma solução pacífica ao problema do Vietnã do Sul".

O presidente Ho Chi Minh, com quem encontrei em seguida em Hanói, também comentou que a opinião do presidente Gaulle "era digna de séria atenção", e que a melhor solução era aquela proposta pela Frente de Libertação, a saber, "que a questão do Vietnã do Sul deve ser resolvida pelo povo do Vietnã do Sul com base na independência, democracia, paz e neutralidade. E como primeira condição, que os imperialistas estadunidenses devam retirar todas as suas tropas e armas do Vietnã do Sul e respeitar os Acordos de Genebra de 1954".

Se os estrategistas dos EUA forem motivados por um mínimo de realismo, aparentemente, eles poderiam encontrar uma solução ao longo dessas linhas. É a melhor solução que eles podem obter no Vietnã do Sul e sudoeste da Ásia como um todo. A conversa absurda de continuar a guerra "até todos os comunistas serem retirados do Vietnã do Sul", como tem sido repetido, com enfadonha monotonia, por Washington, é um negócio falido e sem esperança. Nguyen Huu Tho ressaltou que, no contexto estadunidense do que o "comunismo" representa no Vietnã do Sul, "essa ameaça significa que eles pretendem continuar essa guerra até que todos os sul-vietnamitas sejam expulsos de seu próprio território. Os patriotas vietnamitas darão uma resposta apropriada a esse tipo de petulância", ele disse.

Se não chegarem ao ponto de usar a bomba de hidrogênio e exterminar todos os vietnamitas e muitos dos seus vizinhos, os estadunidenses nunca triunfarão no Vietnã do Sul tentando impor uma solução militar.

EPÍLOGO

Uma base avançada do Exército de Libertação,
15 de janeiro de 1965

Entre fins de novembro de 1964 e a primeira metade de janeiro de 1965, revisitei as zonas livres e as frentes de batalha do Vietnã do Sul. Grandes mudanças tinham acontecido em todas as esferas. Companhias do Exército de Libertação que eu tinha visitado antes tinham se transformado em batalhões, e batalhões em regimentos. A aldeia estratégica controlada pelo inimigo que visitei da última vez, a cerca de dez quilômetros de Saigon, tinha sido libertada e os dois postos que a guardavam tinham sido destruídos.

Estradas que tinham sido cortadas em pedaços, como medida de segurança, tinham sido reparadas, porque agora elas estavam bastante seguras dentro das áreas livres; mas outras estradas, como a principal rodovia estratégica n. 13, que leva do norte de Saigon ao centro estratégico de Buon Ma Thuot no Alto Planalto, tinha sido desativada. Os guerrilheiros, ao longo de muitos quilômetros, tinham construído barricadas de lama e pedra, cruzando a estrada em intervalos regulares, e postos de atiradores para lidar com qualquer tentativa de removê-las. Enquanto estive na área, pilotos estadunidenses estavam tentando explodir as barricadas, atirando neles foguetes com voos rasantes. Mas o que quer que conseguissem explodir, era reposto em minutos, à noite.

O tráfego de civis pelo norte, saindo de Saigon, era detido no começo das barricadas; passageiros de ônibus podiam sair, andar alguns quilômetros até o fim das barricadas e, dali, pegar outro ônibus em direção ao norte. Os idosos e mães com bebês recebiam ajuda dos guerrilheiros. Mas o tráfego militar era emboscado bem antes de chegar nas barricadas e tinham que fazer um imenso retorno.

O famoso plano de McNamara, com o modesto objetivo de "pacificação" inicialmente da província de Long An, tinha falhado; as áreas livres em Long An foram estendidas, na verdade, durante a tentativa de "pacificação". E, aproveitando a retirada das tropas regulares do Vietnã Central para o plano de McNamara, o Exército de Libertação lançou uma série de ataques e nos quatro meses anteriores ao trágico desastre, causado por tufões e inundações, entre outubro e novembro de 1964, eles libertaram o território com 1,2 milhões de habitantes.

Por acaso, conheci refugiados das áreas inundadas e eles foram unânimes ao dizer que o elevado número de mortes, mais de sete mil, de acordo com os números de Saigon, ocorreram quase exclusivamente onde a população foi conduzida a "aldeias estratégicas", onde, em muitos casos, foram mantidos trancados por fora quando a água estava com cerca de dois metros de altura. Eu soube de vários incidentes nos quais as pessoas derrubaram os muros que fizeram, mas foram metralhados enquanto fugiam. Um dos piores casos foi em uma "aldeia estratégica", 48 quilômetros a oeste da capital provincial de Quang Ngai, onde houve apenas três sobreviventes de mais de trezentas pessoas da minoria Hre. O restante foi baleado enquanto tentava fugir. E, em uma prisão no povoado de Tam Ky, na província Quang Tin, 407 prisioneiros políticos afogaram-se na prisão porque os guardas se recusaram e abrir as portas enquanto a água subia constantemente. Nas velhas e nas novas áreas livres onde as "aldeias estratégicas" tinham sido derrubadas, praticamente não houve perda de vidas.

A única resposta que o comando Saigon-EUA tinha encontrado à tática de "destruir postos inimigos e aniquilar reforços" do Exército da Libertação era continuar abandonando, ou ser forçado a abandonar, postos menores; em vez disso, concentravam-se em aquartelamentos do tamanho de batalhões ou regimentos. Estes, por sua vez, foram cercados pelos guerrilheiros, mas de muitos daqueles postos, as forças de Saigon podiam concentrar fogo de artilharia em povoados individualmente, atirando mais de quinhentos projéteis em uma hora. Mais e mais, a guerra estava sendo executada, do lado de Saigon-EUA, por ataques aéreos e de artilharia. Durante 1964, operações de solo, exceto ações defensivas em resposta aos ataques do Exército de Libertação, ocorreram em pequena escala, com apenas quatro tentativas de operações importantes e uma delas defensiva, comparado com dezenas de operações importantes em 1963. Durante todo o ano de 1964, o comando Saigon-EUA não contabilizou uma única vitória, mas sofreu as derrotas mais esmagadoras da guerra, derrotas em escala ainda muito maiores conforme o ano terminava. O ano de 1965 iniciou-se com importantes vitórias do Exército de Libertação em Binh Gia e Soc Trang.

Como a guerra é travada, cada vez mais, pela força aérea e unidades de artilharia de Saigon-EUA, então, ela começa a se caracterizar como uma guerra aberta de agressão travada pelos Estados Unidos, já que todo piloto e, pelo menos, metade de todos os membros das equipes aéreas são estadunidenses, e toda unidade de artilharia é, na verdade, comandada por eles. Embora o "oficial" possa ser somente um sargento, ele tem autoridade absoluta sobre oficiais de baixo escalão de Saigon.

Quando entrevistei o presidente Nguyen Huu Tho – em 20 de dezembro de 1964, no quarto aniversário da fundação da Frente de Libertação –, perguntei a ele se o superembaixador, general Maxwell Taylor, o pai da "guerra especial", tinha trazido alguma nova ideia para Saigon. Ele respondeu:

"Ele não trouxe nada de novo. Os franceses mudavam seus comandantes diversas vezes e cada vez que um novo general chegava, trazia um novo plano com ele. Mas nós ainda estamos esperando para ver algo novo do general Maxwell Taylor. Mesmo depois da sua última e amplamente divulgada visita a Washington, ele não trouxe nada novo. Algumas centenas mais de 'conselheiros' estadunidenses, alguns aviões, tanques e artilharia a mais. Mas não são bombas e artilharia que ganham guerras; é a infantaria que pode ocupar o território. E nisso eles estão em um verdadeiro impasse. O fato é que as derrotas desde que Maxwell Taylor veio para cá têm sido maiores, mais importantes do que os desastres anteriores à sua chegada. Gostaria de acrescentar que isso não é culpa do Taylor, mas sim de uma guerra de agressão, uma guerra injusta. Não é uma questão de enviar estrategistas de alto escalão; não é uma questão de tropas altamente treinadas e armas ultramodernas em uma guerra desse tipo. Claro que a correlação de forças é decisiva, mas não são apenas forças materiais. Acima de tudo, seu moral é que conta; e o fator humano é que é decisivo. Se levássemos em conta apenas as forças materiais, teríamos sido esmagados há muito tempo, dada a enorme desproporção. Na verdade, são eles que estão sendo esmagados. Nenhum Maxwell Taylor pode mudar isso".

A entrevista foi interrompida duas vezes, uma por um bombardeiro circulando bem acima de nós e outra por um mensageiro que veio com as notícias do golpe dos "Jovens Generais" em Saigon e a prisão de membros do Alto Conselho Nacional. O mensageiro chegou quase que pontuando a conversa, bem quando Nguyen Huu

Tho estava explicando a absoluta impossibilidade dos estadunidenses de trazer estabilidade política a Saigon e que era impossível para eles travarem a guerra sem essa estabilidade. (Quanto ao bombardeiro, estávamos bem protegidos da sua vista pelos ramos de uma enorme árvore e de suas bombas, se necessário, por esplêndidos abrigos antiaéreos, a alguns metros de distância).

Como um exemplo de moral, citaria o ataque ao campo de aviação de Bien Hoa alguns minutos antes da meia-noite em 31 de outubro, no qual 21 aeronaves B-57 – o orgulho da frota de bombardeiros nucleares dos estadunidenses – foram destruídas e outros quinze aviões irreparavelmente danificados. Mais tarde, entrevistei Huynh Minh, que comandava a unidade do Exército de Libertação, um homem miúdo e alegre, com o rosto coberto de sorrisos enquanto recontava o ataque. É digno de nota que Huynh Minh, alguns anos atrás, era um camponês, cultivando seus campos de arroz no exato local onde ele, mais tarde, explodiria bombardeiros nucleares de 26 milhões de dólares. Seu lar como o de, praticamente, todos os outros membros da unidade, tinha sido banido da existência, os campos de arroz destruídos para abrir espaço para ampliações do pequeno aeroporto de Bien Hoa. As famílias dos membros da unidade estão, hoje, concentradas em "aldeias estratégicas" na área – e se Huynh Minh não é o verdadeiro nome do comandante, isso é perfeitamente compreensível.

Para construir essa superbase aérea, os estadunidenses removeram 35 mil camponeses de 320 hectares de terra e depois a base foi usada para bombardear e lançar produtos tóxicos nos povoados livres na província de Bien Hoa. Quase todo membro da unidade de Minh teve parentes mortos ou torturados e que ainda apodrecem em prisões fascistas. Sua unidade começou como um pequeno grupo de guerrilheiros, mas aumentou gradativamente com as armas capturadas para uma compacta unidade bem armada. "No início, quando capturamos morteiros", disse Minh, "não tínhamos ideia de como usá-los. Nós os entregamos ao exército regular. Mais tarde, decidimos dominá-los. Agora nós podemos usar morteiros, se necessário, até mesmo sem tripés ou base, com total precisão".

A base aérea de Bien Hoa era uma das mais fortemente protegidas, em todo o Vietnã do Sul. A imprensa estadunidense, mais tarde, revelou que a presença de bombardeiros B-57 lá era um segredo militar. Mas Minh e seus homens já sabiam disso, alguns dias antes; eles tinham derrubado um e capturado documentos que revelavam a presença da unidade em Bien Hoa. Havia três linhas principais de defesa a serem penetradas, fileiras de blocauses e torres de vigia, integradas com "aldeias estratégicas". A segunda linha de defesa, com dezoito torres e doze blocauses, era guardada por dois batalhões regulares de Saigon. A terceira linha consistia de cinco fileiras de arame farpado emaranhado com campos minados entre as fileiras. Atrás dela, estão a pista de pouso e decolagem, as instalações e quartéis das guarnições para 2.500 estadunidenses – pilotos e pessoal administrativo e de serviços. Um terceiro batalhão de tropas regulares foi estacionado a cerca de 730 metros fora da base e outros dois batalhões estavam estacionados na cidade de Bien Hoa, distante alguns quilômetros. Além disso, para a defesa da base, havia uma bateria de peças de artilharia de 155mm em Tan Uyen, a capital provincial de Phuoc Thanh, onze quilômetros ao norte. (Seu alcance é de quatorze quilômetros).

"Assim que decidimos atacar a base", continuou Minh em nossa pequena conferência de imprensa em uma clareira da floresta, não muito longe do cenário de ação, "a primeira coisa foi expor as linhas gerais da tarefa para a nossa unidade. Todos os soldados participaram e tivemos a mais completa discussão possível. Decidimos que o ataque seria para vingar Nguyen Van Troi (o trabalhador de Saigon executado por um esquadrão de tiro, algumas semanas antes); para vingar os ataques piratas dos EUA no golfo de Tonkin; para vingar o massacre dos nossos compatriotas no povoado de Nhom Truch, província de Bien Hoa (onde quatrocentos pescadores e suas famílias tinham sido massacrados em um ataque aéreo às suas sampanas, algumas semanas antes). Todos, mesmo os doentes, exigiram participar. Tivemos que ter uma reunião especial para explicar aos doentes que eles apenas atrapalhariam a ação. Teríamos que nos mover rápido; tudo tinha que ser feito com absoluta precisão". Obviamente Minh não poderia dar detalhes de exatamente como eles se infiltraram através da rede de postos e posições de defesa, mas um fator decisivo foi a ajuda que eles tiveram das "aldeias estratégicas".

"Tivemos que realizar complicados movimentos de infiltração", continuou Minh, "mas quando foi dada a ordem para abrir fogo, todo a equipe estava posicionada. Nossos morteiros e artilharia estavam todos concentrados no mesmo momento. Os aviões tiveram prioridade. Em uma fração de segundos houve explosões estrondosas e tiros flamejantes no ar; os membros da equipe não conseguiam conter tanta empolgação. Enquanto agiam, eles pulavam gritando: 'Tome essa pela minha esposa, seu porco', 'Esse é por Nguyen Van Troi', 'Vocês nunca mais jogarão bombas novamente', e assim por diante, enquanto os aviões gigantes eram consumidos pelas chamas. Os aviões começaram a explodir, alguns deles com bombas; havia um tornado flamejante ecoando. Em minutos, tínhamos direcionado nosso poder de fogo para o quartel do inimigo, destruindo o posto de observação com a primeira salva. Os estadunidenses entraram em pânico, os soldados fantoches correram para as trincheiras. Os estadunidenses pensaram que os fantoches tinham se rebelado e começaram a atirar neles; os fantoches atiraram de volta e mataram ou feriram 21 deles. Os estadunidenses então ordenaram que os aviões decolassem, mas derrubamos o primeiro Skyraider enquanto ele decolava e ele explodiu, bloqueando a pista".

"No mesmo minuto em que nossos morteiros foram disparados em Bien Hoa, outra unidade atacou a artilharia em Tan Uyen e logo nos primeiros minutos os dois canhões de 155mm foram destruídos. Sob a cobertura do ataque, que continuava em Tan Uyen, pudemos retirar nossas forças e, mais tarde, nos juntar com a unidade Tan Uyen. Nenhuma força tinha sofrido qualquer baixa, e as chamas no campo de aviação de Bien Hoa acenderam nossos corações assim como o caminho que tínhamos que seguir para alcançar nossa base.

"Cabeças de fantoches rolaram como arroz diante da foice, mais tarde", concluiu. "O tenente-coronel no comando da base de Bien Hoa foi despedido, assim como o chefe da província, o comandante do batalhão estacionado a 730 metros de distância, o comandante dos dois batalhões estacionados no aeroporto e um capitão responsável pelas forças de segurança. Nem uma única unidade levantou um dedo para defender a base" – uma ilustração do que havia sido exposto por Nguyen Huu Tho.

Outro exemplo foi a destruição de um grupo de tanques anfíbios – quatorze no total, em 9 de dezembro de 1964 – por uma unidade armada apenas com armas leves de infantaria, mas atacando de tão perto que as pesadas armas do tanque não puderam ser posicionadas para atirar de volta. Todos os quatorze tanques foram destruídos e nove estadunidenses foram mortos.

Mais e mais as forças de Saigon-EUA estão se retirando para tentar formar "anéis de aço" em torno de Saigon, Hue e outras cidades importantes. As forças da Frente e a população combatem a ameaça de bombardeio indo para o subterrâneo; às ameaças da artilharia, com ataques cada vez mais constantes contra os centros do distrito e das guarnições, contrapõem-se com destruição das peças de artilharia, como alvo principal. O fato de uma base como Bien Hoa não poder ser defendida, e que mesmo as supermedidas de segurança no "The brinks", hotel e clube de oficiais, no centro de Saigon, não puderam evitar que ele fosse explodido na noite de Natal, mostra que as forças da Frente podem penetrar onde quiserem, segundo seu desejo e vontade. Obviamente isso só é possível devido à solidariedade entre a população e as Forças Armadas.

As forças de Saigon não podem mais compensar suas perdas no campo de batalha, uma vez que os campos, onde eles mais contavam com recrutas, estão quase completamente nas mãos da Frente. E toda tentativa de recrutar mais homens nas cidades leva mais soldados para a Libertação. O comando Saigon-EUA teria um déficit de cerca de oitenta mil soldados do exército regular em 1964; isto é, as perdas no campo de batalha excedem seus números de recrutamento em, pelo menos, essa quantidade. Muitas unidades existem apenas no papel, regimentos são de fato batalhões, e batalhões são companhias. Todas as unidades, de acordo com os oficiais com os quais conversei, que tinham cruzado com a FNL, estão, na média, reduzidos de 30 a 50%. Dos onze batalhões de "elite" ou "choque" que compreendem as reservas estratégicas de Saigon, dois – o 33º de *rangers* e o 4º de fuzileiros navais – foram completamente desmantelados durante as batalhas de Binh Gia, de 29 de dezembro a 1º de janeiro, e duas companhias de uma terceira – o 35º de *rangers* – foram destruídas em uma emboscada, em 3 de janeiro de 1965. O Exército de Libertação, por outro lado, expande-se rapidamente em efetivos e ainda mais em poder de fogo. Em muitas regiões, a igualdade em efetivos já foi atingida com o comando de Saigon-EUA. O poder de fogo das companhias em regimentos que visitei é agora superior ao do adversário; no nível dos batalhões, é pelo menos igual, e apenas no nível regimental, em que o adversário tem a vantagem de tanques, artilharia pesada e apoio aéreo, ele é superior.

O valor do apoio aéreo, entretanto, é extremamente limitado. Depois do desastre de Bien Hoa, o chefe fantoche da Força Aérea de Saigon, general Nguyen Cao Ky, comandou pessoalmente um dos maiores bombardeios de toda a guerra. Em um bombardeio noturno, supostamente da unidade que atacou o aeroporto, 125 toneladas de bombas foram lançadas. Ky alegou que "centenas de vietcongues foram mortos". Na verdade, não houve sequer uma única baixa.

Eu tinha tido experiência pessoal de sobra em bombardeios. Desse ponto de vista, minha segunda viagem foi ainda mais empolgante do que a primeira. Em um estágio da viagem, os estadunidenses souberam da presença do nosso pequeno grupo, que incluía a escritora francesa e heroína da resistência, Madeleine Riffaud, que fazia uma reportagem para o *l'Humanité,* e alguns fotógrafos e cinegrafistas sul-vietnamitas. Em uma ocasião, após termos sido vigiados o dia todo por aviões de reconhecimento, o pequeno agrupamento de árvores onde nos abrigamos de noite foi bombardeado na madrugada da manhã seguinte – especialmente para nós; não houve cerco preliminar. Os aviões foram precisamente para o nosso pequeno canto de árvores e descarregaram suas bombas. Enquanto o primeiro estouro – a cerca de 270 metros de distância – ainda estrondeava pela floresta, pulamos de nossas redes para abrigos profundos. Foi um ataque que consegui gravar desde o início até o fim no gravador, porque eu estava tentando registrar o canto de um intrigante pássaro noturno quando ouvi o som dos aviões.

Em outra ocasião, seja pela precisão do bombardeio ou por sorte, eles explodiram em pedaços a mesa em que nosso pequeno grupo tinha jantado, cerca de uma hora antes. Um grupo de dois pelotões de elite, liderados por quatro estadunidenses, arranjou uma emboscada para nós, mas não imaginavam que enquanto eles estavam nos perseguindo com as mais elaboradas precauções, uma patrulha da Frente altamente interessada os seguia. Ainda em outra ocasião, um ataque completo, com aviões, M-113 e barcos, foi lançado em nossa direção, mas dessa vez fomos salvos pelos túneis secretos. Aprende-se a se sentir muito seguro com alguns centímetros de terra sobre sua cabeça durante os bombardeios. O uso indiscriminado de poder aéreo pode não fazer nenhuma diferença no resultado final.

Não há nada que os estadunidenses e seus fantoches possam fazer para conter a degeneração política dentro do governo fantoche. A interminável série de golpes e contragolpes, de crises políticas, do atrito crescente entre os próprios fantoches e seus mestres, revela, mais claramente do que nunca, a falência da posição estadunidense no Vietnã do Sul. A melhor coisa que podem fazer é ir para a casa.

"Flor" e "Astuta" – elas ajudaram a repelir um ataque inimigo com o poder de uma companhia de suas aldeias fortificadas.

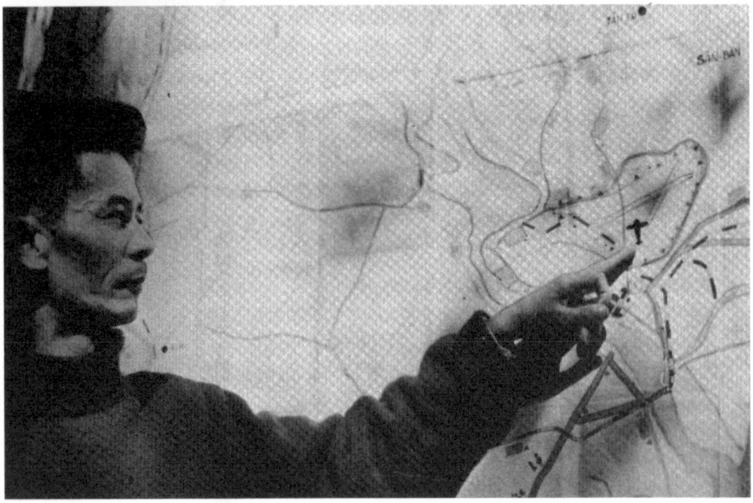

Huynh Minh comandou o ataque ao aeródromo Bien Hoa. Os ataques foram cuidadosamente planejados com antecedência.

Chi (Irmã) Kinh, da minoria Bahnar, é presidente da Associação Provincial de Mulheres da Libertação.

Ybih Aleo, chefe Rhade; vice-presidente da FNL e presidente do Movimento de Autonomia para as Minorias das Terras Altas Ocidentais.

Nguyen Huu Tho: presidente da Frente Nacional de Libertação do Vietnã do Sul.

Secretário-geral e vice-presidente da FNL; secretário-geral do Partido Democrático; e presidente do Comitê Executivo da FNL em Saigon-Gia Dinh.

O autor e um membro do corpo de autodefesa de uma aldeia. Note sua camisa de náilon de paraquedas.

GRÁFICA PAYM
Tel. [11] 4392-3344
paym@graficapaym.com.br